职业教育"十三五"财经系列教材

纳税实务

NASHUI SHIWU

马　谦◎主　编

茅瀛怀　廖正生　邱翠月◎副主编

庄波良◎参　编

电子工业出版社·

Publishing House of Electronics Industry

北京·BEIJING

图书在版编目（CIP）数据

纳税实务 / 马谦主编 . —北京：电子工业出版社，2020.11

ISBN 978-7-121-39811-7

Ⅰ . ①纳… Ⅱ . ①马… Ⅲ . ①纳税－税收管理－中国－高等职业教育－教材 Ⅳ . ① F812.423

中国版本图书馆 CIP 数据核字（2020）第 200073 号

责任编辑：刘　殊
印　　刷：北京盛通数码印刷有限公司
装　　订：北京盛通数码印刷有限公司
出版发行：电子工业出版社
　　　　　北京市海淀区万寿路 173 信箱　　邮编：100036
开　　本：787×1 092　1/16　印张：19.5　字数：500 千字
版　　次：2020 年 11 月第 1 版
印　　次：2024 年 8 月第 4 次印刷
定　　价：52.00 元

凡所购买电子工业出版社图书有缺损问题，请向购买书店调换。若书店售缺，请与本社发行部联系，联系及邮购电话：（010）88254888，88258888。

质量投诉请发邮件至 zlts@phei.com.cn，盗版侵权举报请发邮件至 dbqq@phei.com.cn。

本书咨询联系方式：（010）88254199，sjb@phei.com.cn。

前言

《纳税实务》以《高等职业学校专业教学标准（2018）》为依据，根据高等职业教育会计学专业人才培养目标要求，以《国家职业教育改革实施方案》（职教20条）为引导，立足于岗位对涉税业务知识的需要，理论联系实际，注重能力为本，较系统地阐述了各项税收的法律规范和企业纳税处理，反映了高等职业教育教学改革和专业建设最新成果。

在全面营改增的背景下，本书充分体现了增值税（含13%和9%的增值税税率）和个人所得税法的最新税收政策，并且吸收了会计准则的最新改革成果。本书以"项目导向、任务驱动"为引领，以认识税法基本内容、应纳税额的计算、相关会计处理和纳税申报为主线，引入学习目标，突出应用，通过大量例题讲解纳税申报表的编制示范，训练学习者实际操作能力。本书力求以通俗易懂的方式使学习者掌握企业主要税种的税额计算、申报和基本会计处理，并了解税法新动向，为学习者具备应有的岗位从业能力打下坚实的基础。

本书由从事多年高等职业教育的专职教师、企业财务管理人员、一线会计工作人员共同编写。由马谦担任主编，茅瀛怀、廖正生、邱翠月担任副主编。本书编写分工为：宁波北仑金桥中小企业财会服务有限公司邱翠月编写项目一，宁波职业技术学院马谦编写项目二、项目三、项目五，宁波职业技术学院茅瀛怀编写项目六、项目七、项目九，宁波北仑赛诺机械有限公司庄波良编写项目四、项目十，宁波职业技术学院廖正生编写项目八、项目十一，最后由马谦对全书内容进行修改定稿。

本书不仅可以作为高等职业院校财务会计、税务等专业的教材，也可以作为各种财税培训机构的培训教材，还适合各类从事财税工作的人员阅读。

为方便任课教师制订授课计划，本书给出教学课时安排建议（见下表），仅供参考。

教学课时安排建议表

项目名称	理论学时	实践学时	合计
项目一 纳税实务基础	4	2	6
项目二 增值税纳税实务	12	6	18
项目三 消费税纳税实务	6	2	8
项目四 关税纳税实务	2	2	4
项目五 企业所得税纳税实务	8	4	12
项目六 个人所得税纳税实务	6	4	10
项目七 城市维护建设税和教育费附加纳税实务	1	1	2

项目名称	理论学时	实践学时	合计
项目八 资源税和环境保护税纳税实务	1	1	2
项目九 城镇土地使用税和房产税纳税实务	3	2	5
项目十 契税和土地增值税纳税实务	2	2	4
项目十一 车辆购置税和车船税纳税实务	1		1
合计	46	26	72

　　在本书的编写过程中,参考和借鉴了许多专家学者的研究成果及期刊网站上的资料和文章,在此,向各位专家同仁深表感谢。教材中的个人姓名及信息、单位名称及信息均为虚构,如有雷同,纯属巧合。

　　由于编者水平有限,本书难免有不妥与错误之处,恳请同行和读者批评指正。

　　《纳税实务》根据截稿日(2020年4月30日)的最新税法进行编写,在以后重印或再版时,将根据新的财税法规及时修订和完善。

编　者

目录

项目一
纳税实务基础

知识目标:

- 理解税收及税收法律关系的含义。
- 理解税法各要素含义及对税收实务工作的影响。
- 掌握新办企业的涉税工作内容、需提交的表单及工作流程。

能力目标:

- 能确定纳税实务工作内容。
- 能遵照纳税工作流程处理纳税实务初始工作。

项目关键词

- 税收要素　税务登记　纳税人资格认定　发票办理

任务一　税收认知

一、税收的概念与特征

（一）税收概念

税收是政府为了满足社会公共需要，凭借政治权力，运用法律手段，强制、无偿地取得财政收入的一种形式。税收是国家取得财政收入的一种重要工具，国家征税的依据是政治权力，国家征税的目的是满足社会公共需要。

（二）税收特征

税收作为政府筹集财政收入的一种规范形式，具有区别于其他财政收入形式的特点。税收特征可以概括为强制性、无偿性和固定性。

1. 强制性

税收的强制性是指国家以社会管理者的身份，凭借政治权力以法律、法规等形式确定征纳双方的权利义务关系并保证税收分配的实现。

税收的强制性有两个方面的含义：一方面是税收分配关系的建立具有强制性，即税收征收完全是凭借国家拥有的政治权力；另一方面是税收的征收过程具有强制性，即在国家税法规定的限度内，纳税人必须依法纳税，征税人必须依法征税，否则就要受到法律的制裁。

2. 无偿性

税收的无偿性是指国家征税后，税款即归国家所有，既不需要再直接归还给纳税人，也不需要向纳税人支付任何报酬或代价。

税收的无偿性是由社会公共费用补偿的性质决定的。政府向纳税人征税，不是以具体提供公共品和公共服务为依据的，而纳税人向政府纳税，也不是以具体分享公共品和公共服务利益为前提的。

3. 固定性

税收的固定性是指国家通过法律形式，预先规定了征税对象、纳税人和征税标准等征纳行为规则，征纳双方都必须遵守，不能随意改变。

二、税收要素

税收要素指的是构成税收制度的基本因素，它说明谁征税、向谁征、征多少及如何征等。税收要素主要包括纳税义务人、征税对象、税目、税率、纳税环节、纳税期限、纳税地点、税收优惠和违章处理等。其中，纳税义务人、征税对象和税率被称为税收的三大要素。

（一）纳税义务人

纳税义务人简称纳税人，是税法中规定的直接负有纳税义务的单位和个人，也称"纳税主体"。无论征收什么税，其税负总要由有关的纳税人来承担。每一种税都有关于纳税人的规定，通过规定纳税人来落实税收任务和法律责任。

与纳税人紧密联系的两个概念是扣缴义务人和负税人。在税收法律关系中，扣缴义务人介于征税主体与纳税主体之间，具有特殊的地位。一方面，代扣税款时，它代表国家行使征税权；另一方面，在税款上缴国库时，又代替履行纳税主体的义务。负税人是经济学上的纳税主体，即税收的实际负担者。纳税人不一定就是负税人。

（二）征税对象

征税对象又称课税对象，是税法中规定的征税的目的物，是国家据以征税的依据。通过规定课税对象，解决对什么征税这一问题。凡是列为课税对象的，就属于该税种的征收范围；凡是未列为课税对象的，就不属于该税种的征收范围。例如，我国所得税的课税对象是企业所得和个人工资、薪金等各项所得；房产税的课税对象是房屋等。征税对象体现着不同税种的基本界限，决定着不同税种的名称及各个税种在性质上的差别，并对税源、税收负担问题产生直接影响。

与征税对象相关的两个基本概念是税目和税基。税目本身就是一个重要的税收要素。税基又叫计税依据，是据以计算征税对象应纳税款的直接数量依据，它解决对征税对象课税的计算问题，是对课税对象的量的规定。例如，企业所得税应纳税额的基本计算方法是应纳税所得额乘以税率，其中，应纳税所得额是据以计算所得税的税基。

计税依据按照计量单位的性质划分，有两种情况：一种是从价计征，即按征税对象的货币价值计算，如生产销售高档化妆品消费税应纳税额等于销售收入乘以税率，其税基为销售收入；另一种是从量计征，即直接按征税对象的自然单位计算，如城镇土地使用税应纳税额等于占用土地面积乘以每单位面积应纳税额，其税基为占用土地面积。

（三）税目

税目是指各个税种所规定的具体征税项目，反映征税的具体范围。有些税种的征税对象简单、明确，无进一步划分税目的必要，一律按照课税对象的应税数额采用同一税率计征税款，如企业所得税。有些税种征税对象范围较广、内容复杂，需要设置税目，如消费税、印花税等。

（四）税率

税率是对征税对象的征收比例或征收额度。税率是计算税额的尺度，也是衡量税负轻重与否的重要标志。中国现行的税率主要有比例税率、定额税率、超额累进税率、超率累进税率。税率类别、含义、适用范围举例如表 1-1 所示。

表 1-1　税率类别、含义、适用范围举例

税率类别	含义	适用范围举例
比例税率	对同一征税对象或同一税目不分数额大小，都按规定的同一比例征税	增值税；城市维护建设税；企业所得税等
定额税率	按征税对象的计量单位规定一定的税额	城镇土地使用税；车船税等
超额累进税率	把征税对象按数额大小分成若干等级，每一等级规定一个税率，税率依次提高，将纳税人的征税对象依所属等级同时适用几个税率分别计算，再将计算结果相加后得出应纳税款	居民个人综合所得的个人所得税；经营所得的个人所得税等
超率累进税率	以征税对象数额的相对率划分若干级距，分别规定相应的差别税率，相对率每超过一个级距的，对超过的部分就按高一级的税率计算征税	土地增值税

（五）纳税环节

纳税环节指税法规定的征税对象在从生产到消费的流转过程中应当缴纳税款的环节，如消费税的纳税环节分为生产环节、进口环节、委托加工环节、批发环节和零售环节。

（六）纳税期限

纳税期限是指税法关于税款缴纳时限方面的规定。税法关于纳税时限的规定，有三个概念：一是纳税义务发生时间。纳税义务发生时间是指税法规定的纳税人应当承担纳税义务的起始时间。二是纳税期限。纳税期限是指纳税人按照税法规定缴纳税款的期限，有按年纳税、按月纳税和按次纳税之分，一般为一个时间段。三是缴库期限，即税法规定的纳税期满后，纳税人将应纳税款缴入国库的期限。

（七）纳税地点

纳税地点是指根据各个税种纳税对象的纳税环节和有利于对税款的源泉控制而规定的纳税人的具体纳税地点。

（八）税收优惠

税收优惠是指对某些纳税人和征税对象采取减少征税或者免予征税的特殊规定。

（九）违章处理

违章处理主要是对有违反税法行为的纳税人采取的惩罚措施，包括加收滞纳金、罚款、送交人民法院依法处理等。

任务二　税务登记

一、税务登记的基本规定

税务登记是指税务机关根据税法规定，对纳税人的生产经营活动进行登记管理的一项基本

制度，是整个税收征收管理的起点。税务登记包括设立登记、变更登记、停业登记、复业登记、注销登记和跨区域涉税事项报验。

自 2016 年 10 月 1 日起，我国在全国范围内推行"五证合一、一照一码"登记改革，到 2017 年 10 月月底，在全国全面推行"多证合一"。"多证合一、一照一码"登记制度改革即在全面实施企业、农民专业合作社工商营业执照、组织机构代码证、税务登记证、社会保险登记证、统计登记证"五证合一、一照一码"登记制度改革和个体工商户工商营业执照、税务登记证"两证整合"的基础上，将涉及企业、个体工商户和农民专业合作社登记、备案等有关事项的各类证照进一步整合到营业执照上，实现"多证合一、一照一码"，使"一照一码"营业执照成为企业唯一身份证，使统一社会信用代码成为企业唯一身份代码。

工商登记"一个窗口"统一受理申请后，申请材料和登记信息在部门间共享，各部门数据互换、档案互认。

各省税务机关在交换平台获取"多证合一"企业登记信息后，依据企业住所（以统一代码为标识）按户分配至县（区）税务机关；县（区）税务机关确认分配有误的，将其退回至市（地）税务机关，由市（地）税务机关重新进行分配；省税务机关无法直接分配至县（区）税务机关的，将其分配至市（地）税务机关，由市（地）税务机关向县（区）税务机关进行分配。

对于工商登记已采集信息，税务机关不再重复采集；其他必要涉税基础信息，可在企业办理有关涉税事宜时，及时采集，陆续补齐。发生变化的，由企业直接向税务机关申报变更，税务机关及时更新税务系统中的企业信息。

二、一照一码营业执照申请核发

（一）填写相关资料

填写"公司登记（备案）申请书"（见表 1-2），填写"法定代表人信息"（见表 1-3），填写"董事、监事、经理信息"（见表 1-4），填写"股东（发起人）出资情况"（见表 1-5），填写"财务负责人信息"（见表 1-6），填写"联络员信息"（见表 1-7）。

表 1-2　公司登记（备案）申请书

□基本信息	
名　称	
名称预先核准文号 / 注册号 / 统一社会信用代码	
住　所	_____省（市 / 自治区）_____市（地区 / 盟 / 自治州）_____县（自治县 / 旗 / 自治旗 / 市 / 区）_____乡（民族乡 / 镇 / 街道）_____村（路 / 社区）_____号

续　表

□基本信息	
生产经营地	_____省（市／自治区）_____市（地区／盟／自治州）_____县（自治县／旗／自治旗／市／区）_____乡（民族乡／镇／街道）_____村（路／社区）_____号
联系电话	邮政编码

□设立			
法定代表人姓名		职　　务	□董事长 □执行董事 □经理
注册资本	_____万元	公司类型	
设立方式（股份公司填写）	□发起设立	□募集设立	
经营范围			
经营期限	□_____年　　□长期	申请执照副本数量	_____个

□变更		
变更项目	原登记内容	申请变更登记内容

□备案			
分公司□增设□注销	名　　称	注册号／统一社会信用代码	
	登记机关	登记日期	
清算组	成　　员		
	负责人	联系电话	
其　　他	□董事 □监事 □经理 □章程 □章程修正案 □财务负责人 □联络员		

□申请人声明
本公司依照《中华人民共和国公司法》《中华人民共和国公司登记管理条例》相关规定申请登记、备案，提交材料真实有效。通过联络员登录企业信用信息公示系统向登记机关报送、向社会公示的企业信息为本企业提供、发布的信息，信息真实、有效。 　　法定代表人签字：　　　　　　　　　　　　　公司盖章 　　（清算组负责人）签字：　　　　　　　　　　年　月　日

表 1-3 法定代表人信息

姓 名		固定电话	
移动电话		电子邮箱	
身份证件类型		身份证件号码	
（身份证件复印件粘贴处）			

法定代表人签字： 年 月 日

表 1-4 董事、监事、经理信息

姓名_____ 职务_____ 身份证件类型_____ 身份证件号码_____
（身份证件复印件粘贴处）

姓名 _____ 职务_____ 身份证件类型_____ 身份证件号码_____
（身份证件复印件粘贴处）

姓名_____ 职务_____ 身份证件类型_____ 身份证件号码_____
（身份证件复印件粘贴处）

表 1-5 股东（发起人）出资情况

股东（发起人）名称或姓名	身份证件类型	身份证件号码	出资时间	出资方式	认缴出资额（万元）	出资比例

表 1-6 财务负责人信息

姓 名		固定电话	
移动电话		电子邮箱	
身份证件类型		身份证件号码	
（身份证件复印件粘贴处）			

表 1-7 联络员信息

姓　　名		固定电话	
移动电话		电子邮箱	
身份证件类型		身份证件号码	
（身份证件复印件粘贴处）			

（二）向市场监督管理部门提交资料

由于企业的性质不同，提供的材料也不尽相同，其中有限责任公司应提交如下材料。

（1）公司登记（备案）申请书（若已包括股东资格证明、联络员信息表等，无须另行提交）。

（2）公司章程。

（3）法定验资报告。

（4）企业名称预先核准通知书。

（5）股东资格证明。

（6）指定委托书。

（7）联络员信息表。

（8）经营范围涉及许可项目的，应提交有关审批部门的批准文件。

公司还应提交打印的与公司章程载明的股东姓名（名称）、出资时间、出资方式、出资额一致的股东名录和董事、经理、监事成员名录一份。

（三）市场监督管理部门核发营业执照

市场监督管理部门登记窗口收到申请人申请资料后，经审核，申请资料齐全并符合法定形式的，应向申请人出具受理通知书，并及时将相关申请信息录入企业注册登记系统，进入联合审批流程。经联合审批核准通过后，核发加载统一社会信用代码的"一照一码"营业执照（见图 1-1）。

图 1-1　"一照一码"营业执照

三、设立登记

（一）备案、报告

在领取"一照一码"营业执照后，企业无须再到质监、社保、统计等部门办理任何手续，但应在领取营业执照后 15 日内，将其财务、会计制度或财务、会计处理办法报送主管税务机关备案。自开立基本存款账户或者其他存款账户之日起 15 日内，向主管税务机关书面报告其全部账号。

（二）一照一码户登记信息确认

已实行"多证合一、一照一码"登记模式的纳税人，首次办理涉税事宜时，对税务机关依据市场监督管理等部门共享信息制作的《"多证合一"登记信息确认表》（见表 1-8）进行确认，对其中内容不全的信息进行补充，对不准确的信息进行更正。

完成登记信息确认后，纳税人凭加载统一社会信用代码的营业执照或登记证书办理涉税事宜，税务机关不再核发税务登记证。

四、变更登记

（一）申请条件

一照一码户市场监督管理等部门登记信息发生变更的，向市场监督管理等部门申报办理变更登记。税务机关接收市场监督管理等部门变更信息，经纳税人确认后更新系统内的对应信息。

表1-8 "多证合一"登记信息确认表

尊敬的纳税人：

以下是您在工商机关办理注册登记时提供的信息。为保障您的合法权益，请您仔细阅读，对其中内容不全的信息进行补充，对不准确的信息进行更正，对需要更新的信息进行补正，以便为您提供相关服务。

一、以下信息非常重要，请您务必仔细阅读并予以确认

纳税人名称			统一社会信用代码	
登记注册类型		批准设立机关		开业（设立）日期
生产经营期限止		生产经营期限止	注册地址邮政编码	注册地址联系电话
注册地址				
生产经营地址				
经营范围（可根据内容调整表格大小）				
注册资本	币种		金额	
投资方名称	证件类型	证件号码	投资比例	国籍或地址
……	……	……	……	……

联系人	项目	姓名	证件类型	证件号码	固定电话 C	移动电话
	法定代表人					
	财务负责人					

二、以下信息比较重要，请根据您的实际情况予以确认

法定代表人电子邮箱		财务负责人电子邮箱	

若您是总机构，请您确认

投资总额	币种		金额	
分支机构名称			分支机构统一社会信用代码	
分支机构名称			分支机构统一社会信用代码	
分支机构名称			分支机构统一社会信用代码	
……			……	

若您是分支机构，请您确认

总机构名称			总机构统一社会信用代码	

经办人： 　　　　　　　　纳税人（签章）：

年 月 日

一照一码户生产经营地、财务负责人等非市场监督管理等部门登记信息发生变化时，应向主管税务机关申报办理变更。

（二）办理材料

变更登记提交材料如表 1-9 所示。

表 1-9　变更登记提交材料

材料名称	数量	备注
经办人身份证件原件	1 份	查验后退回
有以下情形的，还应提供相应材料		

适用情形	材料名称	数量	备注
非市场监管等部门登记信息发生变化	变更信息的有关材料复印件	1 份	纳税人提供的各项资料为复印件的，均需注明"与原件一致"并签章

五、停业登记

（一）申请条件

停业登记是实行定期定额征收方式的纳税人，因自身经营原因需要停业的，在停业前向主管税务机关申报办理的税务登记手续。

纳税人的停业期限不得超过一年。纳税人停业期满不能及时恢复生产经营的，在停业期满前到主管税务机关申报办理延长停业报告。纳税人停业期满未按期复业又不申请延长停业的，视为已恢复生产经营，税务机关将纳入正常管理，并按核定税额按期征收税款。

（二）办理材料

停业登记提交材料如表 1-10 所示。

表 1-10　停业登记提交材料

材料名称	数量	备注
《停业复业报告书》（见表 1-11）	2 份	
有以下情形的，还应提供相应材料		

适用情形	材料名称	数量	备注
纳税人存在未缴存税务登记证件	税务登记证正本、副本	1 份	税务机关封存

表 1-11　停业复业报告书

以下项目由纳税人填写			
纳税人名称		联系人	
纳税人代码		联系地址	
经营范围		联系电话	
停业时间	自　　年　月　日　至　　年　月　日		

续 表

以下项目由纳税人填写	
复业时间	年 月 日
停业前纳税情况	
复业（或延长停业）申请	（单位公章） 经办人： 年 月 日
以下项目由税务机关填写	
〔 〕税复字〔 〕第 号	
税务所经办人意见 经办人签字 年 月 日	税务所所长意见 负责人签字 （部门盖章） 年 月 日

六、复业登记

（一）申请条件

已办理停业登记的纳税人因恢复经营的需要，于恢复生产经营之前，向主管税务机关办理的税务登记手续。

纳税人按申报停业登记时的停业期限准期复业的，应当在停业到期前向主管税务机关申报办理复业登记；纳税人提前复业的，应当在恢复生产经营之前向主管税务机关申报办理复业登记。

（二）办理材料

复业登记提交材料如表 1-12 所示。

表 1-12 复业登记提交材料

材料名称	数量	备注
《停业复业报告书》（见表 1-11）	2 份	

七、注销登记

注销税务登记是指纳税人由于出现法定情形终止纳税义务时，向原主管税务机关申请办理的取消税务登记手续。办理注销税务登记的，该当事人不再接受原主管税务机关的管理。

（一）申请条件

已实行"一照一码"登记模式的纳税人向市场监督管理等部门申请办理注销登记前，须先向税务机关申报清税。清税完毕后，税务机关向纳税人出具《清税证明》，纳税人持《清税证明》到原登记机关办理注销。

（二）办理材料

纳税人办理一照一码户清税申报，应提交如表 1-13 所示资料。

表 1-13　清税申报提交材料

序号	材料名称	数量	备注
1	《清税申报表》（见表 1-14）	2 份	
2	经办人身份证件原件	1 份	查验后退回
有以下情形的，还应提供相应材料			
适用情形	材料名称	数量	备注
上级主管、董事会决议注销	上级主管部门批复文件或董事会决议复印件	1 份	已实行实名办税的纳税人，可取消报送
境外企业在中国境内承包建筑、安装、装配、勘探工程和提供劳务	项目完工证明、验收证明等相关文件复印件	1 份	已实行实名办税的纳税人，可取消报送
已领取发票领用簿的纳税人	《发票领用簿》	1 份	已实行实名办税的纳税人，可取消报送

表 1-14　清税申报表

纳税人名称		统一社会信用代码	
注销原因			
附送资料			
纳税人： 经办人：　　　　　　法定代表人（负责人）：　　　　　　纳税人（签章） 　　年 月 日　　　　　　年 月 日　　　　　　年 月 日			
以下由税务机关填写			
受理时间	经办人： 　　年 月 日	负责人： 　　年 月 日	
清缴税款、滞纳金、罚款情况	经办人： 　　年 月 日	负责人： 　　年 月 日	

续　表

以下由税务机关填写		
缴销发票情况	经办人： 年 月 日	负责人： 年 月 日
税务检查意见	检查人员： 年 月 日	负责人： 年 月 日
批准意见	部门负责人： 年 月 日	税务机关（签章） 年 月 日

（三）免予到税务机关办理清税证明的情形

（1）未办理过涉税事宜的。

（2）办理过涉税事宜但未领用发票、无欠税（滞纳金）及罚款的。

八、跨区域涉税事项报验

（一）跨区域涉税事项报告

1. 申请条件

纳税人跨省（自治区、直辖市和计划单列市）临时从事生产经营活动的，向机构所在地的税务机关填报《跨区域涉税事项报告表》。

2. 办理材料

纳税人办理跨区域涉税事项报告，应提交如表1-15所示材料。

表1-15　跨区域涉税事项报告提交资料

序号	材料名称	数量	备注
1	《跨区域涉税事项报告表》（见表1-16）	2份	
2	加载统一社会信用代码的营业执照原件，或加盖纳税人公章的复印件	1份	原件查验后退回，已实行实名办税的纳税人可取消报送

表1-16　跨区域涉税事项报告表

纳税人名称		纳税人识别号（统一社会信用代码）		
经办人		座机		手机
跨区域涉税事项联系人		座机		手机
跨区域经营地址	＿＿＿省（自治区/市）＿＿＿市（地区/盟/自治州）＿＿＿县（自治县/旗/自治旗/市/区）＿＿＿乡（民族乡/镇/街道）＿＿＿村（路/社区）＿＿＿号			
经营方式	建筑安装□　装饰修饰□　修理修配□　加工□ 批发□　零售□　批零兼营□　零批兼营□　其他□			
合同名称			合同编号	
合同金额		合同有效期限	年 月 日至 年 月 日	

续　表

合同相对方名称		合同相对方纳税人识别号（统一社会信用代码）	
延长有效期	跨区域涉税事项报验管理编号	税跨报〔　〕号	
	最新有效期止	至　　年　月　日	

纳税人声明：我承诺，上述填报内容是真实的、可靠的、完整的，并愿意承担相应法律责任。

　　　　　　　　　经办人：　　　　　　　　　纳税人（盖章）

　　　　　　　　　　　　　　　　　　　　　　　年　月　日

　　税务机关事项告知：纳税人应当在跨区域涉税事项报验管理有效期内在经营地从事经营活动，若合同延期，可向经营地或机构所在地的税务机关办理报验管理有效期的延期手续。

以下由税务机关填写

跨区域涉税事项报验管理编号：　　　　　税跨报〔　〕号

经办人：　　　　　　　负责人：

　　　　　　　　　　　　　　　　　　税务机关（盖章）

　　　　　　　　　　　　　　　　　　　年　月　日

税务机关联系电话：

跨区域涉税事项报验管理有效日期	自　　年　月　日起至　　年　月　日
延长后的跨区域涉税事项报验管理有效日期	自　　年　月　日起至　　年　月　日

3. 其他规定

（1）纳税人在省（自治区、直辖市和计划单列市）内跨县（市）临时从事生产经营活动的，是否实施跨区域涉税事项报验管理，由各省（自治区、直辖市和计划单列市）税务机关自行确定。

（2）纳税人跨区域经营合同延期的，可以选择在经营地或机构所在地的税务机关办理报验管理有效期限延期手续。

（3）异地不动产转让和租赁业务不适用跨区域涉税事项管理相关制度规定。

（二）跨区域涉税事项报验

1. 申请条件

纳税人首次在经营地办理涉税事宜时，向经营地税务机关报验跨区域涉税事项。

2. 办理材料

纳税人办理跨区域涉税事项报验，应提交如表 1-17 所示材料。

表 1-17 跨区域涉税事项报验提交材料

材料名称	数量	备注
加载统一社会信用代码的营业执照原件，或加盖纳税人公章的复印件	1份	原件查验后退回，已实行实名办税的纳税人可取消报送

（三）跨区域涉税事项信息反馈

1. 申请条件

纳税人跨区域经营活动结束后，应当结清经营地税务机关的应纳税款以及其他涉税事项，向经营地税务机关填报《经营地涉税事项反馈表》。

经营地税务机关核对《经营地涉税事项反馈表》后，及时将相关信息反馈给机构所在地的税务机关。纳税人不需要另行向机构所在地的税务机关反馈。

2. 办理材料

纳税人办理跨区域涉税事项信息反馈，应提交如表 1-18 所示材料。

表 1-18 跨区域涉税事项信息反馈提交材料

材料名称	数量	备注
《经营地涉税事项反馈表》（见表 1-19）	1份	

表 1-19 经营地涉税事项反馈表

纳税人名称					
纳税人识别号（统一社会信用代码）		跨区域涉税事项报验管理编号			税跨报〔　〕号
实际经营期间	自　　年　月　日起至　　年　月　日				
货物存放地点					
合同包含的项目名称	预缴税款征收率	已预缴税款金额	实际合同执行金额	开具发票金额（含自开和代开）	应补预缴税款金额
合计金额					
经办人： 纳税人（盖章）： 　　　　年　月　日			税务机关意见： 经办人： 税务机关（盖章）： 　　　　年　月　日		

任务三　增值税一般纳税人登记

一、增值税一般纳税人的标准

增值税纳税人年应税销售额超过财政部、国家税务总局规定的小规模纳税人标准的，应当向其机构所在地主管税务机关办理一般纳税人登记。

年应税销售额是指纳税人在连续不超过 12 个月或 4 个季度的经营期内累计应征增值税销售额，包括纳税申报销售额、稽查查补销售额、纳税评估调整销售额。

自 2018 年 5 月 1 日起，增值税小规模纳税人标准统一为年应征增值税销售额 500 万元及以下。年应税销售额未超过财政部、国家税务总局规定的小规模纳税人标准以及新开业的纳税人，会计核算健全，能够提供准确税务资料的，可以向其机构所在地主管税务机关办理一般纳税人登记。

二、增值税一般纳税人登记

（一）受理条件

按《增值税一般纳税人登记管理办法》规定，年应税销售额或应税服务年销售额未超过增值税小规模纳税人标准以及新开业的纳税人，可以向主管税务机关申请增值税一般纳税人登记。

增值税纳税人年应税销售额超过规定标准的，除符合有关规定选择按小规模纳税人纳税的，在年应税销售额超过规定标准的月份（季度）所属申报期结束后 15 个工作日内按照规定向主管税务机关办理一般纳税人登记手续；未按规定时限办理的，主管税务机关在规定期限结束后 5 个工作日内制作《税务事项通知书》，告知纳税人在 5 个工作日内向主管税务机关办理登记手续。

（二）办理材料

纳税人办理增值税一般纳税人登记手续，应提交如表 1-20 所示材料。

表 1-20　增值税一般纳税人登记手续提交材料

序号	材料名称	数量	备注
1	《增值税一般纳税人登记表》（见表 1-21）	2 份	
2	经办人身份证件原件	1 份	查验后退回
3	加载统一社会信用代码的营业执照原件	1 份	查验后退回，已实行实名办税的纳税人可取消报送

（三）办理流程

（1）纳税人向主管税务机关填报《增值税一般纳税人登记表》（见表 1-21），如实填写相关信息，并提交加载统一社会信用代码的营业执照原件。

表 1-21　增值税一般纳税人登记表

纳税人名称			社会信用代码（纳税人识别号）		
法定代表人（负责人、业主）		证件名称及号码		联系电话	
财务负责人		证件名称及号码		联系电话	
办税人员		证件名称及号码		联系电话	
税务登记日期					
生产经营地址					
注册地址					
纳税人类别：企业□　非企业性单位□　个体工商户□　其他□					
主营业务类别：工业□　商业□　服务业□　其他□					
会计核算健全：是□					
一般纳税人生效之日：当月 1 日□　　　　次月 1 日□					
纳税人（代理人）承诺： 　　会计核算健全,能够提供准确税务资料,上述各项内容真实、可靠、完整。如有虚假,愿意承担相关法律责任。 　　　　经办人：　　　　法定代表人：　　　代理人：　　　　（签章） 　　　　　　　　　　　　　　　　　　　　　　　　　年　月　日					
以下由税务机关填写					
税务机关 受理情况	受理人：　　　　　　　　　　　　　　　受理税务机关（章） 　　　　　　　　　　　　　　　　　　　　　　年　月　日				

（2）税务机关对纳税人提交资料当场审核。纳税人提交资料齐全、符合法定形式的,受理申请;纳税人提交资料不齐全或不符合法定形式的,税务机关出具《税务事项通知书》（补正通知）。

纳税人自一般纳税人生效之日起，按照增值税一般计税方法计算应纳税额，并可以按照规定领用增值税专用发票，财政部、国家税务总局另有规定的除外。生效之日，是指纳税人办理登记的当月 1 日或者次月 1 日，由纳税人在办理登记手续时自行选择。

三、不办理一般纳税人登记的情况

不办理增值税一般纳税人登记的特殊规定是指：应税销售额超过规定标准的自然人不办理增值税一般纳税人登记；非企业性单位、年应税销售额超过规定标准且不经常发生应税行为的单位和个体工商户，可选择按照小规模纳税人纳税。

纳税人年应税销售额超过财政部、国家税务总局规定标准，且符合有关政策规定，选择按照小规模纳税人纳税的，应当向主管税务机关提交《选择按小规模纳税人纳税的情况说明》（见表 1-22）。

表 1-22 选择按小规模纳税人纳税的情况说明

纳税人名称		纳税人识别号	
连续不超过 12 个月的经营期内累计应税销售额	货物劳务： 年 月至 年 月共 元。		
	应税服务： 年 月至 年 月共 元。		
情况说明			
纳税人（代理人）承诺： 　　上述各项内容真实、可靠、完整。如有虚假，愿意承担相关法律责任。 　　经办人：　　　法定代表人：　　　　代理人：　　　（签章） 　　　　　　　　　　　　　　　　　　　　　年 月 日			
以下由税务机关填写			
主管税务机关受理情况	受理人：　　　　　　　　　　　主管税务机关（章） 　　　　　　　　　　　　　　　　　年 月 日		

四、增值税一般纳税人登记管理的其他规定

税务机关核对后退还纳税人留存的《增值税一般纳税人登记表》可以作为纳税人成为增值税一般纳税人的凭据。纳税人登记为一般纳税人后，不得转为小规模纳税人，国家税务总局另有规定的除外。对税收遵从度低的一般纳税人，主管税务机关可以实行纳税辅导期管理。

从事成品油销售的加油站、航空运输企业、电信企业总机构及其分支机构，一律由主管税务机关登记为增值税一般纳税人。

任务四　发票办理

发票是指在购销商品、提供或接受服务及从事其他经营活动中，开具、收取的收付款凭证。发票办理包括纳税人到税务机关办理发票票种核定、印制有本单位名称的发票、领购、开具、取得、缴销等业务。

一、发票票种核定

（一）申请条件

纳税人办理税务登记后需领用发票的，向主管税务机关申请办理发票领购手续。主管税

务机关根据纳税人的经营范围和规模，确认领购发票的种类、数量、开票限额等事宜。

（二）办理材料

纳税人办理发票票种核定时，应提交如表 1-23 所示材料。

表 1-23　发票票种核定提交材料

序号	材料名称	数量	备注
1	《纳税人领购发票票种核定表》（见表 1-24）	1 份	
2	加载统一社会信用代码的营业执照原件	1 份	查验后退回，已实行实名办税的纳税人可取消报送
3	经办人身份证件原件	1 份	查验后退回

表 1-24　纳税人领购发票票种核定表

纳税人识别号						
纳税人名称						
领票人		联系电话		身份证件类型		身份证件号码
发票种类名称	发票票种核定操作类型	单位（数量）	每月最高领票数量	每次最高领票数量	持票最高数量	定额发票累计领票金额 / 领票方式
纳税人（签章） 经办人：　　　法定代表人（业主、负责人）：　　填表日期：　　　年　月　日						
发票专用章印模：						

（三）办理流程

（1）纳税人提交资料。

（2）税务机关核对资料。若纳税人提交资料齐全、符合法定形式、填写内容完整的，即时受理，携带资料不齐全的进行补正。对审核不符合条件的，税务机关不予受理并当场告知原因。

（3）完成票种核定并向纳税人发放《发票领购簿》。领购增值税专用发票的增值税一般纳税人和纳入自行开具增值税专用发票范围的增值税小规模纳税人，在完成票种核定后，还需办理增值税专用发票（增值税税控系统）最高开票限额审批事项。

二、印制有本单位名称的发票

用票单位可以向税务机关申请使用印有本单位名称的发票，税务机关确认印有该单位名称发票的种类和数量。

用票单位提出申请时，应提交如表 1-25 所示材料。

表 1-25 印制本单位发票提交材料

材料名称	数量	备注
《印有本单位名称发票印制表》（见表 1-26）	1 份	
有以下情形的，还应提供相应材料		
适用情形	材料名称	数量	备注
首次核定时提供	发票专用章印模	1 份	

表 1-26 印有本单位名称发票印制表

纳税人识别号				纳税人名称				
印制理由								
发票名称	本（份）数	每本份数	金额版	文字版	规格	联次	纸质	装订方式
……								
填表日期				（签章）				

使用印有本单位名称发票的单位必须按照税务机关批准的式样和数量，到发票印制企业印制发票，印制费用由用票单位与发票印制企业直接结算，并按规定取得印制费用发票。

三、发票领用

纳税人在发票票种核定的范围（发票的种类、领用数量、开票限额）内领用发票。在领用发票的时候，应向主管税务机关提交如表 1-27 所示材料。

表 1-27 领用发票提交材料

材料名称	数量	备注
经办人身份证件原件	1 份	查验后退回
有以下情形的，还应提供相应材料		
适用情形	材料名称	数量	备注
领购增值税专用发票、机动车销售统一发票、增值税普通发票和增值税电子普通发票	金税盘（税控盘）、报税盘		通过网上领购可不携带相关设备
领购税控收款机发票	税控收款机用户卡		

主管税务机关当场办结纳税人的发票领购。纳税人提交资料齐全、符合法定形式的，主管

税务机关受理申请；纳税人提交资料不齐全或不符合法定形式的，制作《税务事项通知书》（补正通知），一次性告知纳税人需补正的内容；依法不属于本机关职权或本业务受理范围的，制作《税务事项通知书》（不予受理通知），告知纳税人不予受理的原因。

四、发票缴销

纳税人因信息变更或清税注销，跨区域经营活动结束，发票换版、损毁等原因按规定需要缴销发票的，到税务机关进行缴销处理。税务机关对纳税人领购的空白发票做剪角处理。

课后习题

一、单项选择题

1. 下列税法要素中，能够区别一种税与另一种税的重要标志是（　　）。
   A. 征税对象　　　　　　B. 纳税地点
   C. 纳税环节　　　　　　D. 纳税义务人

2. 下列关于纳税环节和纳税期限的表述有误的是（　　）。
   A. 纳税环节主要指税法规定的征税对象在从生产到消费的流转过程中应当缴纳税款的环节
   B. 纳税期限是指纳税人的纳税义务发生后应依法缴纳税款的期限
   C. 纳税期限包括纳税义务发生时间和纳税期限
   D. 规定纳税期限是为了保证国家财政收入的及时实现，也是税收强制性和固定性的体现

3. 下列属于税法构成要素的是（　　）。
   A. 应纳税额　　　　　　B. 纳税申报
   C. 纳税义务发生时间　　D. 纳税地点

4. 下列属于增值税专用发票的是（　　）。
   A. 机动车销售统一发票　B. 二手车销售统一发票
   C. 农产品销售发票　　　D. 农产品收购发票

5. 下列各项中，不属于税收法律关系主体中纳税主体的是（　　）。
   A. 法人　　　　　　　　B. 自然人
   C. 其他组织　　　　　　D. 海关

6. 下列各项中，属于税收特征的是（　　）。
   A. 有偿性　　　　　　　B. 公平性
   C. 固定性　　　　　　　D. 分配性

7. 下列各项中，属于税收程序法的是（　　）。
   A. 企业所得税法　　　　B. 个人所得税法
   C. 税收征管法　　　　　D. 车辆购置税法

8. 根据税收征收管理法律制度的规定，下列关于发票管理的表述中，不正确的是（　　）。
   A. 发票登记簿应保存 10 年
   B. 代开增值税专用发票使用六联票
   C. 代开增值税普通发票使用五联票
   D. 发票是会计核算的原始依据

9. 根据《发票管理办法》及其实施细则的规定，纳税人已开具的发票存根联和发票登记簿的保存期限是（　　）。
   A. 3 年　　　　　　　　B. 5 年
   C. 10 年　　　　　　　D. 15 年

10. 下列关于发票类型和适用范围的说法中，错误的是（　　）。
    A. 农产品收购发票属于增值税普通发票
    B. 机动车销售统一发票属于增值税专用发票
    C. 增值税普通发票（卷票）由纳税人自愿选择使用，重点在生活性服务业纳税人中推广
    D. 小规模纳税人（其他个人除外）发生增值税应税行为，可以使用增值税发票管理系统自行开具增值税专用发票

二、多项选择题

1. 下列各项中，属于法定税务登记事项的有
（　　）。
  A. 开业税务登记　　　B. 注销税务登记
  C. 停业税务登记　　　D. 临时经营税务登记

2. 关于减免税，正确的说法有（　　）。
  A. 税法直接规定的长期减免税项目，属于减税和免税具体情况
  B. 依法给予的一定期限内的减免税措施，期满之后仍应按规定纳税，属于减免税
  C. 制定减免税这种特殊规定，是对按税制规定的税率征税时不能解决的具体问题而采取的一种补充措施
  D. 制定减免税这种特殊规定，体现了国家鼓励和支持某些行业或项目发展的税收政策，发挥税收调节经济的作用

3. 下列表述中，正确的有（　　）。
  A. 所得税在分配环节纳税
  B. 规定纳税期限是税收强制性和固定性的体现
  C. 纳税地点包括代征、代扣、代缴义务人的纳税地点
  D. 流转税在生产和流通环节纳税

4. 下列关于税法的构成要素表述正确的有（　　）。
  A. 税目是征税对象的具体化
  B. 征税对象是区别不同类型税种的主要标志
  C. 我国现行的税率主要有比例税率、定额税率和累进税率
  D. 计税依据分为从价计征、从量计征

5. 税收法律关系的组成部分有（　　）。
  A. 主体　　　　　　　B. 客体
  C. 内容　　　　　　　D. 对象

6. 我国现行的税率主要有（　　）。
  A. 比例税率　　　　　B. 比率税率
  C. 定额税率　　　　　D. 累进税率

7. 下列关于起征点与免征额的说法中，正确的有
（　　）。
  A. 征税对象的数额达到起征点的就全部数额征税
  B. 征税对象的数额未达到起征点的不征税
  C. 当课税对象小于免征额时，不予征税
  D. 当课税对象大于免征额时，仅对课税对象超过免征额部分征税

8. 纳税义务人可以是（　　）。
  A. 自然人　　　　　　B. 法人
  C. 社会组织　　　　　D. 企事业单位

9. 根据税收征收管理法律制度的规定，下列各项中属于税务机关发票管理权限的有（　　）。
  A. 向当事各方询问与发票有关的问题和情况
  B. 查阅、复制与发票有关的凭证、资料
  C. 调出发票查验
  D. 检查印制、领购、开具、取得、保管和缴销发票的情况

10. 下列执照和证件中，属于"五证合一，一照一码"登记制度改革范围的有（　　）。
  A. 安全生产许可证　　B. 组织机构代码证
  C. 税务登记证　　　　D. 工商营业执照

三、判断题

1. 累进税率是根据征税对象数额的大小，规定不同等级的税率，即征税对象数额越大，税率越低。（　　）

2. 不同的征税对象是区别不同税种的重要标志。（　　）

3. 税收是国家组织财政收入的唯一形式。（　　）

4. 企业"一照一码"走天下，是指营业执照成为企业唯一的"身份证"，统一社会信用代码成为企业唯一的身份代码。（　　）

5. 只有一般纳税人能自行开具增值税专用发票。（　　）

项目二
增值税纳税实务

知识目标：

- 理解增值税的概念、特点。
- 掌握增值税纳税人、征税范围及税率法律规定。
- 理解一般计税方法和简易计税方法。
- 掌握一般计税方法和简易计税方法下应纳税额的计算。
- 理解增值税纳税义务发生时间，了解增值税纳税地点、纳税期限及优惠政策。
- 理解增值税纳税申报规范，掌握纳税申报表的填写方法。

能力目标：

- 能根据经济事项准确填制或审核增值税发票。
- 能根据增值税发票及其他相关凭证完成增值税会计核算。
- 能计算增值税应纳税额。
- 能根据增值税纳税申报流程完成增值税的纳税申报。
- 跟踪纳税申报结果，能在规定时间向当地税务局提交纸质材料。

- 价外税　一般计税方法　简易计税方法

任务一 增值税认知

一、增值税的概念与特点

（一）概念

增值税是对在我国境内销售货物或者加工、修理修配劳务，销售服务、无形资产、不动产以及进口货物的单位和个人就其销售货物、劳务、服务、无形资产、不动产（以下统称应税销售行为）的增值额和货物进口金额为计税依据而征收的一种流转税。

（二）特点

增值税具备普遍征收、实行税款抵扣制度、实行价外税制度等特点。

1. 普遍征收

普遍征收又称为多环节征收，指增值税对商品生产、流通、劳务服务中多个环节的新增价值或商品的附加值征收的一种流转税。生产厂家、批发商、零售商都应缴纳增值税。普遍征收说明如图 2-1 所示。

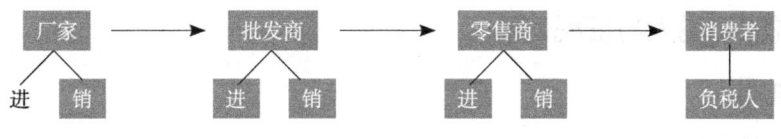

图 2-1 普遍征收说明

2. 税款抵扣

税款抵扣是指用纳税人在纳税期内销售商品的销售额乘以适用税率，计算出销项税额，然后扣除当期购进商品已纳的增值税税款（进项税额），其余额即纳税人应纳的增值税税额。税款抵扣说明如图 2-2 所示。

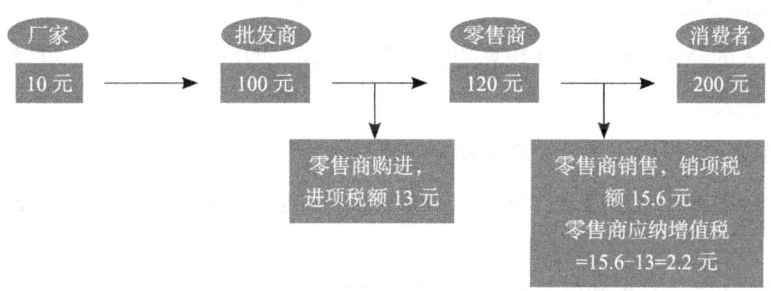

图 2-2 税款抵扣说明

3. 价外税

价外税是指税款不包含在商品价格内，计算税额的基数不包括税款本身。价外税说明如图

2-3 所示。

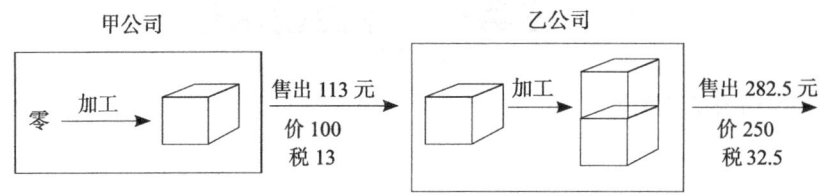

图 2-3　价外税说明

【例题 2-1·多选题】A 工厂向 B 工厂购买了一批原材料生产运动服饰，然后将其生产的产品按出厂价销售给批发商 C，C 以批发价销售给零售商 D，D 又以零售价销售给消费者。按照《中华人民共和国增值税暂行条例》（简称《增值税暂行条例》）的有关规定，在上述交易过程中需缴纳增值税的环节有（　　）。

A. AB 之间的交易环节　　　　　　　　B. AC 之间的交易环节

C. CD 之间的交易环节　　　　　　　　D. D 向消费者销售的环节

正确答案：ABCD

答案解析：本题 4 个选项均为销售行为，因此都可以产生"增值额"。

二、增值税的纳税人与征税范围

（一）纳税人

1. 纳税人的概念

根据增值税法规规定，在中华人民共和国境内发生应税销售行为以及进口货物的单位和个人，为增值税的纳税人。

"单位"是指企业、行政单位、事业单位、军事单位、社会团体及其他单位；"个人"是指个体工商户和其他个人。

2. 纳税人的分类

根据纳税人的经营规模及会计核算的健全程度不同，增值税的纳税人，可以分为一般纳税人和小规模纳税人。

经营规模以年应征增值税销售额来衡量。年应征增值税销售额，是指纳税人在连续不超过 12 个月或 4 个季度的经营期内累计应征增值税销售额，包括纳税申报销售额、稽查查补销售额、纳税评估调整销售额。

会计核算是否健全是指纳税人是否能够按照国家统一的会计制度规定设置账簿，根据合法、有效凭证核算。

增值税纳税人分类如表 2-1 所示。

表 2-1　增值税纳税人分类

纳税人	年应征增值税销售额（2018年5月1日前）	年应征增值税销售额（2018年5月1日起）	计税方法	发票使用
小规模纳税人	生产型企业，年应征增值税销售额 ≤ 50 万元 非生产型企业，年应征增值税销售额 ≤ 80 万元 提供应税服务，销售不动产及无形资产，年应征增值税销售额 ≤ 500 万元	年应征增值税销售额 ≤ 500 万元	简易计税方法	一般可使用增值税专用发票 销售不动产需到税务机关申请代开增值税专用发票
一般纳税人	生产型企业，年应征增值税销售额 >50 万元 非生产型企业，年应征增值税销售额 >80 万元 提供应税服务，销售不动产及无形资产，年应征增值税销售额 >500 万元	年应征增值税销售额 >500 万元	主要情况：一般计税方法 特殊情况：简易计税方法	可以使用所有类型的发票

增值税纳税人，年应税销售额超过小规模纳税人标准，会计核算健全，应当向主管税务机关办理一般纳税人登记。增值税纳税人，年应税销售额未超过小规模纳税人标准，会计核算健全，能够准确提供税务资料的，可以向主管税务机关办理一般纳税人登记，不再作为小规模纳税人。

年应税销售额超过小规模纳税人标准的其他个人按小规模纳税人纳税，非企业性单位可选择按小规模纳税人纳税。

中华人民共和国境外的单位或者个人在境内销售劳务，在境内未设有经营机构的，以其境内代理人为扣缴义务人；在境内没有代理人的，以购买方为扣缴义务人。

（二）征税范围

增值税的征税范围包括在中华人民共和国境内销售货物或者劳务，销售服务、无形资产、不动产及进口货物。

1. 销售货物

在中华人民共和国境内销售货物，是指销售货物的起运地或者所在地在境内。

销售货物是指有偿转让货物的所有权，而不是会计中所说的收入确认条件下的销售。货物，是指有形动产，包括电力、热力、气体在内。有偿，指从购买方取得货币、货物或者"其他经济利益"。

2. 销售劳务

在中华人民共和国境内销售劳务，是指提供的劳务发生地在境内。

销售劳务，是指有偿提供加工、修理修配劳务。单位或者个体工商户聘用的员工为本单位或者雇主提供加工、修理修配劳务不包括在内。

加工，是指受托加工货物，即委托方提供原料及主要材料，受托方按照委托方的要求，制造货物并收取加工费的业务；修理修配，是指受托对损伤和丧失功能的货物进行修复，使其恢复原状和功能的业务。

3. 销售服务

销售服务，是指提供交通运输服务、邮政服务、电信服务、建筑服务、金融服务、现代服务、生活服务。

（1）交通运输服务。交通运输服务是指利用运输工具将货物或者旅客送达目的地，使其空间位置得到转移的业务活动。交通运输服务包括陆路运输服务、水路运输服务、航空运输服务和管道运输服务。

（2）邮政服务。邮政服务是指中国邮政集团公司及其所属邮政企业提供邮件寄递、邮政汇兑、机要通信和邮政代理等邮政基本服务的业务活动。邮政服务包括邮政普遍服务、邮政特殊服务和其他邮政服务。

（3）电信服务。电信服务是指利用有线、无线的电磁系统或者光电系统等各种通信网络资源，提供语音通话服务，传送、发射、接收或者应用图像、短信等电子数据和信息的业务活动。电信服务包括基础电信服务和增值电信服务。

（4）建筑服务。建筑服务是指各类建筑物、构筑物及其附属设施的建造、修缮、装饰，线路、管道、设备、设施等的安装及其他工程作业的业务活动。建筑服务包括工程服务、安装服务、修缮服务、装饰服务和其他建筑服务。

（5）金融服务。金融服务是指经营金融保险的业务活动，包括贷款服务、直接收费金融服务、保险服务和金融商品转让。

（6）现代服务。现代服务是指围绕制造业、文化产业、现代物流产业等提供技术性、知识性服务的业务活动。现代服务包括研发和技术服务、信息技术服务、文化创意服务、物流辅助服务、租赁服务、鉴证咨询服务、广播影视服务、商务辅助服务和其他现代服务。

（7）生活服务。生活服务是指为满足城乡居民日常生活需求提供的各类服务活动，包括文化体育服务、教育医疗服务、旅游娱乐服务、餐饮住宿服务、居民日常服务和其他生活服务。

4. 销售无形资产

销售无形资产，是指转让无形资产所有权或者使用权的业务活动。

无形资产，是指不具实物形态，但能带来经济利益的资产，包括技术、商标、著作权、商誉、自然资源使用权和其他权益性无形资产。

技术，包括专利技术和非专利技术。

自然资源使用权，包括土地使用权、海域使用权、探矿权、采矿权、取水权和其他自然资源使用权。

其他权益性无形资产，包括基础设施资产经营权、公共事业特许权、配额、经营权（包括特许经营权、连锁经营权、其他经营权）、经销权、分销权、代理权、会员权、席位权、网络游戏虚拟道具、域名、名称权、肖像权、冠名权、转会费等。

5.销售不动产

销售不动产，是指转让不动产所有权的业务活动。不动产，是指不能移动或者移动后会引起性质、形状改变的财产，包括建筑物、构筑物等。

建筑物，包括住宅、商业营业用房、办公楼等可供居住、工作或者进行其他活动的建造物。

构筑物，包括道路、桥梁、隧道、水坝等建造物。

转让建筑物有限产权或者永久使用权的，转让在建的建筑物或者构筑物所有权的，以及在转让建筑物或者构筑物时一并转让其所占土地的使用权的，按照销售不动产缴纳增值税。

6.进口货物

进口货物，是指申报进入中国海关境内的货物。根据《增值税暂行条例》的规定，只要是报关进口的应税货物，均属于增值税的征税范围，除享受免税政策外，在进口环节缴纳增值税。

7.视同销售货物

（1）单位或者个体工商户的下列行为，视同销售货物，征收增值税。

① 将货物交付其他单位或者个人代销。

② 销售代销货物。

③ 设有两个以上机构并实行统一核算的纳税人，将货物从一个机构移送至其他机构用于销售，但相关机构设在同一县（市）的除外。

④ 将自产或者委托加工的货物用于非增值税应税项目。

⑤ 将自产或者委托加工的货物用于集体福利或个人消费。

⑥ 将自产、委托加工或者"购进"的货物作为投资，提供给其他单位或者个体工商户。

⑦ 将自产、委托加工或者"购进"的货物分配给股东或者投资者。

⑧ 将自产、委托加工或者"购进"的货物无偿赠送其他单位或者个人。

（2）单位或者个人的下列情形视同销售服务、无形资产或者不动产，征收增值税。

① 单位或者个体工商户向其他单位或者个人无偿提供应税服务，但以公益活动为目的或者以社会公众为对象的除外。

② 单位或者个人向其他单位或者个人无偿转让无形资产或者不动产，但用于公益事业或者以社会公众为对象的除外。

③ 财政部或国家税务总局规定的其他情形。

8. 混合销售行为

混合销售行为，是指一项销售行为既涉及服务又涉及货物。从事货物的生产、批发或者零售的单位和个体工商户的混合销售行为，按照销售货物缴纳增值税；其他单位和个体工商户的混合销售行为，按照销售服务缴纳增值税。

上述所称从事货物的生产、批发或者零售的单位和个体工商户，包括以从事货物的生产、批发或者零售为主，并兼营销售服务的单位和个体工商户在内。

自2017年5月起，纳税人销售活动板房、机器设备、钢结构件等自产货物的同时提供建筑、安装服务，不属于混合销售，应分别核算货物和建筑服务的销售额，分别适用不同的税率或者征收率。

9. 兼营行为

兼营行为，是指纳税人的经营中包括销售货物、劳务及销售服务、无形资产和不动产的行为。

纳税人发生兼营行为，应当分别核算适用不同税率或征收率的销售额，未分别核算销售额的，按照以下办法适用税率或征收率。

（1）兼有不同税率的销售货物、劳务、服务、无形资产或者不动产，从高适用税率。

（2）兼有不同征收率的销售货物、劳务、服务、无形资产或者不动产，从高适用征收率。

（3）兼有不同税率和征收率的销售货物、劳务、服务、无形资产或者不动产，从高适用税率。

10. 不征收增值税项目

（1）根据国家指令无偿提供的铁路运输服务、航空运输服务，属于《营业税改征增值税试点实施办法》规定的用于公益事业的服务。

（2）存款利息。

（3）被保险人获得的保险赔付。

（4）房地产主管部门或者其指定机构、公积金管理中心、开发企业及物业管理单位代收的住宅专项维修资金。

（5）纳税人在资产重组过程中，通过合并、分立、出售、置换等方式，将全部或者部分实物资产及与其相关联的债权、负债和劳动力一并转让给其他单位和个人，其中涉及的不动产、土地使用权转让行为。

（6）纳税人在资产重组过程中，通过合并、分立、出售、置换等方式，将全部或者部分实物资产及与其相关联的债权、负债和劳动力一并转让给其他单位和个人，其中涉及的货物转让，不征收增值税。

【例题2-2·多选题】根据增值税法律制度的规定，下列各项中，应缴纳增值税的是（　　）。

A. 物业服务　　　　B. 加工服务　　　　C. 餐饮服务　　　　D. 金融服务

正确答案： ABCD

答案解析： 本题考核增值税的征税范围。

【例题 2-3·单选题】根据增值税法律制度的规定，下列行为中，应缴纳增值税的是（　　）。

A. 建筑公司员工接受本公司的工作任务设计建筑图纸

B. 客运公司为本公司员工提供班车服务

C. 物流公司为灾区提供免费运输救灾物资的服务

D. 母公司向子公司无偿转让商标使用权

正确答案：D

答案解析：本题考核增值税的征税范围。单位或者个体工商户聘用的员工为本单位或者雇主提供取得工资的服务属于非营业活动（选项 A），单位或者个体工商户为聘用的员工提供服务属于非营业活动（选项 B）；单位或个体工商户向其他单位或者个人无偿提供服务，用于公益事业或以社会公众为对象的不属于视同销售服务（选项 C）；单位或者个人向其他单位或者个人无偿转让无形资产属于视同销售无形资产（选项 D）。

三、增值税的税率与征收率

税率是应纳税额与征税对象之间的比率。绝大多数一般纳税人适用基本税率、低税率和零税率3档。

征收率是指对特定的货物或特定的纳税人发生应税销售行为在某一生产流通环节应纳税额与销售额的比率。增值税征收率适用两种情况：一是小规模纳税人；二是一般纳税人发生应税销售行为按规定可以选择简易计税方法计税的。增值税税目税率表如表 2-2 所示，增值税税目征收率表如表 2-3 所示。

表 2-2　增值税税目税率表

增值税税目	税率
一、销售或者进口货物（另有列举的除外）	13%
二、销售加工、修理修配劳务	13%
三、销售或者进口以下货物 　1. 粮食等农产品、食用植物油、食用盐 　2. 自来水、暖气、冷气、热水、煤气、石油液化气、天然气、二甲醚、沼气、居民用煤炭制品 　3. 图书、报纸、杂志、音像制品、电子出版物 　4. 饲料、化肥、农机、农药、农膜 　5. 国务院规定的其他货物	9%
四、交通运输服务 陆路运输服务、水路运输服务、航空运输服务和管道运输服务、无运输工具承运业务	9%
五、邮政服务 邮政普遍服务、邮政特殊服务、其他邮政服务	9%
六、电信服务 　1. 基础电信服务 　2. 增值电信服务	9% 6%

增值税税目	税率
七、建筑服务 工程服务、安装服务、修缮服务、装饰服务和其他建筑服务	9%
八、销售不动产 转让建筑物、构筑物等不动产所有权	9%
九、金融服务 贷款服务、直接收费金融服务、保险服务和金融商品转让	6%
十、现代服务业 　1.研发和技术服务、信息技术服务、文化创意服务、物流辅助服务、鉴证咨询服务、广播影视服务、商务辅助服务、其他现代服务 　2.有形动产租赁服务 　3.不动产租赁服务	6% 13% 9%
十一、生活服务 文化体育服务、教育医疗服务、旅游娱乐服务、餐饮住宿服务、居民日常服务、其他生活服务	6%
十二、销售无形资产 　1.转让技术、商标、著作权、商誉、自然资源和其他权益性无形资产使用权或所有权 　2.转让土地使用权	6% 9%
十三、出口货物（国务院另有规定的除外）	0
十四、境内单位和个人跨境销售国务院规定范围内的服务、无形资产	0
十五、销售的货物、劳务、跨境应税服务，符合免税条件的	免税

【注意】境内的单位和个人销售适用增值税零税率的服务和无形资产的，可以放弃适用增值税零税率，选择免税或按规定缴纳增值税。放弃适用增值税零税率后，36 个月内不得再申请适用增值税零税率。

自 2019 年 4 月 1 日起，一般纳税人购进用于生产销售或委托受托加工 13% 税率货物的农产品，以发票金额（不含税）按 10% 的扣除率计算进项税额；取得一般纳税人开具的增值税专用发票或海关进口增值税专用缴款书的，以增值税专用发票或海关进口增值税专用缴款书上注明的增值税税额为进项税额；取得（开具）农产品销售发票或收购发票的，按发票上注明的农产品买价和 9% 的扣除率计算进项税额；按照简易计税方法依照 3% 征收率计算缴纳增值税的小规模纳税人取得增值税专用发票的，以增值税专用发票上注明的金额（不含税）按 9% 的扣除率计算进项税额。

表 2-3　增值税税目征收率表

（小规模纳税人、允许适用简易计税方法的一般纳税人）

征税范围	征收率	备注
1. 小规模纳税人销售货物、劳务，销售应税服务、无形资产 2. 一般纳税人提供物业管理服务，向服务接受方收取的自来水水费 3. 一般纳税人提供非学历教育服务，选择简易计税方法计税的	3%	1. 一般纳税人销售自己使用过的不得抵扣且未抵扣进项税额的固定资产，按照简易办法依照

续 表

征税范围	征收率	备注
4. 一般纳税人以清包工方式提供的建筑服务，选择简易计税方法计税的 5. 一般纳税人为甲供工程提供的建筑服务，选择简易计税方法计税的 6. 一般纳税人为建筑工程老项目提供的建筑服务，选择简易计税方法计税的 7. 建筑工程总承包单位为房屋建筑的地基与基础、主体结构提供工程服务，建设单位自行采购全部或部分钢材、混凝土、砌体材料、预制构件的 8. 一般纳税人销售电梯的同时提供安装服务，其安装服务按照甲供工程选择简易计税方法计税的 9. 一般纳税人提供公共交通运输服务（包括轮客渡、公交客运、地铁、城市轻轨、出租车、长途客运、班车），选择简易计税方法计税的 10. 一般纳税人购进或者自制的有形动产为标的物提供的经营租赁服务，选择简易计税方法计税的 11. 至 2017 年 12 月 31 日，被登记为动漫企业的一般纳税人，为开发动漫产品提供的动漫脚本编撰、形象设计、背景设计、动画设计、分镜、动画制作、摄制、描线、上色、画面合成、配音、配乐、音效合成、剪辑、字幕制作、压缩转码（面向网络动漫、手机动漫格式适配）服务，以及在境内转让动漫版权（包括动漫品牌、形象或者内容的授权及再授权），选择简易计税方法计税的 12. 一般纳税人提供电影放映服务、仓储服务、装卸搬运服务和收派服务，选择简易计税方法计税的 13. 一般纳税人生产建筑用和生产建筑材料所用的砂、土、石料，选择简易计税方法计税的 14. 一般纳税人以自己采掘的砂、土、石料或其他矿物连续生产的砖、瓦、石灰（不含黏土实心砖、瓦），选择简易计税方法计税的 15. 一般纳税人销售自产的用微生物、微生物代谢产物、动物毒素、人或动物的血液或组织制成的生物制品，选择简易计税方法计税的 16. 一般纳税人销售自来水，选择简易计税方法计税的 17. 一般纳税人销售自产的商品混凝土（仅限于以水泥为原料生产的水泥混凝土），选择简易计税方法计税的 18. 一般纳税人寄售商店代销寄售物品（包括居民个人寄售的物品在内） 19. 典当业销售死当物品	3%	3% 征收率减按 2% 征收增值税。纳税人也可以放弃减税 2. 小规模纳税人（除其他个人外，下同）销售自己使用过的固定资产，减按 2% 征收率征收增值税 3. 纳税人销售旧货，按照简易办法依照 3% 征收率减按 2% 征收增值税
1. 小规模纳税人转让其取得的不动产 2. 一般纳税人转让其 2016 年 4 月 30 日前取得的不动产，选择简易计税方法计税的 3. 小规模纳税人出租其取得的不动产（不含个人出租住房） 4. 一般纳税人出租其 2016 年 4 月 30 日前取得的不动产，选择简易计税方法计税的 5. 房地产开发企业（一般纳税人）销售自行开发的房地产老项目，选择简易计税方法计税的 6. 房地产开发企业（小规模纳税人）销售自行开发的房地产项目 7. 纳税人提供劳务派遣服务，选择差额纳税的	5%	个人出租住房，按照 5% 的征收率减按 1.5% 计算应纳税额

【例题 2-4·单选题】根据增值税有关规定，一般纳税人销售的下列产品中，适用 9% 的税率的是（　　）。

A. 农机配件　　　　　B. 自来水　　　　　C. 淀粉　　　　　D. 煤炭制品

正确答案：B

答案解析：AC 适用 13% 税率，D 不一定适用 9% 税率，所以不选。

【例题 2-5·单选题】某企业为增值税一般纳税人，主营二手车交易，2019 年 6 月取得含税销售额 309 万元；除上述收入外，该企业当月又将本企业于 2007 年 5 月购入自用的一辆货车和 2010 年 11 月购入自用的一辆货车分别以 10.3 万元和 33.9 万元的价格出售，则该企业当月应纳的增值税为（　　）万元。

A. 9.19　　　　　B. 9.3　　　　　C. 10.1　　　　　D. 11.4

正确答案：C

答案解析：一般纳税人销售旧货依照 3% 征收率减按 2% 征收增值税：309÷（1+3%）×2%=6（万元）；一般纳税人销售自己使用过的 2009 年 1 月 1 日以前购入的固定资产，依照 3% 征收率减按 2% 征收增值税：10.3÷（1+3%）×2%=0.2（万元）；一般纳税人销售自己使用过的 2009 年 1 月 1 日以后购入的固定资产，按适用税率征收：33.9÷（1+13%）×13%=3.9（万元）；应纳税额 =6+0.2+3.9=10.1（万元）。

任务二　增值税应纳税额的计算

增值税应纳税额的计算包括一般计税方法应纳税额的计算、简易计税方法应纳税额的计算、扣缴计税方法应纳税额的计算和进口货物应纳税额的计算。

一、一般计税方法应纳税额的计算

增值税一般纳税人发生应税销售行为的应纳税额，除适应简易征税办法外的，均适用一般计税方法计税。其计算公式为：

$$当期应纳增值税税额 = 当期销项税额 - 当期进项税额$$

当期是个重要的时间界定，是指税务机关依照税法规定对纳税人确定的纳税期限。只有在纳税期限内实际发生的销项税额、进项税额，才是法定的当期销项税额、进项税额。

当期销项税额小于当期进项税额不足抵扣时，其不足部分可以结转下期继续抵扣。

（一）销项税额的计算

销项税额是指纳税人发生应税销售行为时，按照销售额和适用税率计算收取的增值税税款，其计算公式为：

$$销项税额 = 销售额 \times 税率$$

从销项税额的定义和计算公式中可知，销项税额的计算取决于销售额和适用税率两个因素。在适用税率既定的前提下，销项税额的大小取决于销售额的大小。

1. 销售额的确定

销售额为纳税人发生应税销售行为时收取的全部价款和价外费用。由于增值税采用价外计税方式，用不含增值税价作为计税依据，因而销售额中不包含收取的销项税额。

价外费用，包括价外向购买方收取的手续费、补贴、基金、集资费、返还利润、奖励费、违约金、滞纳金、延期付款利息、赔偿金、代收款项、代垫款项、包装费、包装物租金、储备费、优质费、运输装卸费及其他各种性质的价外收费。但下列项目不包含在内：

（1）受托加工应征消费税的消费品所代收代缴的消费税。

（2）同时符合以下条件的代垫运费：承运部门的运输费用发票开具给购买方的；纳税人将该项发票转交给购买方的。

（3）以委托方名义开具发票代委托方收取的款项。

（4）销售货物的同时代办保险等而向购买方收取的保险费，以及向购买方收取的代购买方缴纳的车辆购置税、车辆牌照费。

（5）其他。

凡随同应税销售行为收取的价外费用，无论其会计制度如何核算，均应并入销售额计算应纳税额。根据国家税务总局规定：对增值税一般纳税人收取的价外费用，应视为含增值税收入，在征税时换算成不含税收入再并入销售额。

销售额应以人民币计算，纳税人以人民币以外的货币结算销售额的，应当折合成人民币计算。折合率可以选择销售额发生的当天或当月1日的人民币汇率中间价。纳税人应当事先确定采用何种折合率，确定后12个月内不得变更。

销售额中不应含有增值税款。如果销售额中包含了增值税款，则应将含税销售额换算成不含税销售额。

不含税销售额的计算公式为：

$$不含税销售额 = 含税销售额 \div (1 + 增值税税率)$$

【例题2-6·单选题】某公司为增值税一般纳税人，2019年8月销售产品一批，取得不含税销售额15万元，同时向对方收取包装费0.2万元，已知增值税税率为13%，则该公司本月增值税销项税额为（　）万元。

A. 1.9730　　　　　　　B. 2.4276　　　　　　　C. 2.5689　　　　　　　D. 3.0233

正确答案：A

答案解析：该公司本月增值税销项税额 =15×13%+0.2÷（1+13%）×13%=1.9730（万元）。

【例题2-7·多选题】下列各项中，应计入增值税的应税销售额的有（　）。

A. 向购买者收取的销项税额　　　　　　B. 向购买者收取的包装物租金

C. 因销售货物向购买者收取的手续费　　D. 受托加工应征消费税的消费品所代收代缴的消费税

正确答案： BC

答案解析： 销售额不包括收取的销项税额和受托加工应征消费税的消费品所代收代缴的消费税。价外费用包括包装物租金。

2. 视同销售的销售额的确定

视同销售货物行为一般不以资金的形式反映出来，因而会出现无销售额的情况。在此情况下，税务机关有权按照下列顺序核定其销售额：

（1）按纳税人最近时期同类货物的平均销售价格确定。

（2）按其他纳税人最近时期同类货物的平均销售价格确定。

（3）按组成计税价格确定。其计算公式为：

$$组成计税价格 = 成本 \times （1+ 成本利润率）$$

征收增值税的货物，同时征收消费税的，其组成计税价格中应包含消费税税额。其计算公式为：

$$组成计税价格 = 成本 \times （1+ 成本利润率）+ 消费税税额$$

或：

$$组成计税价格 = 成本 \times （1+ 成本利润率） \div （1- 消费税税率）$$

公式中的成本分两种情况：一是销售自产货物的为实际生产成本，二是销售外购货物的为实际采购成本。公式中的成本利润率为10%。但属于应从价定率征收消费税的货物，其组成计税价格公式中的成本利润率为《消费税若干具体问题的规定》中规定的成本利润率。

纳税人销售货物或者劳务的价格明显偏低并无正当理由的，由税务机关按照上述方法核定其销售额。

《营业税改征增值税试点实施办法》规定，纳税人销售服务、无形资产或者不动产价格明显偏低或者偏高且不具有合理商业目的的，或者发生无销售额的，税务机关有权按照下列顺序确定销售额：

第一，按照纳税人最近时期销售同类服务、无形资产或者不动产的平均价格确定。

第二，按照其他纳税人最近时期销售同类服务、无形资产或者不动产的平均价格确定。

第三，按照组成计税价格确定。组成计税价格的公式为：

$$组成计税价格 = 成本 \times （1+ 成本利润率）$$

成本利润率由国家税务总局确定。

不具有合理商业目的，是指以谋取税收利益为主要目的，通过人为安排，减少、免除、推迟缴纳增值税税款，或者增加退还增值税税款。

3. 混合销售的销售额的确定

依照《营业税改征增值税试点实施办法》及相关规定，混合销售的销售额为货物的销售额与服务销售额的合计。

4. 兼营的销售额的确定

纳税人兼营不同税率的货物、劳务、服务、无形资产或者不动产，应当分别核算不同税率或者征收率的销售额；未分别核算销售额的，从高适用税率。

5. 特殊销售方式下销售额的确定

（1）商业折扣与现金折扣方式销售。

① 商业折扣。商业折扣是指销售方在发生应税销售行为时，因购买方购买数量较大等原因而给予购买方的价格优惠。如购买 10 件，可按销售价格折扣 10%；购买 20 件，可按销售价格折扣 20% 等。

纳税人采取商业折扣方式销售应税销售行为，如果销售额和折扣额在"同一张发票"上分别注明，可以按折扣后的销售额征收增值税；如果将折扣额另开发票，不论其在财务上如何处理，均不得从销售额中减除折扣额。

商业折扣仅限于应税销售行为价格的折扣，如果销售者将自产、委托加工和购买的应税销售行为用于实物折扣的，则该实物款额不能从应税销售行为的销售额中减除，且该实物应按"视同销售货物"中"赠送他人"计算征收增值税。

② 现金折扣。现金折扣是指销售方在发生应税销售行为时，为了鼓励购买方及早偿还款项而协议许诺给予购买方的一种折扣优待。通常采用 3/10、1/20、n/30 等形式表示。其中，3/10 表示的是，如果债务方在 10 天内付款，可以享受含税或不含税销售额 3% 的现金折扣；如果在 20 天内付清货款，可以享受含税或不含税销售额 1% 的现金折扣；如果在 30 天内付清货款，则应全额支付。

现金折扣发生在销售之后，是一种融资性质的理财费用，因此，折扣不得从销售额中减除。

（2）以旧换新方式销售。以旧换新销售是指纳税人在销售自己的货物时，折价收回同类旧货物，并以折价款部分冲减新货物价款的一种销售方式。纳税人采取以旧换新方式销售货物的，应按新货物的同期销售价格确定销售额，不得扣减旧货物的收购价格（金银首饰例外）。

对金银首饰以旧换新业务，可以按销售方实际收取的不含增值税的全部价款作为销售额计算缴纳增值税。

（3）以物易物方式销售。以物易物是指购销双方不是以货币结算，而是以同等价款的货物相互结算，实现货物购销的一种方式。以物易物"双方都应作购销处理"，以各自发出的货物核算销售额并计算销项税额，以各自收到的货物按规定核算购货额并计算进项税额。在以物易物活动中，应分别开具合法的票据，如收到的货物不能取得合法的票据，不得抵扣进项税额。

（4）还本销售方式销售。还本销售是指纳税人在销售货物后，在一定期限内将全部或部分销货款一次或分次退还给购货方的一种销售方式。这种方式实质上是一种筹资行为。按税法规定，还本方式的销售额就是货物的销售价格，不得从销售额中减除还本支出。

（5）直销方式销售。直销企业先将货物销售给直销员，直销员再将货物销售给消费者的，直销企业的销售额为其向直销员收取的全部价款和价外费用。

直销企业通过直销员向消费者销售货物，直接向消费者收取货款，直销企业的销售额为其向消费者收取的全部价款和价外费用。

6. 包装物押金

包装物是指纳税人包装本单位货物的各种物品。根据增值税法的规定，包装物押金收入单独记账核算的，时间在一年以内，又未逾期的，不并入销售额征税，税法另有规定的除外；但对逾期未收回包装物不再退还的押金，应按规定计算征收增值税。

"逾期"是指超过合同约定的期限或超过一年的期限，对收取一年以上的押金，无论是否退还均应并入销售额征税。在将包装物押金并入销售额征税时，需要先将该押金换算为不含税价，再并入销售额征税。

自 1995 年 6 月 1 日起，对销售除啤酒、黄酒外的其他酒类产品而收取的包装物押金，无论是否返还及会计上如何核算，均应并入当期销售额征税。对销售啤酒、黄酒所收取的包装物押金，按上述一般押金的规定处理。

7. 按差额确定销售额

尽管已全面实施营改增，但是目前仍然有无法通过抵扣机制避免重复征税的情况存在，因此引入了差额征税的办法。以下项目属于按差额确定销售额。

（1）金融商品转让的销售额。金融商品转让，按照卖出价减去买入价后的余额为销售额。

转让金融商品出现的正负差，按盈亏相抵后的余额为销售额。若相抵后出现负差，可结转下一纳税期与下期转让金融商品销售额相抵，但年末时仍然出现负差的，不得转入下个会计年度。

金融商品的买入价，可以选择按照加权平均法或者移动加权平均法进行核算，选择后 36 个月内不得变更。

金融商品转让，不得开具增值税专用发票。

（2）经纪代理服务的销售额。经纪代理服务，以收取的全部价款和价外费用，扣除向委托方收取并代为支付的政府性基金或者行政事业性收费后的余额为销售额。向委托方收取的政府性基金或者行政事业性收费，不得开具增值税专用发票。

（3）旅游服务的销售额。纳税人提供旅游服务，可以选择以取得的全部价款和价外费用，扣除向旅游服务购买方收取并支付给其他单位或个人的住宿费、餐饮费、交通费、签证费、门票费和支付给其他接团旅游企业的旅游费用后的余额为销售额。

（4）房地产开发企业销售其开发的房地产项目的销售额。房地产开发企业中的一般纳税人销售其开发的房地产项目（选择简易计税方法的房地产老项目除外），以取得的全部价款和价外费用，扣除受让土地时向政府部门支付的土地价款后的余额为销售额。"向政府部门支付的土地价款"，包括土地受让人向政府部门支付的征地和拆迁补偿费用、土地前期开发费用和土地出让收益等。

（5）纳税人转让不动产缴纳增值税差额扣除的有关规定。纳税人转让不动产，按照有关规定差额缴纳增值税的，如因丢失等原因无法提供取得不动产时的发票，可向税务机关提供其他能证明契税计税金额的完税凭证等资料，进行差额扣除。

① 2016 年 4 月 30 日及以前缴纳契税的：

增值税应纳税额 =[全部交易价格（含增值税）– 契税计税金额（含营业税）] ÷（1+5%）× 5%

② 2016 年 5 月 1 日及以后缴纳契税的：

增值税应纳税额 =[全部交易价格（含增值税）÷（1+5%）– 契税计税金额（不含增值税）] × 5%

8. 销售额确定的特殊规定

（1）纳税人兼营免税、减税项目的，应当分别核算免税、减税项目的销售额；未分别核算的，不得免税、减税。

（2）纳税人发生应税销售行为，开具增值税专用发票后，发生开票有误或者销售折让、中止、退回等情形的，应当按照国家税务总局的规定开具红字增值税专用发票；未按照规定开具红字增值税专用发票的，不得扣减销项税额或者销售额。

9. 外币销售额的折算

【例题 2-8·单选题】某公司为增值税一般纳税人，2019 年 9 月将一批新研制的产品（无须缴纳消费税）赠送给客户使用，该公司无同类产品销售价格，其他公司也无同类货物，已知该批产品的生产成本为 15 万元，成本利润率为 10%，增值税税率为 13%。则该公司本月视同销售的增值税销项税额为（　　）万元。

A. 2.5500　　　　　B. 2.3400　　　　　C. 2.1450　　　　　D. 2.0332

正确答案：C

答案解析：公司本月视同销售的增值税销项税额 =15×（1+10%）×13%=2.1450（万元）。

【例题 2-9·多选题】根据增值税相关法规的规定，下列关于包装物的增值税处理正确的有（　　）。

A. 随同货物销售而出租包装物的租金一律在收取时作为价外费用并入销售额计征增值税

B. 一般货物包装物押金一律在收取时作为价外费用并入销售额计征增值税

C. 白酒包装物押金一律在收取时作为价外费用并入销售额计征增值税

D. 啤酒包装物押金一律在收取时作为价外费用并入销售额计征增值税

正确答案：AC

答案解析：一般货物包装物押金逾期未收回时计征增值税。除啤酒、黄酒外的其他酒类产品收取的包装物押金，无论是否返还及会计上如何核算，均应在收取时并入当期销售额征收增值税。

【例题2-10·单选题】甲公司为增值税一般纳税人，2019年10月采取折扣方式销售货物一批，该批货物不含税销售额为90 000元，折扣额为9 000元，销售额和折扣额在同一张发票的金额栏分别注明。已知增值税税率为13%。甲公司当月该笔业务增值税销项税额的下列计算列式中，正确的是（   ）。

A.（90 000 − 9 000）÷（1+13%）×13% = 9 318.58（元）

B. 90 000×13% = 11 700（元）

C. 90 000÷（1+13%）×13% = 10 353.98（元）

D.（90 000 − 9 000）×13% = 10 530（元）

正确答案：D

答案解析：折扣额与销售额在同一张发票上，可以按照扣除后金额确认收入。本题为不含税收入，因此直接乘以税率即可。

（二）进项税额的计算

进项税额，是指纳税人购进货物、劳务、服务、无形资产、不动产支付或者负担的增值税税额。进项税额是与销项税额相对应的另一个概念。在开具增值税专用发票的情况下，它们之间的对应关系是，销售方收取的销项税额，就是购买方支付的进项税额。任何一个一般纳税人都会有收取的销项税额和支付的进项税额。

需要注意的是，并不是纳税人支付的所有进项税额都可以从销项税额中抵扣。因此，严格把握哪些进项税额可以抵扣，哪些进项税额不能抵扣是十分重要的。

1. 准予从销项税额中抵扣的进项税额

（1）从销售方取得的增值税专用发票（含税控机动车销售统一发票，下同）上注明的增值税税额。

（2）从海关取得的海关进口增值税专用缴款书上注明的增值税税额。

（3）自境外单位或者个人购进劳务、服务、无形资产或者境内的不动产，从税务机关或者扣缴义务人取得的代扣代缴税款的完税凭证上注明的增值税税额。

（4）购进农产品，除取得增值税专用发票或者海关进口增值税专用缴款书外，按照农产品收购发票或者销售发票上注明的农产品买价和9%的扣除率计算进项税额，国务院另有规定的除外。进项税额计算公式为：

$$进项税额 = 买价 \times 扣除率$$

（5）增值税一般纳税人在资产重组过程中，将全部资产、负债和劳动力一并转让给其他增值税一般纳税人，并按程序办理注销税务登记的，其在办理税务登记前尚未抵扣的进项税额可结转至新纳税人处继续抵扣。

（6）原增值税一般纳税人自用的应征消费税的摩托车、汽车、游艇，其进项税额准予从销项税额中抵扣。

（7）按照增值税法规规定不得抵扣且未抵扣进项税额的固定资产、无形资产、不动产，发生用途改变，用于允许抵扣进项税额的应税项目，可在用途改变的次月按照下列公式计算可以抵扣的进项税额：

可以抵扣的进项税额＝固定资产、无形资产、不动产净值÷（1+适用税率）×适用税率

（8）收费公路通行费增值税抵扣。

① 纳税人支付的道路通行费，按照收费公路通行费增值税电子普通发票上注明的增值税税额抵扣进项税额。

② 纳税人支付的桥、闸通行费，暂时凭借取得的通行费发票上注明的收费金额按照下列公式计算可抵扣的进项税额：

桥、闸通行费可抵扣进项税额＝桥、闸通行费发票上注明的金额÷（1+5%）×5%

（9）自2018年1月1日起，纳税人租入固定资产、不动产，既用于一般计税方法计税项目，又用于简易计税方法计税项目、免征增值税项目、集体福利或者个人消费的，其进项税额准予从销项税额中全额抵扣。

（10）纳税人购进国内旅客运输服务的增值税抵扣。

纳税人购进国内旅客运输服务未取得增值税专用发票的，暂按照以下规定确定进项税额。

① 取得增值税电子普通发票的，为发票上注明的税额。

② 取得注明旅客身份信息的航空运输电子客票行程单的，按照下列公式计算进项税额：

航空旅客运输进项税额＝（票价＋燃油附加费）÷（1+9%）×9%

③ 取得注明旅客身份信息的铁路车票的，按照下列公式计算进项税额：

铁路旅客运输进项税额＝票面金额÷（1+9%）×9%

④ 取得注明旅客身份信息的公路、水路等其他客票的，按照下列公式计算进项税额：

公路、水路等其他旅客运输进项税额＝票面金额÷（1+3%）×3%

纳税人购进货物、劳务、服务、无形资产、不动产，取得的增值税扣税凭证不符合法律、行政法规或者国务院税务主管部门有关规定的，其进项税额不得从销项税额中抵扣。

增值税扣税凭证，是指增值税专用发票、海关进口增值税专用缴款书、农产品收购发票、农产品销售发票和完税凭证。

纳税人凭完税凭证抵扣进项税额的，应当具备书面合同、付款证明和境外单位的对账单或者发票。资料不全的，其进项税额不得从销项税额中抵扣。

【例题 2-11·多选题】根据增值税法律制度的规定，一般纳税人购进货物取得的下列合法凭证中，属于增值税扣税凭证的有（　　）。

A. 税控机动车销售统一发票　　　　　　B. 海关进口增值税专用缴款书

C. 农产品收购发票　　　　　　　　　　D. 客运发票

正确答案：ABC

答案解析：增值税扣税凭证，是指增值税专用发票、海关进口增值税专用缴款书、农产品收购发票、农产品销售发票和完税凭证。

【例题 2-12·单选题】浙江宁波某广告公司为增值税一般纳税人，2019 年 10 月，该公司取得广告制作费 960 万元（含税），支付给上海某媒体的广告发布费 480 万元（不含税），取得增值税专用发票。另外，当期该广告公司可抵扣的进项税额为 18 万元，则当月该广告公司应缴纳的增值税为（　　）万元。

A. 36.34　　　　　　B. 9.17　　　　　　C. 7.54　　　　　　D. 51.73

正确答案：C

答案解析：应缴纳增值税 =960÷（1+6%）×6%–480×6%–18=7.54（万元）。

2. 不得从销项税额中抵扣的进项税额

（1）用于简易计税方法计税项目、免征增值税项目、集体福利或者个人消费的购进货物、劳务、服务、无形资产和不动产。其中涉及的固定资产、无形资产、不动产，仅指专用于上述项目的固定资产、无形资产（不包括其他权益性无形资产）、不动产。但是发生兼用于上述不允许抵扣项目情况的，该进项税额准予全部抵扣。

另外，纳税人购进其他权益性无形资产，无论是专用于简易计税方法计税项目、免征增值税项目、集体福利或者个人消费，还是兼用于上述不允许扣项目，均可以抵扣进项。

纳税人的交际应酬消费属于个人消费，即交际应酬消费不属于生产经营中的生产投入和支出。

（2）非正常损失的购进货物，以及相关的加工修理修配劳务和交通运输服务。

（3）非正常损失的在产品、产成品所耗用的购进货物（不包括固定资产）、加工修理修配劳务和交通运输服务。

（4）非正常损失的不动产，以及该不动产所耗用的购进货物、设计服务和建筑服务。

（5）非正常损失的不动产在建工程所耗用的购进货物、设计服务和建筑服务。

纳税人新建、改建、扩建、修缮、装饰不动产，均属于不动产在建工程。

（2）、（3）、（4）、（5）项所述的非正常损失，是指因管理不善造成货物被盗、丢失、霉烂变质，以及因违反法律法规造成货物或者不动产被依法没收、销毁、拆除的情形。上述（4）、（5）项所称货物，是指构成不动产实体的材料和设备，包括建筑装饰材料和给排水、采暖、卫生、通风、照明、通讯、煤气、消防、中央空调、电梯、电气、智能化楼宇设备及配套设施。

（6）购进的旅客运输服务、贷款服务、餐饮服务、居民日常服务和娱乐服务。

（7）纳税人接受贷款服务向贷款方支付的与该笔贷款直接相关的投融资顾问费、手续费、咨询费等费用。

（8）财政部和国家税务总局规定的其他情形。

（9）适用一般计税方法的纳税人，兼营简易计税方法计税项目、免征增值税项目而无法划分不得抵扣的进项税额，按照下列公式计算不得抵扣的进项税额：

不得抵扣的进项税额＝当期无法划分的全部进项税额 ×（当期简易计税方法计税项目销售额＋免征增值税项目销售额）÷ 当期全部销售额

（10）一般纳税人已抵扣进项税额的固定资产、无形资产或者不动产，发生不得从销项税额中抵扣进项税额情形的，按照下列公式计算不得抵扣的进项税额：

不得抵扣的进项税额＝固定资产、无形资产或者不动产净值 × 适用税率

一般纳税人会计核算不健全、不能够提供准确税务资料的，或者应当办理一般纳税人资格登记而未办理的，应当按照销售额和增值税税率计算应纳税额，不得抵扣进项税额，也不得使用增值税专用发票。

【例题 2-13·多选题】 下列项目的进项税额，不得从销项税额中抵扣的是（　　）。

A. 销售产品支付的运输费用　　　　　　B. 外购原材料支付的货款

C. 非正常损失的购进货物　　　　　　　D. 用于个人消费购买的计算机

正确答案： CD

答案解析： 根据规定，非正常损失的购进货物以及用于个人消费的购进货物，其进项税额不得从销项税额中抵扣。

【例题 2-14·计算题】 某企业是增值税一般纳税人，2019 年 10 月有关生产经营业务如下：

（1）月初外购材料一批，支付增值税进项税额 20 万元，中下旬因管理不善，造成该批货物一部分发生霉烂变质，经核实造成 1/4 损失；

（2）外购的动力支付的进项税额 18 万元，一部分用于应税项目，另一部分用于免税项目，无法分开核算；

（3）销售应税货物取得不含税销售额 600 万元，销售免税货物取得销售额 250 万元。

计算该企业当月可以抵扣的进项税额。

答案解析：

（1）外购材料可以抵扣的进项税额 =20–20 × 1/4=15（万元）。

（2）销售货物可以抵扣的进项税额 =18–18 × 250 ÷（600+250）=18–5.29=12.71（万元）。

（3）当月可以抵扣的进项税额 =15+12.71=27.71（万元）。

（三）应纳税额的计算

一般纳税人在计算出销项税额和进项税额后就可以得出实际应纳税额。由于增值税实行购进扣税法，有时企业当期购进的货物、劳务、服务、无形资产、不动产很多，在计算应纳税额

时会出现当期销项税额小于当期进项税额而不足抵扣的情况。根据税法规定，当期进项税额不足抵扣的部分可以结转下期继续抵扣。

为了正确计算增值税应纳税额，需要掌握以下几个重要规定。

1. 计算应纳税额的时间界定

为了保证计算应纳税额的合理性、准确性，纳税人必须严格把握当期进项税额从当期销项税额中抵扣这个要点。"当期"是指税务机关依照税法规定对纳税人确定的纳税期限。只有在纳税期限内实际发生的销项税额、进项税额，才是法定的当期销项税额或当期进项税额。

（1）计算销项税额的时间限定。

纳税人在什么时间计算销项税额，增值税相关法规都做了严格的规定：

① 采取直接收款方式销售货物，不论货物是否发出，均为收到销货款或者取得索取销售款凭据的当天。

② 采取托收承付和委托收款方式销售货物，为发出货物并办妥托收手续的当天。

③ 采取赊销和分期收款方式销售货物，为书面合同约定的收款日期的当天，无书面合同的或者书面合同没有约定收款日期的，为货物发出的当天。

④ 采取预收货款方式销售货物，为货物发出的当天，但生产销售生产工期超过 12 个月的大型机械设备、船舶、飞机等货物，为收到预收款或者书面合同约定的收款日期的当天。

⑤ 委托其他纳税人代销货物，为收到代销单位的代销清单或者收到全部或部分货款的当天。未收到代销清单及货款的，为发出代销货物满 180 天的当天。

⑥ 纳税人提供租赁服务采取预收款方式的，其纳税义务发生时间为收到预收款的当天。

⑦ 纳税人从事金融商品转让的，为金融商品所有权转移的当天。

⑧ 纳税人发生相关视同销售货物行为，为货物移送的当天。

⑨ 纳税人发生视同销售劳务、服务、无形资产、不动产情形的．其纳税义务发生时间为劳务、服务、无形资产转让完成的当天或者不动产权属变更的当天。

⑩ 纳税人进口货物，其纳税义务发生时间为报关进口的当天。

（2）进项税额抵扣期限的限定。

① 自 2017 年 7 月 1 日起，增值税一般纳税人取得的 2017 年 7 月 1 日及以后开具的增值税专用发票和机动车销售统一发票，应自开具之日起 360 日内认证或登录增值税发票选择确认平台进行确认，并在规定的纳税申报期内，向主管税务机关申报抵扣进项税额。

② 增值税一般纳税人取得的 2017 年 7 月 1 日及以后开具的海关进口增值税专用缴款书，应自开具之日起 360 日内向主管税务机关报送《海关完税凭证抵扣清单》，申请稽核比对。

增值税一般纳税人取得的增值税专用发票以及海关进口增值税专用缴款书，未在规定期限内到税务机关办理认证（按规定不用认证的纳税人除外）或者申报抵扣的，不得作为合法的增值税扣税凭证，不得计算进项税额抵扣。

增值税一般纳税人取得的增值税扣税凭证稽核比对结果相符，但未按规定期限申报抵扣，属于发生真实交易且符合规定的客观原因的，经主管税务机关审核，允许纳税人继续申报抵扣其进项税额。增值税一般纳税人除客观原因以外的其他原因造成增值税扣税凭证未按期申报抵扣的，仍按照现行增值税扣税凭证申报抵扣有关规定执行。

2. 扣减发生期进项税额的规定

由于增值税实行以当期销项税额抵扣当期进项税额的"购进扣税法"，当期购进的货物、劳务、服务、无形资产、不动产如果事先并未确定将用于不得抵扣进项税额项目，其进项税额会在当期销项税额中予以抵扣。但已抵扣进项税额的购进货物、劳务、服务、无形资产、不动产如果事后改变用途，用于不得抵扣进项税额项目，应当将该项购进货物、劳务、服务、无形资产、不动产的进项税额从当期的进项税额中扣减；无法确定该项进项税额的，按当期实际成本计算应扣减的进项税额。

$$实际成本 = 进价 + 运费 + 保险费 + 其他有关费用$$

3. 销售折让、中止或者退回涉及销项税额和进项税额的税务处理

纳税人适用一般计税方法计税的，因销售折让、中止或者退回而退还给购买方的增值税税额，应当从当期的销项税额中扣减；因销售折让、中止或者退回而收回的增值税税额，应当从当期的进项税额中扣减。

一般纳税人发生应税销售行为，开具增值税专用发票后，应税销售行为发生退回或者折让、开票有误等情形，应按规定开具红字增值税专用发票。未按规定开具红字增值税专用发票的不得扣减销项税额或者销售额。

4. 向供货方取得返还收入的税务处理

自 2004 年 7 月 1 日起，对商业企业向供货方收取的与商品销售量、销售额挂钩（如以一定比例、金额、数量计算）的各种返还收入，均应按照平销返利行为的有关规定冲减当期增值税进项税额。应冲减进项税额的计算公式调整为：

$$应冲减进项税额 = 当期取得的返还资金 \div (1 + 所购货物适用增值税税率) \times 所购货物适用增值税税率$$

商业企业向供货方收取的各种返还收入，一律不得开具增值税专用发票。

【例题 2-15·计算题】 某生产企业为增值税一般纳税人，其生产的货物适用 13% 的增值税税率，2019 年 9 月该企业的有关生产经营业务如下。

（1）销售甲产品给某商场，开具了增值税专用发票，取得不含税销售额 88 万元，同时取得销售甲产品的送货运输费收入 6.435 万元（含增值税价格，与销售货物不能分别核算）。

（2）销售乙产品，开具了增值税普通发票，取得含税销售额 32.175 万元。

（3）将自产的一批应税新产品用于本企业集体福利项目，成本价为 22 万元，该新产品无同类产品市场销售价格，国家确定该产品的成本利润率为 10%。

（4）销售 2016 年 10 月购进作为固定资产使用过的进口摩托车 5 辆，开具增值税专用发票，发票上注明每辆金额 1.1 万元。

（5）购进货物取得增值税专用发票，发票上注明货款金额 66 万元、税额 8.58 万元，另外支付购货的运输费用 6.6 万元，取得运输公司开具的增值税专用发票，上面注明的税额为 0.594 万元。

（6）从农产品经营者（小规模纳税人）购进农产品一批（不适用进项税额核定扣除办法），取得的增值税专用发票上注明的金额为 33 万元，税额为 0.99 万元，同时支付给运输单位的运费 5.5 万元（不含增值税），取得运输部门开具的增值税专用发票，上面注明的税颜为 0.495 万元。本月下旬将购进的农产品的 22% 用于本企业职工福利。

以上相关票据均符合税法的规定。请按下列顺序计算该企业 7 月应缴纳的增值税税额。

（1）计算销售甲产品的销项税额。

（2）计算销售乙产品的销项税额。

（3）计算自产自用新产品的销项税额。

（4）计算销售使用过的摩托车应纳税额。

（5）计算当月允许抵扣进项税额的合计数。

（6）计算该企业 9 月合计应缴纳的增值税税额。

答案解析：

（1）销售甲产品的销项税额 $=88×13\%+6.435÷（1+13\%）×13\%=12.1803$（万元）。

（2）销售乙产品的销项税额 $=32.175÷（1+13\%）×13\%=3.7015$（万元）。

（3）自产自用新产品的销项税额 $=22×（1+10\%）×13\%=3.146$（万元）。

（4）销售使用过的摩托车销项税额 $=1.1×13\%×5=0.715$（万元）。

（5）合计允许抵扣的进项税额 $=8.58+0.594+（0.99+0.495）×（1-22\%）=10.3323$（万元）。

（6）该企业 9 月应缴纳的增值税税额 $=12.1803+3.7015+3.146+0.715-10.3323=9.4105$（万元）。

【例题 2-16·计算题】 某公司为增值税一般纳税人，主要提供餐饮、住宿服务。2019 年 10 月有关经营情况如下。

（1）提供餐饮、住宿服务取得含增值税收入 1 431 万元。

（2）出租餐饮设备取得含增值税收入 29 万元，出租房屋取得含增值税收入 11 万元。

（3）提供车辆停放服务取得含增值税收入 16.5 万元。

（4）发生员工出差火车票、飞机票支出合计 10 万元。

（5）支付技术咨询服务费，取得增值税专用发票注明税额 1.8 万元。

（6）购进卫生用具一批，取得增值税专用发票注明税额 1.76 万元。

（7）从农业合作社购进蔬菜，取得农产品销售发票注明买价 100 万元。

已知：有形动产租赁服务增值税税率为 13%；不动产租赁服务增值税税率为 9%；生活服

务、现代服务（除有形动产租赁服务和不动产租赁服务外）增值税税率为6%；交通运输服务增值税税率为9%；农产品扣除率为9%；取得的扣税凭证均已通过税务机关认证。

根据上述资料完成以下计算：

（1）计算公司当月增值税销项税额；

（2）计算公司当月准予抵扣增值税进项税额；

（3）计算公司当月增值税应纳税额。

答案解析：

（1）当月增值税销项税额 $=1\,431\div(1+6\%)\times6\%+29\div(1+13\%)\times13\%+11\div(1+9\%)\times9\%+16.5\div(1+9\%)\times9\%=81+7.6991+0.9083+1.3624=90.9698$（万元）。

（2）当月准予抵扣增值税进项税额 $=1.8+1.76+100\times9\%=12.56$（万元）。

（3）当月增值税应纳税额 $=90.9698–12.56=78.4098$（万元）。

二、简易计税方法应纳税额的计算

小规模纳税人发生应税销售行为采用简易计税方法计税，应按照销售额和征收率计算应纳增值税税额，不得抵扣进项税额。其计算公式为：

$$应纳税额 = 销售额 \times 征收率$$

简易计税方法的销售额不包括其应纳税额，纳税人采用销售额和应纳税额合并定价方法的，按照下列公式计算销售额：

$$销售额 = 含税销售额 \div (1+征收率)$$

纳税人适用简易计税方法计税的，因销售折让、中止或者退回而退还给购买方的销售额，应当从当期销售额中扣减。扣减当期销售额后仍有余额造成多缴的税款，可以从以后的应纳税额中扣减。

一般纳税人发生财政部和国家税务总局规定的特定应税行为（如一般纳税人提供的公共交通运输服务，以清包工方式提供的建筑服务），可以选择适用简易计税方法计税，但一经选择，36个月内不得变更。

【例题2-17·单选题】 某商店为增值税小规模纳税人，2019年10月销售商品取得含税销售额61 800元，购入商品取得普通发票注明金额10 000元。已知增值税税率为13%，征收率为3%，当月应缴纳增值税税额的下列计算列式中，正确的是（ ）。

A. $61\,800\div(1+3\%)\times3\% – 10\,000\times3\% = 1\,500$（元）

B. $61\,800\times3\% = 1\,854$（元）

C. $61\,800\times3\% – 10\,000\times3\% = 1\,554$（元）

D. $61\,800\div(1+3\%)\times3\% = 1\,800$（元）

正确答案：D

答案解析： 小规模纳税人销售货物，应适用简易计税方法按照3%的征收率计算应纳税额，取得销售额含增值税的，应价税分离计算应纳税额。小规模纳税人不得抵扣增值税进项税额。

【例题 2-18·计算题】某商场为增值税小规模纳税人，2019 年 9 月，该商场取得零售收入总额 20.394 万元；销售了旧货一批，开具普通发票，取得含税销售额 5.72 万元，原值 4.4 万元。计算该商场 9 月应缴纳的增值税税额。

答案解析：

（1）零售收入应纳增值税税额 =20.394÷（1+3%）×3%=0.594（万元）。

（2）销售旧货收入应纳增值税税额 =5.72÷（1+3%）×2%=0.111（万元）。

（3）9 月应缴纳增值税税额 =0.594+0.111=0.705（万元）。

【例题 2-19·计算题】某小规模纳税人仅经营某项应税服务，适用 3% 的征收率。2019 年 8 月发生一笔销售额为 2 万元的业务并就此缴纳了增值税。9 月该业务由于合理原因发生退款。（销售额均不含税）

（1）假设 9 月该企业应税服务销售额为 10 万元，计算 9 月缴纳的增值税。

（2）假设 9 月该企业应税服务销售额为 1.2 万元，10 月该企业应税服务销售额为 10 万元，计算 9 月、10 月应缴纳的增值税税额。

答案解析：

（1）9 月最终的计税销售额 =10-2=8（万元），9 月缴纳的增值税税额 =8×3%=0.24（万元）。

（2）9 月最终的计税销售额 =1.2-1.2=0（万元），9 月应纳增值税税额 =0×3%=0（万元）。

9 月销售额不足扣减的部分（1.2 万 -2 万）而多缴的税款为 0.024 万元（0.8 万 ×3%），可以从以后纳税期的应纳税额中扣减。

$$10 月企业实际缴纳的增值税税额 =10×3\%-0.024=0.276（万元），$$

$$或 10 月企业实际缴纳的增值税税额 =（10-0.8）×3\%=0.276（万元）。$$

三、扣缴计税方法应纳税额的计算

境外的单位或者个人在境内销售劳务，在境内未设有经营机构的，以其境内代理人为扣缴义务人；在境内没有代理人的，以购买方为扣缴义务人。扣缴义务人按照下列公式计算应扣缴税额：

$$应扣缴税额 = 接受方支付的价款 ÷（1+ 税率）× 税率$$

四、进口货物应纳税额的计算

纳税人进口货物，无论是一般纳税人还是小规模纳税人，均应按照组成计税价格和规定的税率计算应纳税额，不允许抵扣发生在境外的任何税金。其计算公式为：

$$应纳税额 = 组成计税价格 × 税率$$

（1）如果进口的货物不征消费税，则上述公式中组成计税价格的计算公式为：

$$组成计税价格 = 关税完税价格 + 关税税额$$

（2）如果进口的货物应征消费税，则上述公式中组成计税价格的计算公式为：

$$组成计税价格＝关税完税价格＋关税税额＋消费税税额$$

或：

$$组成计税价格＝（关税完税价格＋关税税额）÷（1－消费税税率）$$

按照相关法规的规定，一般贸易下进口货物的关税完税价格以海关审定的成交价格为基础的到岸价格作为完税价格。所谓成交价格是一般贸易项下进口货物的买方为购买该项货物向卖方实际支付或应当支付的价格；到岸价格包括货价，加上货物运抵我国关境内输入地点起卸前的包装费、运费、保险费和其他劳务费等费用构成的一种价格。

特殊贸易下进口的货物，由于进口时没有"成交价格"可作依据，为此，《进出口关税条例》对这些进口货物制定了确定其完税价格的具体办法。

【例题 2-20 · 计算题】某公司为增值税一般纳税人，2019 年 10 月从国外进口一批高档化妆品，海关核定的关税完税价格为 330 万元，已纳关税 44 万元。已知消费税税率为 15%，增值税税率为 13%。计算该公司进口环节应纳增值税税额。

答案解析：

进口环节应纳增值税税额＝（330+44）÷（1–15%）×13%=440×13%=57.2（万元）。

【例题 2-21 · 计算题】某企业为增值税一般纳税人，2019 年 8 月从国外进口一批原材料，海关审定的完税价格为 120 万元，该批原材料分别按 10% 和 13% 的税率向海关缴纳了关税和进口环节增值税，并取得了相关完税凭证。该批原材料当月加工成产品后全部在国内销售，取得不含税收入 220 万元，同时支付不含税运输费 10 万元，取得增值税专用发票。已知该企业适用的增值税税率为 13%。计算该企业 8 月应缴纳的增值税税额。

答案解析：

（1）进口原材料应纳增值税税额＝（120+120×10%）×13%=17.16（万元）。

（2）允许抵扣的增值税进项税额 =17.16+10×9%=18.06（万元）。

（3）8 月应纳增值税税额 =220×13%–18.06=10.54（万元）。

【例题 2-22 · 计算题】某公司 2019 年 9 月进口货物一批。该批货物在国外的买价为 40 万元，另该批货物运抵我国海关前发生的包装费、运输费、保险费等共计 20 万元。货物报关后，公司按规定缴纳了进口环节的增值税并取得了海关开具的海关进口增值税专用缴款书。假定该批进口货物在国内全部销售，取得不含税销售额 80 万元。已知货物进口关税税率为 15%，增值税税率为 13%。计算进口环节应缴纳的增值税和国内销售环节应缴纳的增值税。

答案解析：

（1）进口环节应纳增值税的组成计税价格 =40+20+60×15%=69（万元）。

（2）进口环节应缴纳增值税税额 =69×13%=8.97（万元）。

（3）国内销售环节的销项税额 =80×13%=10.4（万元）。

（4）国内销售环节应缴纳增值税税额 =10.4–8.97=1.43（万元）。

任务三 增值税的会计核算

一、一般纳税人的会计核算

（一）增值税的账户设置

增值税一般纳税人应当在"应交税费"账户下设置"应交增值税""未交增值税""预交增值税""待认证进项税额""待转销项税额""简易计税""转让金融商品应交增值税""代扣代交增值税"等明细账户。

1. "应交增值税"明细账户

为了详细核算企业应纳增值税的计算、缴纳和抵扣等情况，企业应在"应交增值税"明细账户下设置"进项税额""已交税金""减免税款""出口抵减内销产品应纳税额""转出未交增值税""销项税额""进项税额转出""出口退税""转出多交增值税"等专栏。

（1）"进项税额"专栏，记录一般纳税人购进货物、加工修理修配劳务、服务、无形资产或不动产而支付或负担的、准予从当期销项税额中抵扣的增值税税额。

（2）"已交税金"专栏，记录一般纳税人当月已缴纳的应交增值税税额。

（3）"减免税款"专栏，记录一般纳税人按现行增值税规定准予减免的增值税税额。

（4）"出口抵减内销产品应纳税额"专栏，记录实行"免、抵、退"办法的一般纳税人按规定计算的出口货物的进项税抵减内销产品的应纳税额。

（5）"转出未交增值税"专栏，记录一般纳税人月度终了转出当月应交未交的增值税税额。

（6）"销项税额"专栏，记录一般纳税人销售货物、加工修理修配劳务、服务、无形资产或不动产应收取的增值税税额。

（7）"进项税额转出"专栏，记录一般纳税人购进货物、加工修理修配劳务、服务、无形资产或不动产等发生非正常损失以及其他原因不能从销项税额中抵扣、按规定转出的进项税额。

（8）"出口退税"专栏，记录一般纳税人出口货物、加工修理修配劳务、服务、无形资产按规定退回的增值税税额。

（9）"转出多交增值税"专栏，记录一般纳税人月度终了转出当月多交的增值税税额。

如表 2-4 所示为"应交税费——应交增值税"的 T 字形账户。

表 2-4　"应交税费——应交增值税"的 T 字形账户

借方	贷方
（1）进项税额	（1）销项税额
（2）已交税金	（2）进项税额转出
（3）减免税额	（3）出口退税
（4）出口抵减内销产品应纳税额	（4）转出多交增值税
（5）转出未交增值税	
贷方小于借方，形成留抵税额	贷方大于借方，形成应纳税额

2."未交增值税"明细账户

"未交增值税"明细账户核算一般纳税人月度终了从"应交增值税"或"预交增值税"明细科目转入当月应交未交、多交或预缴的增值税税额，以及当月缴纳以前期间未交的增值税税额。一般情况下，月末做如下分录：

（1）月份终了，将当月应交未交增值税税额从"应交税费——应交增值税"科目转入"未交增值税"科目。

借：应交税费——应交增值税（转出未交增值税）

贷：应交税费——未交增值税

（2）月份终了，将当月多交的增值税税额自"应交税费——应交增值税"科目转入"未交增值税"科目。

借：应交税费——未交增值税

贷：应交税费——应交增值税（转出多交增值税）

（3）月份终了，将当月预缴的增值税税额自"应交税费——预交增值税"科目转入"未交增值税"科目。

借：应交税费——未交增值税

贷：应交税费——预交增值税

（4）当月缴纳以前期间未交的增值税税额。

借：应交税费——未交增值税

贷：银行存款

3."预交增值税"明细账户

"预交增值税"明细账户核算一般纳税人转让不动产、提供不动产经营租赁服务、提供建筑服务、采用预收款方式销售自行开发的房地产项目等，以及其他按现行增值税规定应预缴的增值税税额。

4."待认证进项税额"明细账户

"待认证进项税额"明细账户核算一般纳税人由于未经税务机关认证而不得从当期销项税额中抵扣的进项税额。包括：一般纳税人已取得增值税扣税凭证、按照现行增值税规定准予从销项税额中抵扣，但尚未经税务机关认证的进项税额；一般纳税人已申请稽核但尚未取得稽核相符结果的海关缴款书进项税额。

5."待转销项税额"明细账户

"待转销项税额"明细账户核算一般纳税人销售货物、加工修理修配劳务、服务、无形资产或不动产，已确认相关收入（或利得）但尚未发生增值税纳税义务而需在以后期间确认为销项税额的增值税税额。例如，跨年出租房产的业务，如果合同约定承租方在最后一年的期末支付全部租金，出租方收到租金后开具增值税发票，出租方在第一年的期末会计处理为：

借：应收账款/应收票据

贷：应交税费——待转销项税额

主营业务收入

6."简易计税"明细账户

"简易计税"明细账户核算一般纳税人采用简易计税方法发生的增值税计提、扣减、预缴、缴纳等业务。

7."转让金融商品应交增值税"明细账户

"转让金融商品应交增值税"明细账户核算增值税纳税人转让金融商品发生的增值税税额。在增值税税制下，金融商品持有期间（含到期）利息（保本收益、报酬、资金占用费、补偿金等）收入应当按照贷款服务缴纳增值税，这部分税金不在此科目核算。

8."代扣代交增值税"明细账户

"代扣代交增值税"明细账户核算纳税人购进在境内未设经营机构的境外单位或个人在境内的应税行为代扣代缴的增值税。

（二）增值税的会计核算

1.增值税进项税额的会计核算

（1）准予抵扣的进项税额的核算。一般纳税人购进货物、加工修理修配劳务、服务、无形资产时，按应计入相关成本费用或资产的金额，借记"在途物资"或"原材料""库存商品""无形资产""固定资产""管理费用"等科目，按当月已认证的可抵扣增值税税额，借记"应交税费——应交增值税（进项税额）"科目，按应付或实际支付的金额，贷记"应付账款""应付票据""银行存款"等科目。发生退货的，如原增值税专用发票已认证，应根据税务机关开具的红字增值税专用发票做相反的会计分录；如原增值税专用发票未经认证，应将发票退回并做相反的会计分录。

【例题2-23·核算题】甲公司为增值税一般纳税人，购进一批原材料，取得增值税专用发票，发票上注明金额500 000元，税额65 000元；支付运输费用取得增值税专用发票，发票上注明运费9 000元，税额810元；支付的装卸费金额为1 000元，税额60元。原材料已验收入库，所有款项均以银行存款支付。要求完成甲公司的会计核算。

答案解析： 采购原材料总成本=500 000+9 000+1 000=510 000（元）

可以抵扣的进项税额=65 000+810+60=65 870（元）

借：原材料   510 000

应交税费——应交增值税（进项税额） 65 870

贷：银行存款   575 870

【例题2-24·核算题】甲公司是增值税一般纳税人，2019年9月25日，甲公司接受乙公司信息技术服务，取得增值税专用发票，发票注明金额为 12 000 元，税额为 720 元。款项尚未支付。要求完成甲公司的会计核算。

答案解析：

借：管理费用   12 000

  应交税费——应交增值税（进项税额） 720

    贷：应付账款   12 720

【例题 2-25·核算题】 甲公司是棉布生产企业，为增值税一般纳税人。2019 年 9 月自农民手中购进免税棉花，开具的收购发票上注明买价 100 万元，其中价值 80 万元的棉花用于生产销售棉布，价值 20 万元的棉花对外销售。棉花已入库，收购款以银行存款支付。要求完成甲公司的会计核算。

答案解析： 可以抵扣的进项税额 $=80 \times 10\% + 20 \times 9\% = 8 + 1.8 = 9.8$（万元）

       棉花的采购成本 $=100 - 9.8 = 90.2$（万元）

借：原材料   720 000

  库存商品   182 000

  应交税费——应交增值税（进项税额） 98 000

    贷：银行存款   1 000 000

【例题 2-26·核算题】 甲公司是增值税一般纳税人，2019 年 10 月报关进口了一台无须安装的设备，关税完税价格为 225 000 元，该设备的关税税率为 15%，增值税税率为 13%。该设备报关进口时，从海关取得了进口增值税专用缴款书，标明增值税的计税价格为 258 750 元，税款为 33 637.50 元。款项已通过银行存款支付。要求完成甲公司的会计核算。

答案解析：

借：固定资产   258 750

  应交税费——应交增值税（进项税额） 33 637.50

    贷：银行存款   292 387.50

【例题 2-27·核算题】 甲公司是增值税一般纳税人，2019 年 8 月从德国西博公司进口一台大型机械设备，由于设备先进，需接受西博公司的技术指导，甲公司支付了技术服务费 79 500 元（含税）。西博公司在我国境内无代理机构，甲公司办理了扣缴增值税手续，取得了税收扣缴凭证，并将扣税后的价款支付给德国西博公司。书面合同、付款证明和德国西博公司的对账单齐全。要求完成甲公司的会计核算。

答案解析：

接受境外单位或者个人提供的应税服务，从税务机关或境内代理人取得的税收缴款凭证上注明的增值税税额准予从销项税额中抵扣。纳税人凭借税收缴款凭证抵扣进项税额的，应当具备书面合同、付款证明和境外单位的对账单或发票。

$$应扣缴的增值税税额 = 79\,500 \div （1+6\%）\times 6\% = 4\,500（元）$$

借：应交税费——应交增值税（进项税额）　4 500

　　贷：银行存款　　　　　　　　　　　　　　　45 00

借：在建工程　　　　　　　　　　　　　　75 000

　　贷：银行存款　　　　　　　　　　　　　　　75 000

（2）不得抵扣的进项税额的核算。购入货物、劳务、服务时即能认定其进项税额不能抵扣的，将增值税专用发票凭证上注明的税额计入购入货物、劳务、服务的成本。

购入货物、劳务、服务时不能直接认定其进项税额能否抵扣的，增值税专用发票等凭证上注明的税额，计入"应交税费——应交增值税（进项税额）"科目。如果这部分购入的货物、劳务、服务以后用于按规定不得抵扣进项税额项目的，应将原已计入"应交税费——应交增值税（进项税额）"的增值税，通过"应交税费——应交增值税（进项税额转出）"账户转入有关成本、费用账户。

【例题 2-28·核算题】甲公司是增值税一般纳税人，2019 年 8 月，给员工宿舍购买空调 10 台，取得增值税专用发票列明的货物金额共计 30 000 元，税额 3 900 元 。款项已通过银行存款支付。要求完成甲公司的会计核算。

答案解析：用于集体福利或个人消费的购进货物，进项税额不得抵扣。

借：固定资产　　　　　　　　　　　　　33 900

　　贷：银行存款　　　　　　　　　　　　　　33 900

【例题 2-29·核算题】甲公司是增值税一般纳税人，2019 年 6 月购进一批生产用原材料，取得增值税专用发票注明的金额 20 000 元，增值税税额 2 600 万元。9 月，甲公司将该批原材料的 20% 用于职工食堂。要求完成甲公司的会计核算。

答案解析：应转出的进项税额 =20 000×20%×13%=520（元）

借：应付职工薪酬　　　　　　　　　　　4 520

　　贷：原材料　　　　　　　　　　　　　　　4 000

　　　　应交税费——应交增值税（进项税额转出）　520

【例题 2-30·核算题】某公司是增值税一般纳税人，提供设计服务。2019 年 8 月购进复印纸张，取得增值税专用发票列明的货物金额 100 000 元，税额 13 000 元；运费 10 000 元，税额 900 元，并于当月认证抵扣。2019 年 10 月，该纳税人由于管理不善造成上述复印纸张全部丢失。要求完成该公司 10 月的会计核算。

答案解析：应转出的进项税额 =13 000+900=13 900（元）

借：待处理财产损溢　　　　　　　　　　123 900

　　贷：库存商品　　　　　　　　　　　　　　110 000

　　　　应交税费——应交增值税（进项税额转出）　13 900

【**例题 2-31·核算题**】某公司是增值税一般纳税人，提供货物运输服务和装卸搬运服务，其中货物运输服务适用一般计税方法，装卸搬运服务选择适用简易计税方法。该纳税人 2019 年 7 月缴纳当月电费 11.3 万元（含税），取得增值税专用发票并于当月认证抵扣，且该进项税额无法在货物运输服务和装卸搬运服务间划分。该纳税人当月取得货物运输收入 6 万元（不含税），装卸搬运服务 4 万元（不含税）。要求完成该公司的会计核算。

答案解析： 纳税人因兼营简易计税项目而无法划分所取得进项税额的，按照下列公式计算应转出的进项税额：

应转出的进项税额 =113 000÷（1+13%）×40 000÷（40 000+60 000）×13%=5 200（元）

借：管理费用   5 200

  贷：应交税费——应交增值税（进项税额转出） 5 200

【**例题 2-32·核算题**】甲公司是增值税一般纳税人，2019 年 7 月向乙公司购买了一批原材料，取得增值税专用发票注明货款金额 20 万元，税额 2.6 万元，发票于当月认证相符抵扣并入账，款项尚未支付。2019 年 8 月，甲公司发现货物存在质量问题，要求全部退货。经协商，乙公司同意退货。甲公司向主管税务机关申请"开具红字增值税专用发票信息表"，并交给乙公司，乙公司据此开具了红字增值税专用发票，甲公司将原材料退回。要求完成甲公司 8 月的会计核算。

答案解析：

借：原材料   −200 000

  贷：应交税费——应交增值税（进项税额转出） 26 000

    应付账款   −226 000

2. 增值税销项税额的会计核算

企业销售货物、加工修理修配劳务、服务、无形资产或不动产，应当按应收或已收的金额，借记"应收账款""应收票据""银行存款"等科目，按取得的收入金额，贷记"主营业务收入""其他业务收入""固定资产清理"等科目，按增值税规定计算的销项税额（或采用简易计税方法计算的应纳增值税税额），贷记"应交税费——应交增值税（销项税额）"或"应交税费——简易计税"科目。发生销售退回的，应根据按规定开具的红字增值税专用发票做相反的会计分录。

按照国家统一的会计制度确认收入或利得的时点早于按照增值税制度确认增值税纳税义务发生时点的，应将相关销项税额计入"应交税费——待转销项税额"科目，待实际发生纳税义务时再转入"应交税费——应交增值税（销项税额）" 或"应交税费——简易计税"科目。

（1）一般销售方式下销项税额的会计核算。一般销售方式包括直接收款方式销售，赊销或分期收款方式销售和预收账款方式销售。

① 直接收款方式销售。销售方采用直接收款方式销售，不论货物是否发出，收到销售额

或取得索取销售款凭据的当天为纳税义务发生时间。若先开发票，纳税义务发生时间为开票的当天。

【例题2-33·核算题】甲公司是增值税一般纳税人，采用直接收款方式向消费者销售空调，2019年8月销售600台，每台含税价2 034元，增值税税率为13%，款项已通过银行存款收到。要求完成甲公司的会计核算。

答案解析：销售空调应确认的收入＝2 034×600÷（1+13%）=1 080 000（元）

销售空调应确认的销项税额=1 080 000×13%=140 400（元）

借：银行存款　　　　　　　　　　　　1 220 400

　　贷：主营业务收入　　　　　　　　　　　　1 080 000

　　　　应交税费——应交增值税（销项税额）　　140 400

② 赊销或分期收款方式销售。销售方采用赊销或分期收款方式销售，其实质是向购买方提供信贷，在符合收入确认条件时，销售方应当按照应收的合同或协议价款的公允价值确定收入金额。应收的合同或协议价款的公允价值，通常按照其未来现金流量现值或商品现销价格计算确定。

应收的合同或协议价款与其公允价值之间的差额，应当在合同或协议期间内，按照应收款项的摊余成本和实际利率计算确定的金额进行摊销，作为财务费用的抵减处理。

【例题2-34·核算题】甲公司是增值税一般纳税人，2019年7月1日将其生产的一套设备销售给乙公司，该设备的售价为2 000万元，成本为1 500万元。根据合同约定：从2019年7月1日起，乙公司分4年于每年6月30日等额支付。已知甲公司实际利率为6%，若采用现销方式，该设备的售价为1 732.55万元。增值税在支付价款时发生纳税义务。要求完成甲公司的会计核算。

答案解析：2019年7月1日实现销售时：

借：长期应收款　　　　　　　　　　　20 000 000

　　贷：主营业务收入　　　　　　　　　　　　17 325 500

　　　　未实现融资收益　　　　　　　　　　　2 674 500

借：主营业务成本　　　　　　　　　　15 000 000

　　贷：库存商品　　　　　　　　　　　　　　15 000 000

2020年6月30日：

长期应收款期初摊余成本＝2000–267.45=1732.55（万元）。摊销的未实现融资收益=1732.55×6%=103.95（万元）。支付第一期租金500万元，增值税纳税义务发生。

借：未实现融资收益　　　　　　　　　　1 039 500

　　贷：财务费用　　　　　　　　　　　　　　1 039 500

借：银行存款　　　　　　　　　　　　　5 650 000

　　　　贷：长期应收款　　　　　　　　　　　　5 000 000

　　　　　应交税费——应交增值税（销项税额）　 650 000

2021 年 6 月 30 日及以后的处理方法同上。

　　③ 预收账款方式销售。销售方采用预收账款方式销售，增值税纳税义务发生的时间为货物发出的当天。应在发出产品时确认收入，核算增值税，同时结转成本。

　　【例题 2-35·核算题】甲公司是增值税一般纳税人，2019 年 6 月以预收账款方式销售给乙公司一批产品，收到预收货款 10 万元。9 月 7 日，甲公司发出产品，开具的增值税专用发票注明金额 11 万元，税额 1.43 万元，当日收到乙公司补付的货款。已知该批产品的总成本为 8.7 万元。要求完成甲公司 9 月的会计核算。

　　答案解析：

　　借：预收账款　　　　　　　　　　　　　　100 000

　　　银行存款　　　　　　　　　　　　　　　 24 300

　　　　贷：主营业务收入　　　　　　　　　　　110 000

　　　　　应交税费——应交增值税（销项税额）　 14 300

　　借：主营业务成本　　　　　　　　　　　　　 87 000

　　　　贷：库存商品　　　　　　　　　　　　　 87 000

　　（2）视同销售方式下销项税额的会计核算。企业发生税法上视同销售的行为，应当按照企业会计准则制度相关规定进行相应的会计处理，并按照现行增值税规定计算的销项税额（或采用简易计税方法计算的应纳增值税税额），借记"应付职工薪酬""利润分配"等科目，贷记"应交税费——应交增值税（销项税额）"或"应交税费——简易计税"科目。

　　【例题 2-36·核算题】甲公司是增值税一般纳税人，2019 年 8 月 1 日，甲公司委托乙公司（一般纳税人）销售耳机 1 000 个，耳机已经发出，每个成本为 70 元。合同约定乙公司应按每个 100 元对外销售，甲公司按不含增值税的销售价格的 10% 向乙公司支付手续费。当月月末，乙公司对外实际销售 1 000 个，开出的增值税专用发票上注明的销售价格为 100 000 元，增值税税额为 13 000 元，款项收到后，乙公司立即向甲公司开具代销清单及手续费增值税专用发票。甲公司收到乙公司开具的代销清单时，向乙公司开具一张相同金额的增值税专用发票，同时结清货款及手续费。甲、乙公司会计核算如下：

　　乙公司以收取手续费方式代销货物，甲公司在发出商品时，商品的风险和报酬并未转移给乙公司，因此，甲公司在发出商品时不应确认收入，而应在收到乙公司的代销清单时确认商品销售收入，同时将支付的代销手续费计入销售费用。乙公司在收到商品时不作为购进货物处理，不确认为库存商品，对外销售时不确认收入，也不结转成本。乙公司按获取的手续费确认收入。

　　答案解析：甲公司的会计核算：

① 发出代销商品时：

借：委托代销商品   70 000

    贷：库存商品   70 000

② 收到代销清单时：

借：应收账款   113 000

    贷：主营业务收入   100 000

        应交税费——应交增值税（销项税额）   13 000

借：主营业务成本   70 000

    贷：委托代销商品   70 000

借：销售费用   10 000

    应交税费——应交增值税（进项税额）   600

    贷：应收账款   10 600

③ 收到乙公司支付的货款时：

借：银行存款   102 400

    贷：应收账款   102 400

乙公司的会计核算：

① 收到代销商品时：

借：受托代销商品   100 000

    贷：受托代销商品款   100 000

② 实现对外销售时：

借：银行存款   113 000

    贷：受托代销商品   100 000

        应交税费——应交增值税（销项税额）   13 000

③ 收到甲公司增值税专用发票时：

借：受托代销商品款   100 000

    应交税费——应交增值税（进项税额）   13 000

    贷：应付账款   113 000

④ 支付货款并结清代销手续费时：

借：应付账款   113 000

    贷：银行存款   102 400

        其他业务收入   10 000

        应交税费——应交增值税（销项税额）   600

【例题 2-37·核算题】甲公司是增值税一般纳税人，2019 年 10 月，将自产加湿器作为福利发放给员工，已知该批产品的成本为 20 000 元，市场不含税价为 50 000 元，适用的增值税税率为 13%。要求完成甲公司发放加湿器的会计核算。

答案解析： 增值税 =50 000×13%=6 500（元）

借：应付职工薪酬　　　　　　　　　　56 500
　　贷：主营业务收入　　　　　　　　　　　50 000
　　　　应交税费——应交增值税（销项税额）　6 500
借：主营业务成本　　　　　　　　　　20 000
　　贷：库存商品　　　　　　　　　　　　　20 000

【例题 2-38·核算题】 甲公司是增值税一般纳税人，2019 年 6 月将自产的塑料配件作为股利分配给股东。已知塑料配件的成本为 30 万元，市场售价为 40 万元，增值税税率为 13%。该批塑料配件分配给股东后，财务人员收到出库单、股东签收证明等凭证。要求完成甲公司的会计核算。

答案解析：

移送塑料配件的当天，确认收入，产生增值税。

借：应付股利　　　　　　　　　　　452 000
　　贷：主营业务收入　　　　　　　　　　　400 000
　　　　应交税费——应交增值税（销项税额）　52 000
借：主营业务成本　　　　　　　　　　300 000
　　贷：库存商品　　　　　　　　　　　　　300 000

【例题 2-39·核算题】 甲公司是增值税一般纳税人，2019 年 8 月，将自己生产的书包 800 个赠送给"希望工程"，每个书包的成本是 80 元，无市场售价作为参考，增值税税率为 13%。要求完成甲公司的会计核算。

答案解析：

视同销售的增值税 =800×80×（1+10%）×13%=9 152（元）

借：营业外支出　　　　　　　　　　649 152
　　贷：库存商品　　　　　　　　　　　　　640 000
　　　　应交税费——应交增值税（销项税额）　9 152

（3）混合销售销项税额的会计核算。税法规定纳税人发生混合销售行为，按主营项目的性质划分适用的项目来缴纳增值税。一般情况下，以销售货物为主的企业的混合销售按照销售货物缴纳增值税，以销售服务为主的企业的混合销售按照销售服务缴纳增值税。

纳税人在销售活动板房、机器设备、钢结构件等自产货物的同时提供建筑、安装服务，应分别核算货物和建筑服务的销售额，分别适用不同的税率或者征收率。

一般纳税人在销售电梯的同时提供安装服务，其安装服务可以按照甲供工程选择适用简易计税方法计税。

【例题 2-40·核算题】甲公司为空调销售企业，是增值税一般纳税人，2019 年 8 月 27 日向乙公司销售空调 8 台，每台含税价 3 616 元，同时提供安装服务，安装费每台含税价为 113 元，款项已通过银行存款收到。已知销售货物的增值税税率为 13%，安装服务的增值税税率为 9%。要求完成甲公司的会计核算。

答案解析：

此项业务属于混合销售行为，应该按照销售货物计算销项税额。

混合销售增值税＝（3 616+113）÷（1+13%）×8×13%=3 432（元）

借：银行存款 29 832

贷：主营业务收入 26 400

应交税费——应交增值税（销项税额） 3 432

（4）兼营行为销项税额的会计核算。税法规定纳税人兼营不同税率应税项目，应划清收入，按各收入对应的税率计算纳税；划分不清的，一律从高计税。纳税人兼营减税、免税项目，应分别核算减税、免税项目的销售额；未分别核算销售额的，不得减税、免税。

【例题 2-41·核算题】甲公司为汽车制造企业，是增值税一般纳税人。2019 年 10 月销售汽车取得含税收入 7 887.4 万元；兼营汽车租赁业务取得含税收入 22.6 万元；兼营汽车运输业务取得含税收入 52.32 万元。款项均已收到。该公司分别核算销售额。已知销售货物的增值税税率为 13%，动产租赁服务的增值税税率为 13%，运输服务的增值税税率为 9%。要求完成甲公司 10 月的会计核算。

答案解析：

增值税=7 887.4÷（1+13%）×13%+22.6÷（1+13%）×13%+52.32÷（1+9%）×9%=914.32（万元）

借：银行存款 79 623 200

贷：主营业务收入 69 800 000

其他业务收入 680 000

应交税费——应交增值税（销项税额） 9 143 200

（5）特殊销售方式销项税额的会计核算。特殊销售方式包括折扣销售、销售折扣、折让销售，以物易物销售，以旧换新销售等。

①折扣销售、销售折扣、折让销售。

【例题 2-42·核算题】甲公司是增值税一般纳税人，2019 年 7 月 5 日向乙公司销售电机 100 台，每台不含税售价 2 650 元，由于购买数量较大，给予购买方 9 折优惠，同时约定付款条件为"3/10，1/30，n/40"。当月 12 日，甲公司收到乙公司支付的全部货款。已知增值税税率为 13%。要求完成甲公司的会计核算。

答案解析：7 月 5 日实现销售，确认收入时：

应确认的收入 =2 650×100×90%=238 500（元）

应确认的销项税额 =238 500×13%=31 005（元）

借：应收账款　　　　　　　　　　　　　　269 505

　　贷：主营业务收入　　　　　　　　　　　　　238 500

　　　　应交税费——应交增值税（销项税额）　　31 005

7月12日收到货款时：

由于乙公司是10日内付款，可以享受3%现金折扣，现金折扣额=238 500×3%=7 155（元）

借：银行存款　　　　　　　　　　　　　　262 350

　　财务费用　　　　　　　　　　　　　　　7 155

　　贷：应收账款　　　　　　　　　　　　　　269 505

【例题2-43·核算题】甲公司是增值税一般纳税人，2019年7月28日，甲公司向乙公司销售一批商品，开出的增值税专用发票上注明的销售价格为800万元，增值税税额为104万元，成本为600万元，款项尚未收到。2019年8月2日，乙公司在验收过程中发现商品质量不合格，要求在价格上给予5%的折让。甲公司收到乙公司向主管税务机关申请取得的索取折让证明单后开具红字发票，并于8月8日收回折让后的货款。要求完成甲公司的会计核算。

答案解析：7月28日确认收入时：

借：应收账款　　　　　　　　　　　　　　9 040 000

　　贷：主营业务收入　　　　　　　　　　　　8 000 000

　　　　应交税费——应交增值税（销项税额）　1 040 000

借：主营业务成本　　　　　　　　　　　　6 000 000

　　贷：库存商品　　　　　　　　　　　　　　6 000 000

8月2日发生销售折让时：

借：应收账款　　　　　　　　　　　　　　−452 000

　　贷：主营业务收入　　　　　　　　　　　　−400 000

　　　　应交税费——应交增值税（销项税额）　−52 000

8月8日收回货款时：

借：银行存款　　　　　　　　　　　　　　8 588 000

　　贷：应收账款　　　　　　　　　　　　　　8 588 000

② 以物易物销售。

【例题2-44·核算题】甲公司是增值税一般纳税人，生产销售办公计算机。2019年9月，甲公司用自行设计生产、成本10 000元的计算机3台与乙公司（一般纳税人）换购打印机及传真机，该批计算机产品市场售价22 000元（不含税），甲公司未向对方开具增值税专用发票，但取得乙公司开具的增值税专用发票注明金额22 000元，税款2 860元。要求完成甲公司的会计核算。

答案解析：税法规定以物易物，双方都应做购销处理，以各自发出的货物核算销售额计算销项税额，以各自收到的货物核算购货额，符合条件的，可以抵扣进项税额。

借：固定资产 22 000

应交税费——应交增值税（进项税额） 2 860

贷：主营业务收入 22 000

应交税费——应交增值税（销项税额） 2 860

借：主营业务成本 10 000

贷：库存商品 10 000

③ 以旧换新销售。

【例题 2-45·核算题】甲商场（一般纳税人）销售 D 牌电视机，零售价 3 955 元 / 台（含增值税），若顾客交还同品牌的旧电视机作价 1 000 元，交差价 2 955 元就可换回全新电视机。当月采用此种方式销售 D 牌电视机 100 台，增值税税率 13%。要求完成甲商场的会计核算。

答案解析： 采取以旧换新方式销售货物的，应按新货物的同期销售价格确定销售额，不得冲减旧货物的收购价格。

借：银行存款 295 500

原材料 100 000

贷：主营业务收入 350 000

应交税费——应交增值税（销项税额） 45 500

（6）销售、出租包装物以及收取包装物押金的会计核算。

① 包装物出售。包装物随同货物一同出售，不论是否单独计价，均应计入销售额计征增值税。单独计价的包装物销售额计入"其他业务收入"账户。

② 包装物出租。包装物出租的租金作为"其他业务收入"，计征增值税。

③ 包装物押金。一般情况下，纳税人销售货物时向购买方收取的包装物押金和出租时向承租方收取的包装物押金，在收到的时候不确认收入，不计征增值税；在包装物逾期没收包装物押金时，计征增值税。

④ 酒类产品生产企业销售除啤酒、黄酒以外的其他酒类产品而收取的包装物押金，无论押金是否返还与会计上如何核算，均应并入酒类产品当期销售额中，按酒类产品适用的税率计征增值税。

【例题 2-46·核算题】某工艺品生产企业是增值税一般纳税人，2019 年 8 月 6 日向甲商场销售一批产品，开出的增值税专用发票注明金额 500 000 元，税额 65 000 元；随同销售产品收取包装物押金 9 040 元，开具收款收据并单独入账核算，要求甲商场 9 月 30 日归还包装物，否则没收押金，款项均已收到。9 月 30 日，由于甲商场无法归还包装物，工艺品生产企业没收押金。要求完成工艺品生产企业的会计核算。

答案解析：

8 月 6 日：

借：银行存款 565 000

```
        贷：主营业务收入                          500 000
            应交税费——应交增值税（销项税额）      65 000
    借：银行存款                              9 040
        贷：其他应付款                             9 040
9 月 30 日：
    借：其他应付款                            9 040
        贷：其他业务收入                           8 000
            应交税费——应交增值税（销项税额）       1 040
```

3. 月末转出多交增值税和未交增值税的会计核算

月度终了，企业应当将当月应交未交或多交的增值税自"应交增值税"明细科目转入"未交增值税"明细科目。对于当月应交未交的增值税，借记"应交税费——应交增值税（转出未交增值税）"科目，贷记"应交税费——未交增值税"科目；对于当月多交的增值税，借记"应交税费——未交增值税"科目，贷记"应交税费——应交增值税（转出多交增值税）"科目。

【**例题 2-47·核算题**】甲公司是增值税一般纳税人，2019 年 11 月 30 日，结转本月多交或未交增值税。已知当月销项税额为 233 600 元，进项税额为 185 400 元。要求完成甲公司结转增值税的会计核算。

答案解析： 未交增值税 =233 600–185 400=48 200（元）

```
    借：应交税费——应交增值税（转出未交增值税）48 200
        贷：应交税费——未交增值税                   48 200
```

4. 缴纳增值税的会计核算

（1）缴纳当月应交增值税的会计核算。企业缴纳当月应交的增值税，借记"应交税费——应交增值税（已交税金）"科目，贷记"银行存款"科目。

（2）缴纳以前期间未交增值税的会计核算。企业缴纳以前期间未交的增值税，借记"应交税费——未交增值税"科目，贷记"银行存款"科目。

（3）预缴增值税的会计核算。企业预缴增值税时，借记"应交税费——预交增值税"科目，贷记"银行存款"科目。月末，企业应将"预交增值税"明细科目余额转入"未交增值税"明细科目，借记"应交税费——未交增值税"科目，贷记"应交税费——预交增值税"科目。房地产开发企业等在预缴增值税后，应直至纳税义务发生时方可从"应交税费——预交增值税"科目结转至"应交税费——未交增值税"科目。

【**例题 2-48·核算题**】承【例题 2-47·核算题】，2019 年 12 月 12 日，甲公司缴纳了 11 月的增值税 48 200 元。要求完成甲公司的会计核算。

答案解析：

```
    借：应交税费——未交增值税                    48 200
```

贷：银行存款　　　　　　　　　　　　　　　　48 200

二、小规模纳税人的会计核算

小规模纳税人适用的是简易计税方法，不得抵扣进项税额。

（一）增值税的账户设置

小规模纳税人只需在"应交税费"账户下设置"应交增值税""转让金融商品应交增值税""代扣代交增值税"三个明细账户，不需要在"应交增值税"明细账户下设置专栏。"应交税费——应交增值税"账户贷方登记应缴纳的增值税，借方登记已缴纳的增值税。期末贷方余额为尚未缴纳的增值税，借方余额为多缴纳的增值税。

（二）增值税的会计核算

1. 取得资产或接受劳务等业务的会计核算

小规模纳税人购买货物、劳务、服务、无形资产或不动产，取得增值税专用发票上注明的增值税应计入相关成本费用或资产，不通过"应交税费——应交增值税"科目核算。

2. 销售等业务的会计核算

企业销售货物、劳务、服务、无形资产或不动产，应当按应收或已收的金额，借记"应收账款""应收票据""银行存款"等科目，按取得的收入金额，贷记"主营业务收入""其他业务收入""固定资产清理"等科目，按规定计算的税额，贷记"应交税费——应交增值税"科目。

企业发生税法上视同销售的行为，应当按照企业会计准则制度相关规定进行相应的会计处理，并按照计算的税额，借记"应付职工薪酬""利润分配"等科目，贷记"应交税费——应交增值税"科目。

3. 缴纳增值税的会计核算

企业缴纳当月应交的增值税，借记"应交税费——应交增值税"科目，贷记"银行存款"科目。

任务四　增值税的纳税申报

一、增值税征收管理

（一）纳税义务发生时间

纳税义务发生时间，是纳税人发生应税销售行为应当承担纳税义务的起始时间。纳税义务发生时间的作用在于：一是正式确认纳税人和扣缴义务人已经发生属于税法规定的应税销售行为时，应承担的纳税和扣缴义务；二是有利于税务机关实施税务管理，合理规定申报期限和纳税期限，监督纳税人切实履行纳税义务。如采取直接收款方式销售货物，不论货物是否发出，均为收到销售款或取得索取销售款凭据的当天。

纳税义务发生时间和扣缴义务发生时间的确定，明确了企业在计算应纳税额时，对"当期销项税额"时间的限定，是增值税计税和征收管理中重要的规定。对于一些企业没有按照规定的纳税义务发生时间将实现的销售收入及时入账并计算纳税，而是采取延迟入账或不计销售收入等做法，以拖延纳税或逃避纳税的行为都是错误的。企业必须按规定的时限及时、准确地记录销售额和计算当期销项税额。

（二）纳税期限

在明确了增值税纳税义务发生时间后，还需要掌握具体纳税期限，以保证按期缴纳税款。增值税的纳税期限分别为1日、3日、5日、10日、15日、1个月或者1个季度。纳税人的具体纳税期限，由主管税务机关根据纳税人应纳税额的大小分别核定。不能按照固定期限纳税的，可以按次纳税。

纳税人以1个月或者1个季度为1个纳税期的，自期满之日起15日内申报纳税；以1日、3日、5日、10日或者15日为1个纳税期的，自期满之日起5日内预缴税款，于次月1日起15日内申报纳税并结清上月应纳税款。在每月1日至15日内有连续3天以上法定休假日的，申报期按休假日天数顺延。

纳税人进口货物，应当自海关填发海关进口增值税专用缴款书之日起15日内缴纳税款。遇最后一日是法定休假日的，以休假日期满的次日为期限的最后一日。

扣缴义务人解缴税款的期限，依照前款规定执行。

（三）纳税地点

固定业户应当向其机构所在地主管税务机关申报纳税。总机构和分支机构不在同一县（市）的，应当分别向各自所在地的主管税务机关申报纳税；经批准，可以由总机构汇总向总机构所在地的主管税务机关申报纳税。固定业户到外县（市）销售货物或者劳务，应当向其机构所在地的税务机关报告外出经营事项，并向其机构所在地的税务机关申报纳税；未报告的，应当向销售地或者劳务发生地的税务机关申报纳税；未向销售地或者劳务发生地的税务机关申报纳税的，由其机构所在地的税务机关补征税款。

非固定业户应当向应税行为发生地主管税务机关申报纳税；未申报纳税的，由其机构所在地或者居住地主管税务机关补征税款。

其他个人提供建筑服务，销售或者租赁不动产，转让自然资源使用权，应向建筑服务发生地、不动产所在地、自然资源所在地税务机关申报纳税。

进口货物，应当向报关地海关申报纳税。

扣缴义务人向机构所在地或者居住地主管税务机关申报缴纳扣缴的税款。

二、增值税一般纳税人纳税申报

（一）纳税申报资料

纳税申报资料包括纳税申报表及其附列资料和纳税申报其他资料。

1. 纳税申报表及其附列资料

增值税一般纳税人纳税申报表及其附列资料包括：

（1）《增值税纳税申报表（一般纳税人适用）》（表2-5）。

（2）《增值税纳税申报表附列资料（一）》（本期销售情况明细）。（略）

（3）《增值税纳税申报表附列资料（二）》（本期进项税额明细）。（略）

（4）《增值税纳税申报表附列资料（三）》（服务、不动产和无形资产扣除项目明细）。（略）

（5）《增值税纳税申报表附列资料（四）》（税额抵减情况表）。（略）

（6）《增值税纳税申报表附列资料（五）》（不动产分期抵扣计算表）。（略）

（7）《增值税减免税申报明细表》。（略）

2. 纳税申报的其他资料

（1）已开具的税控机动车销售统一发票和普通发票的存根联。

（2）符合抵扣条件且在本期申报抵扣的增值税专用发票（含税控机动车销售统一发票）的抵扣联。

（3）符合抵扣条件且在本期申报抵扣的海关进口增值税专用缴款书、购进农产品取得的普通发票的复印件。

（4）符合抵扣条件且在本期申报抵扣的税收完税凭证及其清单，书面合同、付款证明和境外单位的对账单或者发票。

（5）已开具的农产品收购凭证的存根联或报查联。

（6）纳税人销售服务、不动产和无形资产，在确定服务、不动产和无形资产销售额时，按照有关规定从取得的全部价款和价外费用中扣除价款的合法凭证及其清单。

（7）主管税务机关规定的其他资料。

3. 纳税申报表及其附列资料为必报资料

纳税申报其他资料的报备要求由各省、自治区、直辖市和计划单列市国家税务局确定。

（二）纳税申报流程

一般纳税人可以以两种方式纳税，一种为网上报税，另一种为上门报税。目前，我国大部分纳税人采用网上报税。

（三）填写增值税纳税申报表

1. 纳税申报表的填写

纳税申报表的填写方法如表2-6所示。

表 2-5 增值税纳税申报表

（一般纳税人适用）

根据国家税收法律法规及增值税相关规定制定本表。纳税人不论有无销售额，均应按税务机关核定的纳税期限填写本表，并向当地税务机关申报。

税款所属时间：自 年 月 日至 年 月 日　　填表日期： 年 月 日

纳税人识别号：□□□□□□□□□□□□□□□□□□

纳税人名称			（公章）法定代表人姓名		注册地址		生产经营地址	
开户银行及账号			登记注册类型		所属行业		电话号码	

	项　目	栏次	一般项目 本月数	一般项目 本年累计	即征即退项目 本月数	即征即退项目 本年累计
销售额	（一）按适用税率计税销售额	1				
	其中：应税货物销售额	2				
	应税劳务销售额	3				
	纳税检查调整的销售额	4				
	（二）按简易办法计税销售额	5				
	其中：纳税检查调整的销售额	6				
	（三）免、抵、退办法出口销售额	7			—	—
	（四）免税销售额	8			—	—
	其中：免税货物销售额	9			—	—
	免税劳务销售额	10			—	—
税款计算	销项税额	11				
	进项税额	12				
	上期留抵税额	13				
	进项税额转出	14				
	免、抵、退应退税额	15			—	—
	按适用税率计算的纳税检查应补缴税额	16		—		—
	应抵扣税额合计	17=12+13-14-15+16				
	实际抵扣税额	18（如17<11，则为17，否则为11）				
	应纳税额	19=11-18				
	期末留抵税额	20=17-18				
	简易计税办法计算的应纳税额	21				
	按简易计税办法计算的纳税检查应补缴税额	22				
	应纳税额减征额	23				
	应纳税额合计	24=19-21-23				

续 表

项　目		栏次	一般项目		即征即退项目	
			本月数	本年累计	本月数	本年累计
税款缴纳	期初未缴税额（多缴为负数）	25			—	—
	实收出口开具专用缴款书退税额	26		—	—	—
	本期已缴税额	27=28+29+30+31				
	①分次预缴税额	28		—	—	—
	②出口开具专用缴款书预缴税额	29		—	—	—
	③本期缴纳上期应纳税额	30				
	④本期缴纳欠缴税额	31				
	期末未缴税额（多缴为负数）	32=24+25+26-27				
	其中：欠缴税额（≥0）	33=25+26-27				
	本期应补（退）税额	34=24-28-29	—			
	即征即退实际退税额	35				
	期初未缴查补税额	36				
	本期入库查补税额	37				
	期末未缴查补税额	38=16+22+36-37				

授权声明：如果你已委托代理人申报，请填写下列资料：
为代理一切税务事宜，现授权
（地址）　　　　　　为本纳税人的代理申报人，任何与本申报表有关的往来文件，都可寄予此人。
授权人签字：

申报人声明：本纳税申报表是根据国家税收收法律法规及相关规定填报的，我确定它是真实的、可靠的、完整的。
声明人签字：

主管税务机关：
接收人：　　　　　　接收日期：
授权人签字：

（2）5日，以现金981元支付销售运费，取得增值税专用发票注明运费900元，税额81元。（附件：运费报销单，增值税专用发票）

（3）6日，从江苏HX化工材料有限购入原材料，取得增值税专用发票注明金额978 000元，税额127 140元，上月已预付货款900 000元，剩余款以转账支票方式支付。（附件：转账支票，进账单，付款申请书，增值税专用发票）

（4）8日，用银行汇票采购包装物，取得增值税专用发票注明金额823 000元，税额106 990元。包装物未验收入库。已知银行汇票的票面金额为1 000 000元。（附件：增值税专用发票，银行汇票多余款收账通知）

（5）10日，行政部门报销购买办公用品的办公费共计1 356元，以现金支付。（附件：报销单，增值税普通发票）

（6）11日，公司接受上海XY技术服务有限公司提供的软件服务，取得增值税普通发票注明金额36 000元，税额2 160元，款项已通过过银行支付。（附件：增值税普通发票，电子银行转账凭证回单）

表 2-6　纳税申报表的填写方法

填写项目	步骤	填写表目	注释
销售情况	第一步	填写《增值税纳税申报表附列资料（一）》（本期销售情况明细）	第 1 至第 11 列
	第二步	填写《增值税纳税申报表附列资料（三）》（服务、不动产和无形资产扣除项目）	有差额扣除项目的纳税人填写
	第三步	填写《增值税纳税申报表附列资料（一）》（本期销售情况明细）	第 12 至第 14 列有差额扣除项目的纳税人填写
	第四步	填写《增值税减免税申报明细表》	有减免税业务的纳税人填写
进项税额的填写	第五步	填写《增值税纳税申报表附列资料（五）》（不动产分期抵扣计算表）	有不动产进项税额分期抵扣业务的纳税人填写
	第六步	填写《固定资产（不含不动产）进项税额抵扣情况表》	有固定资产（不含不动产）进项税额抵扣业务的纳税人填写
	第七步	填写《增值税纳税申报表附列资料（二）》（本期进项税额明细）	
	第八步	填写《本期抵扣进项税额结构明细表》	
税额抵减的填写	第九步	填写《增值税纳税申报表附列资料（四）》（税额抵减情况表）	有税额抵减业务的纳税人填写
主表的填写	第十步	填写《增值税纳税申报表（一般纳税人适用）》	根据附表数据填写主表

2. 增值税纳税申报表填写实训

浙江宁波 KD 家用电器有限公司是一家生产、销售家用小家电的企业，为增值税一般纳税人。公司位于浙江省宁波市高新区江河路 8×× 号，基本账户开户银行为中国工商银行宁波支行，银行账号为 62220412144001×××××，纳税人识别号为 9133020654259×××××。公司法定代表人是李 ××，办税员为解 ××。

公司以人民币为记账本位币（核算中金额计算保留至分位），记账文字为中文。公司属于科技型中小企业，销售商品增值税税率为 13%。公司当期取得的增值税专用发票，按照现行增值税制度规定当期准予抵扣的，均已认证且于当期一次性抵扣。公司原材料、周转材料、库存商品等存货采用实际成本计价法组织日常核算，发出库存商品采用全月一次加权平均法计价。

2019 年 5 月，公司发生下列经济业务。

（1）3 日，因杭州 HY 贸易有限公司发生财务困难，短期内无法偿还 2017 年 1 月所欠本公司货款 232 000 元，经协商，公司同意杭州 HY 贸易有限公司以其所销售的塑封机 1 台（不含税售价 185 000 元，税款 24 050 元）偿还该债务，差额以银行存款支付。当日，双方签订债务重组协议并办理资产移交。本公司将该塑封机作为车间生产设备。（该应收账款已计提坏账准备 16 590 元）。（附件：债务重组协议、增值税专用发票、固定资产验收单、电子银行转账凭证回单）

（7）16日，公司销售给山东 TD 商贸有限公司商品一批，开具增值税专用发票注明金额 1 108 000 元，税额 144 040 元，款已收。（附件：销售单、增值税专用发票、电子银行转账凭证回单、购销合同）

（8）18日，收到开户银行出具的电子缴税付款凭证，缴税付款凭证显示税款所属期是 2019 年 9 月 1 日至 9 月 30 日，其中增值税 603 456.80 元，城市维护建设税 42 241.98 元，教育费附加 18 103.70 元，地方教育费附加 12 069.14 元，个人所得税 11 608.97 元。（附件：电子缴税付款凭证 3 张）

（9）19日，从宁波 YC 包装制品有限公司购入包装材料（款已预付），取得增值税专用发票注明金额 49 500 元，税额 6 435 元，包装材料已收到。（附件：收料单、增值税专用发票）

（10）21日，总经办报销餐饮费，取得增值税普通发票注明金额 12 860 元，税额 771.60 元，款项通过银行存款支付。（附件：报销单、增值税普通发票、电子银行转账凭证回单）

（11）22日，公司销售商品一批，开具增值税专用发票注明金额 5 568 000 元，税额 723 840 元，款已预收 30%。剩余款项以银行存款收回。（附件：销售单、增值税专用发票、电子银行转账凭证回单、购销合同）

（12）23日，从宁波 LH 房地产开发有限公司购入办公楼一幢，取得增值税专用发票注明金额 7 898 000 元，税额 710 820 元。当月通过银行支付 50% 款项，余款于下月支付。办公楼已办理验收手续，达到预定可使用状态。（附件：增值税专用发票、电子银行转账凭证回单、固定资产验收单）

（13）24日，通过银行存款支付杭州 JY 电子科技研究所新产品技术研究开发费（不符合资本化条件），取得增值税普通发票注明金额是 32 000 元，税额是 0 元。（附件：增值税普通发票、电子银行转账凭证回单）

（14）25日，向江西 AM 商贸有限公司销售商品，开具增值税专用发票注明金额 3 250 000 元，税额 422 500 元，收到银行承兑汇票一张。（附件：销售单、增值税专用发票、购销合同、银行承兑汇票复印件）

（15）26日，通过银行支付职工培训费，取得增值税专用发票注明金额 5 500 元，税额 715 元。（附件：增值税专用发票、电子银行转账凭证回单）

（16）31日，公司组织财产清查，发现盘亏一批原材料，共计成本 8 000 元。经查，是仓管员管理不善造成的，由仓管员全额赔偿。（附件：存货盘点报告表，存货盘亏处理报告）

根据以上资料完成增值税纳税申报表。

三、增值税小规模纳税人纳税申报

（一）纳税申报资料

（1）《增值税纳税申报表（小规模纳税人适用）》（见表 2-7）。

（2）《增值税纳税申报表（小规模纳税人适用）附列资料》。本表由销售服务有扣除项目的纳税人填写，其他小规模纳税人不填报。

（3）《增值税减免税申报明细表》。本表为增值税一般纳税人和增值税小规模纳税人共用表，享受增值税减免税优惠的增值税小规模纳税人需填写本表，发生增值税税控系统专用设备费用、技术维护费以及购置税控收款机费用的增值税小规模纳税人也需填报本表，仅仅是享受月销售额不超过 3 万元（按季纳税 9 万元）免征增值税政策或未达起征点的增值税小规模纳税人不填本表。

表 2-7 增值税纳税申报表

（小规模纳税人适用）

纳税人识别号：□□□□□□□□□□□□□□□□□□□□

纳税人名称（公章）：　　　　　　　　　　　　　金额单位：元至角分

税款所属期：　年 月 日至　　年 月 日　　　　　填表日期：　年 月 日

	项目	栏次	本期数		本年累计	
			货物及劳务	服务、不动产和无形资产	货物及劳务	服务、不动产和无形资产
一、计税依据	（一）应征增值税不含税销售额（3% 征收率）	1				
	税务机关代开的增值税专用发票不含税销售额	2				
	税控器具开具的普通发票不含税销售额	3				
	（二）应征增值税不含税销售额（5% 征收率）	4	—		—	
	税务机关代开的增值税专用发票不含税销售额	5	—		—	
	税控器具开具的普通发票不含税销售额	6	—		—	
	（三）销售使用过的固定资产不含税销售额	7（7 ≥ 8）		—		—
一、计税依据	其中：税控器具开具的普通发票不含税销售额	8		—		—
	（四）免税销售额	9=10+11+12				
	其中：小微企业免税销售额	10				
	未达起征点销售额	11				
	其他免税销售额	12				
	（五）出口免税销售额	13（13 ≥ 14）				
	其中：税控器具开具的普通发票销售额	14				
二、税款计算	本期应纳税额	15				
	本期应纳税额减征额	16				
	本期免税额	17				
	其中：小微企业免税额	18				
	未达起征点免税额	19				
	应纳税额合计	20=15−16				
	本期预缴税额	21			—	—
	本期应补（退）税额	22=20−21			—	—

续　表

纳税人或代理人声明：	如纳税人填报，由纳税人填写以下各栏：	
本纳税申报表是根据国家税收法律法规及相关规定填报的，我确定它是真实的、可靠的、完整的。	办税人员：	财务负责人：
	法定代表人：	联系电话：
	如委托代理人填报，由代理人填写以下各栏：	
	代理人名称（公章）：	经办人：
	联系电话：	

主管税务机关：　　　　　　　　　接收人：　　　　　　　　　接收日期：

（二）纳税申报流程

第一步：打开登录页面（见图 2-4），输入信息后打开电子税务局页面（见图 2-5）。

图 2-4　登录页面

图 2-5　电子税务局页面

第二步：单击"我要办税"—"申报纳税"—"增值税小规模纳税人申报"（见图 2-6）。

图 2-6　选择"增值税小规模纳税人申报"

　　如果是月销售额不超过10万元（按季申报30万元）的小规模纳税人，选择"免税申报（小微企业）"模块进行简易填写（见图2-7、图2-8）。

图2-7　选择"免税申报（小微企业）"模块

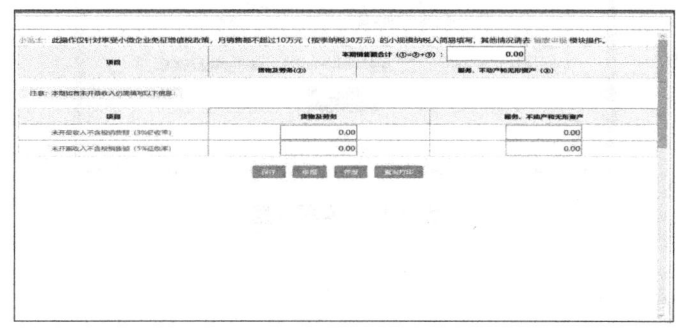

图2-8　申报填写页面

　　如果为月销售额超过10万元（按季申报超过30万元）的小规模纳税人选择"填表申报"——"立刻填表"（见图2-9）。

图2-9　选择"填表申报"——"立刻填表"

　　第三步：报表填报。首先在填表界面，将温馨提醒是否抄报税（见图2-10）。然后单击"确定"按钮，将提示此次普惠优惠政策简介（见图2-11）。如实填写本期发生销售额，货物及劳务、服务、不动产及无形资产，计算合计金额（见图 2-12、图 2-13）。最后系统根据填写的数据，合计超过起征点的，会第 2 次提醒，本期是否发生不动产销售，纳税人可以选择"是"与"否"进行下一步操作（见图 2-14）。如果选择"是"，纳税人需要填写本期不动产的销售额（见图 2-15）。

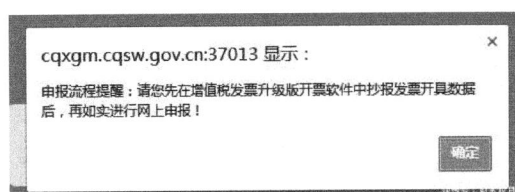

图 2-10　提示信息

图 2-11　优惠政策简介

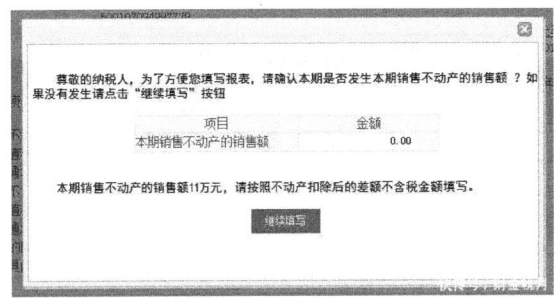

图 2-12　填写数据

本期销售不动产的销售额		0.00				
		本期数			本年累计	
项　目	栏次	货物及劳务	服务、不动产和无形资产		货物及劳务	服务、不动产和无形资产
（一）应征增值税不含税 销售额（3%征收率）	1	0.00	0.00		0.00	0.00
税务机关代开的增值税专用发票不含税销售额	2		0.00			0.00
税控器具开具的普通发票不含税销售额	3	0.00	0.00		0.00	0.00
（二）应征增值税不含税 销售额（5%征收率）	4	--	0.00		--	0.00
税务机关代开的增值税专用发票不含税销售额	5	--	0.00		--	0.00
税控器具开具的普通发票不含税销售额	6	--	0.00		--	0.00
（三）销售使用过的固定资产不含税销售额	7(7≥8)	0.00	--		0.00	--
其中：税控器具开具的普通发票不含税销售额	8	0.00	--		0.00	--
（四）免税销售额	9=10+11+12	0.00	0.00		0.00	0.00
其中：小微企业免税销售额	10	0.00	0.00		0.00	0.00
未达起征点销售额	11	0.00	0.00		0.00	0.00
其他免税销售额	12	0.00	0.00		0.00	0.00

图 2-13　数据统计

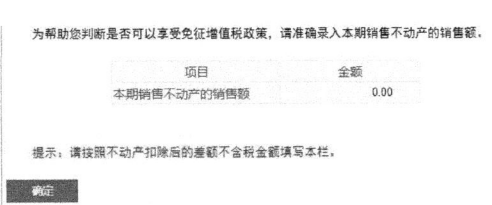

图 2-14　信息提醒

图 2-15　填写本期不动产的销售额

第四步：报送申报。填写完成，满足校验规则后，单击报表下方的"保存"按钮，并单击"申报"按钮，发起申报（见图2-16），报表状态会变为"申报成功"。

图2-16 发起申报

第五步：税款缴纳。如本期有税款需要缴纳，单击"缴税"按钮。可以使用三方协议网上扣款，或者打印银行端交款凭证，到银行扣款。

（三）填写增值税纳税申报表

宁波SY会计服务公司为增值税小规模纳税人，主营纳税鉴证及纳税咨询业务，2019年9月发生如下业务：

（1）9月8日提供纳税鉴证服务，含税销售额103万元，由税务机关代开增值税专用发票。

（2）9月11日提供纳税咨询服务，含税销售额103万元，开具增值税普通发票。

（3）9月13日销售旧计算机一批，含税销售额2.06万元，开具增值税普通发票。

（4）9月14日初次购买增值税税控系统专用设备，取得增值税专用发票，价税合计1.3万元。

（5）9月15日向境外单位提供纳税咨询服务，销售额50万元，开具增值税普通发票。

要求：根据上述资料完成小规模纳税人增值税纳税申报表的填写。

课后习题

一、单项选择题

1. 下列选项中，应征收增值税的是（ ）。

A. 被保险人获得的保险赔付

B. 房地产主管部门或者其指定机构、公积金管理中心、开发企业及物业管理单位代收的住宅专项维修资金

C. 银行销售金银

D. 存款利息

2. 下列选项中，不属于生活服务的是（ ）。

A. 文化体育服务　　B. 教育医疗服务

C. 餐饮住宿服务　　D. 贷款服务

3. 下列关于租赁服务的表述中，不正确的是（ ）。

A. 将建筑物、构筑物等不动产或者飞机、车辆等有形动产的广告位出租给其他单位或者个人用于发布广告，按照经营租赁服务缴纳增值税

B. 技术转让按销售服务缴纳增值税

C. 水路运输的光租业务、航空运输的干租业务，属于经营租赁

D. 车辆停放服务，按不动产经营租赁服务缴纳增值税

4. 不属于销售无形资产的是（ ）。

A. 转让专利权　　　B. 转让建筑永久使用权

C. 转让网络虚拟道具　D. 转让采矿权

5. 根据增值税法律制度的规定，下列行为中，不属于视同销售货物征收增值税的是（ ）。

A. 将外购货物分配给投资者

B. 将外购货物用于集体福利

C. 将外购货物无偿赠送他人

D. 将外购货物作为投资提供给个体工商户

6. 某公司为增值税小规模纳税人，专门从事鉴证咨询服务。2020 年 2 月 15 日，向某一般纳税人企业提供鉴证服务，取得含增值税销售额 5 万元；2 月 25 日，向小规模纳税人提供咨询服务，取得含增值税收入 3 万元。已知增值税征收率为 3%，则该公司当月应纳增值税税额为（　　　）。

A.（5+3）×3%=0.24 万元

B. 5÷（1+3%）×3%=0.15 万元

C.（5+3）÷（1+3%）×3%=0.23 万元

D.（5+3）÷（1-3%）×3%=0.25 万元

7. 星光广告公司为广告业小规模纳税人，为海天有限责任公司发布产品广告，收取海天公司广告费 20 万元，已知增值税征收率为 3%，则星光广告公司应缴纳增值税（　　　）。

A. 1.2 万元　　　　　B. 1.0 万元

C. 0.58 万元　　　　D. 0.6 万元

8. 下列关于纳税人的各项服务的表述中，不享受免征增值税优惠政策的是（　　　）。

A. 婚姻介绍服务

B. 福利彩票的发行收入

C. 个人销售自建自用住房

D. 非学历教育收取的学费

9. 一般纳税人发生下列应税行为不可以选择适用简易计税方法计税的是（　　　）。

A. 公共交通运输服务　B. 电影放映服务

C. 文化体育服务　　　D. 电信服务

10. 根据增值税法律制度的规定，一般纳税人销售下列货物，适用 9% 税率的是（　　　）。

A. 笔记本电脑　　　B. 化肥

C. 小汽车　　　　　D. 淀粉

二、多项选择题

1. 根据增值税法律制度的规定，纳税人提供的下列应税服务，适用增值税零税率的有（　　　）。

A. 在境内载运旅客、货物出境服务

B. 国际货物运输代理服务

C. 在境外提供的研发服务

D. 在境外提供的广播影视节目的播映服务

2. 下列各项中，符合增值税纳税义务发生时间的有（　　　）。

A. 将货物交付他人代销，为收到代销清单或者收到全部或者部分货款的当天

B. 采用预收货款方式销售货物，为发出货物的当天

C. 采用分期付款结算方式的，为收到首期货款的当天

D. 销售应税劳务，为提供劳务同时收讫销售额或者取得索取销售款的凭据的当天

3. 根据增值税法律制度的规定，企业发生的下列行为中，属于视同销售货物行为的有（　　　）。

A. 将自产的货物分配给投资者

B. 将货物交付他人代销

C. 将委托加工收回的货物用于集体福利

D. 将购进的货物用于个人消费

4. 根据增值税法律制度的规定，一般纳税人企业下列进项税额，准予从销项税额中扣除的有（　　　）。

A. 餐饮服务　　　　　B. 广告服务

C. 贷款服务　　　　　D. 住宿服务

5. 根据增值税法律制度的规定，增值税一般纳税人发生的下列应税行为中，适用 9% 税率的有（　　　）。

A. 提供动产租赁服务　B. 提供增值电信服务

C. 转让土地使用权　　D. 提供建筑服务

6. 下列关于增值税纳税地点的表述中，正确的有（　　　）。

A. 固定业户应当向其机构所在地的主管税务机关申报纳税

B. 非固定业户销售货物或者应税劳务，应当向销售地或者劳务发生地的主管税务机关申报纳税

C. 进口货物，应当向报关地海关申报纳税

D. 扣缴义务人应当向其机构所在地或者居住地的主管税务机关申报缴纳其扣缴的税款

7. 一般纳税人销售自产的货物中，可选择按照简易办法依照 3% 征收率计算缴纳增值税的有（　　）。

A. 县及县级以下小型水力发电单位生产的电力

B. 建筑用和生产建筑材料所用的砂、土、石料

C. 以自己采掘的砂、土、石料或其他矿物连续生产的砖、瓦、石灰（不含黏土实心砖、瓦）

D. 实木地板

8. 纳税人销售货物或者提供应税劳务的价格明显偏低且无正当理由的或者有视同销售货物行为而无销售额的，税务机关确定销售额的依据有（　　）。

A. 按纳税人最近时期同类货物的平均销售价格确定

B. 按其他纳税人最近时期同类货物的平均销售价格确定

C. 组成计税价格

D. 按纳税人最近时期同类货物的最高销售价格确定

9. 下列各项业务中，涉及增值税进项税额不得抵扣的有（　　）。

A. 甲公司因违法经营被强令销毁一批货物造成的损失

B. 乙公司用外购的汽车作为出资投资给 ABC 公司

C. 丙公司接受 A 银行的贷款服务

D. 丁公司将外购的房屋作为集体宿舍，以福利方式供员工居住

10. 根据增值税法律制度的规定，下列各项货物中可以实行增值税即征即退政策的有（　　）。

A. 以废旧沥青混凝土为原料生产的再生沥青混凝土

B. 利用风力生产的电力

C. 销售自产的综合利用生物柴油

D. 以工业废气为原料生产的高纯度二氧化碳产品

三、判断题

1. 个人提供应税服务的销售额未达到增值税起征点的，免征增值税；达到起征点的，就超过部分计算缴纳增值税。（　　）

2. 纳税人采取商业折扣方式销售货物，折扣额无论是否另开发票，均不得从销售额中扣除。（　　）

3. 增值税纳税人适用按简易办法依 3% 征收率减按 2% 征收增值税政策的，按下列公式确定销售额：销售额 = 含税销售额 ÷ (1+2%)。（　　）

4. 增值税零税率，是指货物在出口时整体税负为零，不但出口环节不必纳税，还可以退还以前环节已纳税款。（　　）

四、计算题

1. 某建筑安装公司为增值税一般纳税人，2020 年 7 月承包本市的一项建筑劳务，该建筑安装公司收取不含税工程价款 6 400 万元。另外，该建筑安装公司购入建筑劳务所需的材料、设备支付不含税价款 1 500 万元，取得对方开具的增值税专用发票。已知建筑服务适用 9% 的税率，材料、设备适用 13% 的税率。要求计算该建筑安装公司当月应缴纳增值税。

2. 甲公司为增值税一般纳税人，2020 年 5 月从国外进口一批音响，海关核定的关税完税价格为 116 万元，缴纳关税 11.6 万元。已知增值税税率为 13%，要求计算甲公司该笔业务应缴纳增值税。

3. 甲公司为增值税一般纳税人，主要从事冰箱生产销售业务。2020 年 7 月有关经营情况如下：

（1）采取预收货款方式向乙公司销售 W 型冰箱 100 台，每台含税售价为 3 390 元，甲公司给予每台 339 元折扣额的价格优惠。双方于 7 月 2 日签订销售合同，甲公司 7 月 6 日收到价款，7 月 20 日发货并向对方开具发票，销售额和折扣额在同一张发票上分别注明，乙公司 7 月 22 日收到空调。

（2）销售 Y 型冰箱 3 000 台，每台含税售价为 4 520 元。公司业务部门领用 10 台 Y 型冰箱用于奖励优秀员工，公司食堂领用 2 台 Y 型冰箱用于防暑降温。

（3）购进原材料一批，取得增值税专用发票注明税额 9 6000 元；向丙公司支付新产品设计费，取得增值税专用发票注明税额 3 000 元；支付销售冰箱运输费用，取得增值税专用发票注明税额 500 元；支付招待客户餐饮费用，取得增值税普通发票注明税额 120 元。

已知：销售货物增值税税率为 13%。取得的增值税专用发票均已通过税务机关认证。

要求：（1）计算甲公司当月销售 W 型冰箱增值税销项税额。

（2）计算甲公司当月销售及领用 Y 型冰箱增值税销项税额。

（3）计算甲公司当月准予扣除的进项税额。

（4）计算甲公司当月应纳增值税。

4. 乙公司属于一般纳税人，具有交通运输业资质，2020 年 9 月发生下列业务：

（1）向境内丙公司提供货物运输劳务，取得含增值税运费收入 872 万元；向境内丁公司提供客运劳务，取得含增值税运费收入 76.3 万元。

（2）提供国际运输服务，取得不含税运费收入 50 万元。

（3）销售本公司使用过的货车，取得含税收入 103 000 元，该货车购入时按规定不得抵扣且未抵扣进项税额。

（4）购买客车、货车用汽油，取得加油站开具的增值税专用发票注明税额 80 万元；购买客车、货车用柴油，取得加油站开具的增值税普通发票，发票上记载的价税合计为 22.6 万元。

已知：交通运输服务适用税率为 9%；取得的增值税专用发票均通过税务机关认证。

要求：（1）计算乙公司 2020 年 9 月提供运输服务增值税销项税额。

（2）计算乙公司销售自己使用过的货车应纳增值税。

（3）计算乙公司 2020 年 9 月允许抵扣的进项税额。

（4）计算乙公司 2020 年 9 月应纳的增值税。

项目三
消费税纳税实务

知识目标：

- 了解消费税的概念。
- 理解消费税是价内税，并实行单环节征收的特点。
- 掌握生产、委托加工、进口环节消费税的计算方法。
- 掌握消费税会计核算方法。
- 基本掌握消费税纳税申报方法。

能力目标：

- 能确定消费税的产生。
- 能计算消费税应纳税额。
- 能完成消费税会计核算。
- 能根据消费税纳税申报流程完成消费税的纳税申报。
- 跟踪纳税申报结果，能在规定时间向当地税务局提交纸质材料。

项目关键词

- 价内税　单环节　税款扣除

任务一　消费税认知

一、消费税的概念与特点

（一）概念

消费税是对我国境内从事生产、委托加工和进口应税消费品的单位和个人，就其销售额或销售数量，在特定环节征收的一种税。简单地说，消费税是对特定的消费品和消费行为征收的一种税。

（二）特点

1. 征收范围具有选择性

我国消费税在征收范围上仅选择部分消费品征税，而不是对所有消费品都征收消费税，征税范围是有限的。目前共设置 15 个税目，只有消费税税目、税率表上列举的应税消费品才征收消费税，没有列举的不应征收消费税。

2. 一般情况下，征税环节具有单一性

我国消费税的纳税环节主要确定在生产销售、委托加工和进口环节。应税消费品在生产环节、委托加工或进口环节征税之后，除个别消费品的纳税环节为零售环节外，再继续转销该消费品不再征收消费税。但无论在哪个环节征税，都实行单环节征收。

3. 计税方法具有灵活性

消费税在计税方法上，既采用对消费品制定单位税额，依消费品的数量实行从量定额的方法；也采用对消费品制定比例税率，依消费品的价格实行从价定率的征收方法。目前，烟和酒两类消费品既采用从价计税，又同时采用从量计税。

二、消费税的纳税人与征税范围

（一）纳税人

在中华人民共和国境内生产、委托加工和进口《中华人民共和国消费税暂行条例》（以下简称《消费税暂行条例》）规定的消费品的单位和个人，以及国务院确定的销售《消费税暂行条例》规定的消费品的其他单位和个人，为消费税的纳税人。

由于消费税是在对所有货物普遍征收增值税的基础上选择少量消费品征收的，因此，消费税纳税人同时也是增值税纳税人。

（二）征税范围

1. 生产应税消费品

纳税人生产的应税消费品，于纳税人销售时纳税。

纳税人自产自用的应税消费品，用于连续生产应税消费品的，不纳税；用于其他方面的，于移送使用时纳税。

用于连续生产应税消费品，是指纳税人将自产自用应税消费品作为直接材料生产最终应税消费品，自产自用应税消费品构成最终应税消费品的实体。用于其他方面，是指纳税人将自产自用的应税消费品用于生产非应税消费品、在建工程、管理部门、非生产机构、提供劳务、馈赠、赞助、集资、广告、样品、职工福利、奖励等方面。

另外，工业企业以外的单位和个人的下列行为视为应税消费品的生产行为，按规定征收消费税。

（1）将外购的消费税非应税产品以消费税应税产品对外销售的。如一些石油炼化企业将属于应征消费税的油品采取变换名称的方式，以化工产品的名义对外销售给商贸企业，商贸企业购进非应税产品后再采取变名的方式转换成应税产品销售。

（2）将外购的消费税低税率应税产品以高税率应税产品对外销售的。

2. 委托加工应税消费品

委托加工应税消费品是指委托方提供原料和主要材料，受托方只收取加工费和代垫部分辅助材料加工的应税消费品。由受托方提供原材料或其他情形的一律不能视同委托加工应税消费品。

委托加工的应税消费品，除受托方为个人外，由受托方在向委托方交货时代收代缴消费税；委托个人加工的应税消费品，由委托方收回后缴纳消费税。

委托加工的应税消费品收回后，再继续用于生产应税消费品销售且符合现行政策规定的，其加工环节缴纳的消费税款可以扣除。如用委托加工收回的烟丝继续生产卷烟，烟丝的消费税按规定准予扣除。

委托加工收回的应税消费品对外出售，若以不高于受托方的计税价格出售的，为直接出售，不再缴纳消费税；若以高于受托方计税价格出售的，不属于直接出售，需按规定申报缴纳消费税，在计税时准予扣除受托方已代收代缴的消费税。

3. 进口应税消费品

单位和个人进口属于消费税征税范围的货物，在进口环节向海关缴纳消费税。

4. 零售特定应税消费品

（1）商业零售金银首饰。在零售环节征收消费税的金银首饰仅限于金基、银基合金首饰以及金、银和金基、银基合金的镶嵌首饰；钻石及钻石饰品；铂金首饰。

下列业务视同零售业，在零售环节缴纳消费税。

① 为经营单位以外的单位和个人加工金银首饰。加工包括带料加工、翻新改制、以旧换新等业务，不包括修理和清洗。

②经营单位将金银首饰用于馈赠、赞助、集资、广告样品、职工福利、奖励等方面。

③ 未经中国人民银行总行批准，经营金银首饰批发业务的单位将金银首饰销售给经营单位。

（2）零售超豪华小汽车。自 2016 年 12 月 1 日起，对超豪华小汽车，在生产（进口）环节按现行税率征收消费税的基础上，在零售环节加征消费税，将超豪华小汽车销售给消费者的单位和个人为超豪华小汽车零售环节纳税人。

5. 批发销售卷烟

自 2015 年 5 月 10 日起，将卷烟批发环节从价税税率由 5% 提高至 11%，并按 0.005 元/支加征从量税。

烟草批发企业将卷烟销售给其他烟草批发企业的，不缴纳消费税。

卷烟消费税改为在生产和批发两个环节征收后，批发企业在计算应纳税额时不得扣除已含的生产环节的消费税税款。

【例题 3-1·多选题】根据消费税法律制度的规定，下列各项中征收消费税的有（　　）。

A. 晾晒烟叶　　　　B. 批发烟叶　　　　C. 生产烟丝　　　　D. 生产卷烟

正确答案：CD

答案解析：烟叶不属于消费税的征税范围。

三、消费税的税目与税率

（一）税目

根据《消费税暂行条例》的规定，消费税税目共有 15 个，部分税目还进一步划分了若干子目，具体内容如下。

1. 烟

凡是以烟叶为原料加工生产的产品，不论使用何种辅料，均属于本税目的征收范围。具体包括以下 3 个子税目。

（1）卷烟，包括甲类卷烟和乙类卷烟。甲类卷烟，是指每标准条（200 支）调拨价格在 70 元（不含增值税）以上（含 70 元）的卷烟；乙类卷烟，是指每标准条（200 支）调拨价格在 70 元（不含增值税）以下的卷烟。

（2）雪茄烟，包括各种规格、型号的雪茄烟。

（3）烟丝，包括以烟叶为原料加工生产的不经卷制的散装烟。

2. 酒

酒是指酒精度在 1 度以上的各种酒类饮料，包括白酒、黄酒、啤酒和其他酒。具体征税范围如下。

（1）白酒。白酒包括粮食白酒和薯类白酒。

① 粮食白酒，是指以高粱、玉米、大米、糯米、大麦、小麦、青稞等各种粮食为原料，经过糖化、发酵后，采用蒸馏方法酿制的白酒。

② 薯类白酒，是指以白薯（红薯、地瓜）、木薯、马铃薯、芋头、山药等各种干鲜薯类为原料，

经过糖化、发酵后，采用蒸馏方法酿制的白酒。用甜菜酿制的白酒，比照薯类白酒征税。

（2）黄酒。黄酒是指以糯米、粳米、籼米、大米、黄米、玉米、小麦、薯类等为原料，糖化、发酵、压榨酿制的酒。黄酒包括各种原料酿制的黄酒和酒精度超过12度（含12度）的土甜酒。

（3）啤酒。啤酒分为甲类啤酒和乙类啤酒，是指以大麦或其他粮食为原料，加入啤酒花，经糖化、发酵、过滤酿制的含有二氧化碳的酒。

（4）其他酒。其他酒是指除粮食白酒、薯类白酒、黄酒、啤酒以外的各种酒，包括糠麸白酒、其他原料白酒、土甜酒、复制酒、果木酒、汽酒、药酒、葡萄酒等。

对以黄酒为酒基生产的配制或泡制酒，按其他酒征收消费税。调味料酒不征收消费税。

对饮食业、商业、娱乐业举办的啤酒屋（啤酒坊）利用啤酒生产设备生产的啤酒，应当征收消费税。

3. 高档化妆品

本税目包括高档美容、修饰类化妆品，高档护肤类化妆品和成套化妆品。

高档美容、修饰类化妆品和高档护肤类化妆品是指生产（进口）环节销售（完税）价格（不含增值税）在10元/毫升（克）或15元/片（张）及以上的美容、修饰类化妆品和护肤类化妆品。

舞台、戏剧、影视演员化妆用的上妆油、卸妆油、油彩，不属于本税目的征收范围。

4. 贵重首饰及珠宝玉石

本税目包括以金、银、白金、宝石、珍珠、钻石、翡翠、珊瑚、玛瑙等高贵稀有物质以及其他金属、人造宝石等制作的各种纯金银首饰及镶嵌首饰和经采掘、打磨、加工的各种珠宝玉石。对出国人员免税商店销售的金银首饰征收消费税。

5. 鞭炮、焰火

本税目包括各种鞭炮、焰火。体育上用的发令纸、鞭炮药引线，不按本税目征收。

6. 成品油

本税目包括汽油、柴油、石脑油、溶剂油、航空煤油、润滑油、燃料油7个子目。航空煤油暂缓征收消费税。

7. 小汽车

小汽车是指由动力驱动，具有4个或4个以上车轮的非轨道承载的车辆。具体征税范围如下。

（1）乘用车，是指在设计和技术特性上用于载运乘客和货物的汽车，包括含驾驶员位在内最多不超过9个座位（含）。

用排气量小于15升（含）的乘用车底盘（车架）改装、改制的车辆属于乘用车征收范围。

（2）中轻型商用客车，是指在设计和技术特性上用于载运乘客和货物的汽车，包括含驾驶员座位在内的座位数在 10~23 座（含 23 座）。

用排气量大于 15 升的乘用车底盘（车架）或用中轻型商用客车底盘（车架）改装、改制的车辆属于中轻型商用客车征收范围。

含驾驶员人数（额定载客）为区间值的（如 8~10 人、17~26 人）小汽车，按其区间值下限人数确定征收范围。

（3）超豪华小汽车，是指每辆零售价格为 130 万元（不含增值税）及以上的乘用车和中轻型商用客车，即乘用车和中轻型商用客车子税目中的超豪华小汽车。

电动汽车不属于本税目征收范围。

车身长度大于 7 米（含），并且座位在 10~23 座（含）以下的商用客车，不属于中轻型商用客车征税范围，不征收消费税。

沙滩车、雪地车、卡丁车、高尔夫车不属于消费税征收范围，不征收消费税。

对于企业购进货车或厢式货车改装生产的商务车、卫星通信车等专用汽车不属于消费税征收范围，不征收消费税。

对于购进乘用车和中轻型商用客车整车改装生产的汽车，应按规定征收消费税。

8. 摩托车

本税目征税范围包括气缸容量为 250 毫升的摩托车和气缸容量在 250 毫升（不含）以上的摩托车两种。

对最大设计车速不超过 50 千米 / 小时，发动机气缸总工作容量不超过 50 毫升的三轮摩托车不征收消费税。

9. 高尔夫球及球具

本税目包括高尔夫球、高尔夫球杆及高尔夫球包（袋）、高尔夫球杆的杆头、杆身和握把。

10. 高档手表

本税目包括销售价格（不含增值税）每只在 10 000 元（含）以上的各类手表。

11. 游艇

游艇按照动力划分，分为无动力艇、帆艇和机动艇。

本税目包括艇身长度大于 8 米（含）小于 90 米（含），内置发动机，可以在水上移动，一般为私人或团体购置，主要用于水上运动和休闲娱乐等非营利活动的各类机动艇。

12. 木制一次性筷子

木制一次性筷子，又称卫生筷子，是指以木材为原料经过加工而成的各类一次性使用的筷子。

本税目包括各种规格的木制一次性筷子和未经打磨、倒角的木制一次性筷子。

13. 实木地板

实木地板是指以木材为原料，经锯割、干燥、刨光、截断、开榫、涂漆等工序加工而成的块状或条状的地面装饰材料。

本税目包括各类规格的实木地板、实木指接地板、实木复合地板及用于装饰墙壁、天棚的侧端面为榫、槽的实木装饰板以及未经涂饰的素板。

14. 电池

本税目包括原电池、蓄电池、燃料电池、太阳能电池和其他电池。

对无汞原电池、金属氢化物镍蓄电池（又称"氢镍蓄电池"或"镍氢蓄电池"）、锂原电池、锂离子蓄电池、太阳能电池、燃料电池和全钒液流电池免征消费税。

自 2016 年 1 月 1 日起，对铅蓄电池按 4% 的税率征收消费税。

15. 涂料

涂料是指涂于物体表面能形成具有保护、装饰或特殊性能的固态涂膜的一类液体或固体材料的总称。对施工状态下挥发性有机物（Volatile Organic Compounds, VOC）含量低于 420 克 / 升（含）的涂料免征消费税。

（二）税率

消费税采用比例税率和定额税率两种形式，以适应不同应税消费品的实际情况。

消费税税目、税率表如表 3-1 所示。

表 3-1　消费税税目、税率表

税目	税率
一、烟	
1. 卷烟	
（1）甲类卷烟（生产或进口环节） 　　　　（调拨价 70 元（不含增值税）/ 条以上）	56% 加 0.003 元 / 支
（2）乙类卷烟（生产货进口环节） 　　　　（调拨价小于 70 元（不含增值税）/ 条）	36% 加 0.003 元 / 支
（3）商业批发（批发环节）	11% 加 0.005 元 / 支
2. 雪茄烟	36%
3. 烟丝	30%
二、酒	
1. 白酒	20% 加 0.5 元 /500 克（或者 500 毫升）
2. 黄酒	240 元 / 吨
3. 啤酒	
（1）甲类啤酒：每吨出厂价（含包装物及 　　　　包装物押金）>3 000 元的啤酒	250 元 / 吨
（2）乙类啤酒：每吨出厂价（含包装物及包装物押金）≤ 　　　　3 000 元的啤酒	220 元 / 吨
4. 其他酒	10%

续　表

税目	税率
三、高档化妆品	15%
四、贵重首饰及珠宝玉石	
1. 金银首饰、铂金首饰和钻石及钻石饰品	5%
2. 其他贵重首饰和珠宝玉石	10%
五、鞭炮、焰火	15%
六、成品油	
1. 汽油	1.52 元／升
2. 柴油	1.20 元／升
3. 航空煤油	1.20 元／升
4. 石脑油	1.52 元／升
5. 溶剂油	1.52 元／升
6. 润滑油	1.52 元／升
7. 燃料油	1.20 元／升
七、小汽车	
1. 乘用车	
（1）气缸容量（排气量，下同）在 1.0 升（含 1.0 升）以下的	1%
（2）气缸容量在 1.0 升以上至 1.5 升（含 1.5 升）的	3%
（3）气缸容量在 1.5 升以上至 2.0 升（含 2.0 升）的	5%
（4）气缸容量在 2.0 升以上至 2.5 升（含 2.5 升）的	9%
（5）气缸容量在 2.5 升以上至 3.0 升（含 3.0 升）的	12%
（6）气缸容量在 3.0 升以上至 4.0 升（含 4.0 升）的	25%
（7）气缸容量在 4.0 升以上的	40%
2. 中轻型商用客车	5%
3. 超豪华小汽车（零售）	10%
八、摩托车	
1. 气缸容量（排气量，下同）为 250 毫升的	3%
2. 气缸容量大于 250 毫升的	10%
九、高尔夫球及球具	10%
十、高档手表	20%
十一、游艇	10%
十二、木制一次性筷子	5%
十三、实木地板	5%
十四、电池	4%
十五、涂料	4%

存在下列情况时，纳税人应按照相关规定确定适用税率。

（1）纳税人兼营不同税率的应税消费品，应当分别核算不同税率应税消费品的销售额、销售数量。未分别核算销售额、销售数量，或者将不同税率的应税消费品组成成套消费品销售的，从高适用税率。例如，某酒厂既生产税率为 20% 的粮食白酒，又生产税率为 10% 的其他酒，如汽酒、药酒等，该厂应分别核算白酒与其他酒的销售额，然后按各自适用的税率计税；如不分别核算各自的销售额，其他酒也按白酒的税率计算纳税。

（2）卷烟由于接装过滤嘴、改变包装或其他原因提高销售价格后，应按照新的销售价格确定征税类别和适用税率。

（3）委托加工的卷烟按照受托方同牌号规格卷烟的征税类别和适用税率征税。没有同牌号规格卷烟的，一律按卷烟最高税率征税。

（4）残次品卷烟应当按照同牌号规格正品卷烟的征税类别确定适用税率。

（5）白包卷烟、手工卷烟和未经国务院批准纳入计划的企业和个人生产的卷烟不分征税类别一律按照 56% 卷烟税率征税，并按照定额每标准箱 150 元计算征税。

【例题 3-2·单选题】根据消费税法律制度的规定，下列消费品中，实行从价定率和从量定额相结合的复合计征办法征收消费税的是（　　）。

A. 啤酒　　　　　　　B. 汽油　　　　　　　C. 卷烟　　　　　　　D. 高档手表

正确答案：C

答案解析：卷烟、白酒实行从价定率和从量定额相结合的复合计征办法征收消费税。

【例题 3-3·多选题】根据消费税法律制度的规定，下列应税消费品中，实行从量定额计征消费税的有（　　）。

A. 涂料　　　　　　　B. 柴油　　　　　　　C. 电池　　　　　　　D. 黄酒

正确答案：BD

答案解析：从量定额征收消费税的有啤酒、黄酒、成品油。

任务二　消费税应纳税额的计算

按照现行消费税法规定，消费税应纳税额的计算分为从价计征、从量计征和从价从量复合计征 3 种方法。

一、消费税计税依据的确定

（一）从价计征销售额的确定

1. 销售额的确定

销售额为纳税人销售应税消费品向购买方收取的全部价款和价外费用。但下列项目不包括在内。

（1）同时符合以下条件的代垫运输费用：承运部门的运输费用发票开具给购买方的；纳税人将该项发票转交给购买方的。

（2）同时符合以下条件代为收取的政府性基金或者行政事业性收费：由国务院或者财政

部批准设立的政府性基金，由国务院或者省级人民政府及其财政、价格主管部门批准设立的行政事业性收费；收取时开具省级以上财政部门印制的财政票据；所收款项全额上缴财政。

其他价外费用，无论是否属于纳税人的收入，均应并入销售额计算征税。

2. 包装物收入的确定

（1）包装物连同产品销售，无论包装是否单独计价，也不论在会计上如何核算，包装物应并入销售额中征收消费税。

（2）包装物不作价随同产品销售，而是收取押金（收取酒类产品的包装物押金除外），且单独核算又未过期的，此项押金则不应并入应税消费品的销售额中征税。但对因逾期未收回的包装物不再退还的和已收取1年以上的押金，应并入应税消费品的销售额，按照应税消费品的适用税率征收消费税。

（3）包装物既作价随同产品销售，又收取押金，逾期未还的，并入销售额计税。

（4）对酒类产品生产企业销售酒类产品（黄酒、啤酒除外）而收取的包装物押金，无论押金是否返还与会计上如何核算，均需并入酒类产品销售额中，依酒类产品的适用税率征收消费税。

3. 含增值税销售额的换算

应税消费品在缴纳消费税的同时，与一般货物一样，还应缴纳增值税。如果纳税人应税消费品的销售额中未扣除增值税税款或者因不得开具增值税专用发票而发生价款和增值税税款合并收取的，在计算消费税时，应将含增值税的销售额换算为不含增值税税款的销售额。其换算公式为：

$$应税消费品的销售额 = 含增值税的销售额 \div （1 + 增值税税率或征收率）$$

（二）从量计征销售数量的确定

1. 销售数量的确定

销售数量是指纳税人生产、加工和进口应税消费品的数量。具体规定为：

（1）销售应税消费品的，为应税消费品的销售数量；

（2）自产自用应税消费品的，为应税消费品的移送使用数量；

（3）委托加工应税消费品的，为纳税人收回的应税消费品数量；

（4）进口的应税消费品，为海关核定的应税消费品进口征税数量。

2. 计量单位的换算标准

黄酒、啤酒以吨为税额单位，成品油以升为税额单位，考虑到在实际销售过程中准确计算应纳税额，《中华人民共和国消费税暂行条例实施细则》第十条规定了计量单位（吨、升）的换算标准（见表3-2）。

表 3-2 吨、升的换算标准

序号	名称	计量单位的换算标准
1	黄酒	1 吨 =962 升
2	啤酒	1 吨 =988 升
3	汽油	1 吨 =1 388 升
4	柴油	1 吨 =1 176 升
5	航空煤油	1 吨 =1 246 升
6	石脑油	1 吨 =1 385 升
7	溶剂油	1 吨 =1 282 升
8	润滑油	1 吨 =1 126 升
9	燃料油	1 吨 =1 015 升

（三）复合计征销售额和销售量的确定

现行消费税的征税范围中，只有卷烟、白酒采用复合计征方法。应纳税额等于应税销售数量乘以定额税率再加上应税销售额乘以比例税率。

生产销售卷烟、白酒从量定额计税依据为实际销售数量。进口、委托加工、自产自用的卷烟、白酒从量定额计税依据分别为海关核定的进口征税数量、委托方收回数量、移送使用数量。

（四）特殊情形下销售额和销售数量的确定

（1）纳税人应税消费品的计税价格明显偏低并无正当理由的，由税务机关核定计税价格。其核定权限规定如下：

① 卷烟、白酒和小汽车的计税价格由国家税务总局核定，送财政部备案；

② 其他应税消费品的计税价格由省、自治区和直辖市税务局核定；

③ 进口的应税消费品的计税价格由海关核定。

（2）纳税人通过自设非独立核算门市部销售的自产应税消费品，应当按照门市部对外销售额或者销售数量征收消费税。

（3）纳税人用于换取生产资料和消费资料、投资入股和抵偿债务等方面的应税消费品，应当以纳税人同类应税消费品的最高销售价格作为计税依据计算消费税。

（4）白酒生产企业向商业销售单位收取的"品牌使用费"是随着应税白酒的销售而向购货方收取的，属于应税白酒销售价款的组成部分，因此，不论企业采取何种方式或以何种名义收取价款，均应并入白酒的销售额中缴纳消费税。

（5）纳税人采用以旧换新（含翻新改制）方式销售的金银首饰，应按实际收取的不含增值税的全部价款确定计税依据征收消费税。

金银首饰与其他产品组成成套消费品销售的，应按销售额全额征收消费税。

带料加工的金银首饰，应按受托方销售同类金银首饰的销售价格确定计税依据征收消费税。没有同类金银首饰销售价格的，按照组成计税价格计算纳税。

二、消费税应纳税额的计算

（一）生产销售应纳消费税的计算

纳税人在生产销售环节应缴纳的消费税，包括直接对外销售应税消费品应缴纳的消费税和自产自用应税消费品应缴纳的消费税。

1. 直接对外销售应纳消费税的计算

（1）从价定率计算。

在从价定率计算方法下，应纳消费税额的基本计算公式为：

$$应纳税额 = 应税消费品的销售额 \times 比例税率$$

【例题 3-4·计算题】某化妆品生产企业为增值税一般纳税人。2019 年 6 月 10 日向某商场销售高档化妆品一批，开具增值税专用发票，取得不含增值税销售额 70 万元，增值税税额 9.1 万元；6 月 20 日向某单位销售化妆品一批，开具普通发票，取得含增值税销售额 6.78 万元。计算该化妆品生产企业上述业务应缴纳的消费税税额。（已知高档化妆品消费税税率为 15%）

答案解析：化妆品的应税销售额 =70+6.78÷（1+13%）=76（万元）

$$应缴纳的消费税 =76 \times 15\%=11.4（万元）$$

（2）从量定额计算。

在从量定额计算方法下，应纳税额的基本计算公式为：

$$应纳税额 = 应税消费品的销售数量 \times 定额税率$$

【例题 3-5·计算题】某啤酒厂 2019 年 7 月销售甲类啤酒 800 吨，取得不含增值税销售额 236 万元，增值税税款 30.68 万元，另收取包装物押金 18.08 万元。计算 7 月该啤酒厂应纳消费税税额。（已知甲类啤酒定额税率为每吨 250 元）

答案解析：每吨出厂价 =2 360 000÷800+180 800÷1.13÷800=3 150（元）

$$应缴纳的消费税 = 销售数量 \times 定额税率 =800 \times 250=200 000（元）$$

（3）从价定率和从量定额复合计算。

在复合计算方法下，应纳税额的基本计算公式为：

$$应纳税额 = 应税销售额 \times 比例税率 + 应税消费品的销售数量 \times 定额税率$$

【例题 3-6·计算题】某白酒生产企业为增值税一般纳税人，2019 年 6 月销售白酒 40 吨，取得不含增值税销售额 160 万元。计算白酒企业 6 月应缴纳的消费税税额。（已知白酒适用比例税率 20%，定额税率每 500 克 0.5 元。）

答案解析：应缴纳的消费税 =160 × 20% +40×2 000 ×0.00005 =36（万元）

【例题 3-7·单选题】甲公司为增值税小规模纳税人，2019 年 8 月，生产销售一批应税消费品，取得含增值税销售额 33 372 元，已知增值税征收率为 3%，消费税税率为 10%，计算甲公司生产销售该批应税消费品应缴纳的消费税税额的下列算式中，正确的是（   ）。

A. 33 372×10% = 3 337.2（元）

B. 33 372×（1–10%）×10% = 3 003.48（元）

C. 33 372÷（1–10%）×10% = 3 708（元）

D. 33 372÷（1+3%）×10% = 3 240（元）

正确答案：D

答案解析：销售额为含税价，需要价税换算。

2. 自产自用应纳消费税的计算

纳税人自产自用的应税消费品，用于连续生产应税消费品的，不纳税；凡用于其他方面的，于移送使用时，按照纳税人生产的同类消费品的销售价格计算纳税；没有同类消费品销售价格的，按照组成计税价格计算纳税。

（1）实行从价定率办法计征消费税的，其计算公式为：

$$组成计税价格 = （成本 + 利润）÷（1 - 比例税率）$$

$$应纳税额 = 组成计税价格 × 比例税率$$

（2）实行复合计税办法计征消费税的，其计算公式为：

$$组成计税价格 = （成本 + 利润 + 自产自用数量 × 定额税率）÷（1 - 比例税率）$$

$$应纳税额 = 组成计税价格 × 比例税率 + 自产自用数量 × 定额税率$$

上述公式中所说的"成本"，是指应税消费品的产品生产成本。上述公式中所说的"利润"，是指根据应税消费品的全国平均成本利润率计算的利润。应税消费品全国平均成本利润率由国家税务总局确定。

同类消费品的销售价格是指纳税人或者代收代缴义务人当月销售的同类消费品的销售价格，如果当月同类消费品各期销售价格高低不同，应按销售数量加权平均计算。如果当月无销售或者当月未完结，应按照同类消费品上月或者最近月份的销售价格计算纳税。

【例题 3-8·计算题】某化妆品公司将一批自产的高档化妆品用作赞助，化妆品的成本为 12 万元，该化妆品无同类产品市场销售价格，已知其成本利润率为 5%，消费税税率为 15%。计算该批化妆品应缴纳的消费税税额。

答案解析：

组成计税价格 = 成本 ×（1+ 成本利润率）÷（1- 消费税税率）= 12 ×（1+5%）÷（1–15%）

$$= 14.823 5（万元）$$

$$应缴纳的消费税 =14.823 5 × 15\%=2.223 5（万元）$$

（二）委托加工应纳消费税的计算

委托加工应税消费品一般由受托方在向委托方交货时代收代缴消费税，但纳税人委托个体经营者加工应税消费品一律于委托方收回后在委托方所在地缴纳消费税。

委托加工的应税消费品，按照受托方的当月同类消费品的销售价格计算纳税，如果当月同类消费品各期销售价格高低不同，应按销售数量加权平均计算。如果当月无销售或者当月未完结，应按照同类消费品上月或最近月份的销售价格计算纳税。没有同类消费品销售价格的，按照组成计税价格计算纳税。

实行从价定率办法计算应纳税额计算公式为：

应纳税额＝组成计税价格 × 比例税率＝（材料成本 + 加工费）÷（1– 比例税率）× 比例税率

实行复合计税办法计算应纳税额的计算公式为：

$$应纳税额＝组成计税价格 × 比例税率 + 委托加工数量 × 定额税率$$

$$＝（材料成本 + 加工费 + 委托加工数量 × 定额税率）÷（1– 比例税率）× 比例税率 +$$

$$委托加工数量 × 定额税率$$

材料成本，是指委托方所提供加工材料的实际成本。

加工费，是指受托方加工应税消费品向委托方所收取的全部费用（包括代垫辅助材料的实际成本），不包括增值税税款。

【例题 3-9·计算题】 A 公司 2019 年 10 月受托为某卷烟生产企业加工一批烟丝，收取卷烟生产企业不含增值税的加工费 8 万元，卷烟生产企业提供的原材料金额为 62 万元。已知 A 公司无加工烟丝的同类产品市场价格，烟丝的消费税税率为 30%。计算 A 公司应代收代缴的消费税税额。

答案解析： 组成计税价格 ＝（62+8）÷（1–30%）=100（万元）

应代收代缴消费税 =100×30% =30（万元）

（三）进口环节应纳消费税的计算

进口的应税消费品，于报关进口时由海关代征消费税。

纳税人进口应税消费品，按照组成计税价格和规定的税率计算应纳税额。计算方法如下：

1. 从价定率计征应纳税额的计算

$$组成计税价格 ＝（关税完税价格 + 关税）÷（1– 消费税比例税率）$$

$$应纳税额 ＝组成计税价格 × 消费税比例税率$$

【例题 3-10·计算题】 某贸易公司，2019 年 5 月从法国进口一批应税消费品。已知该批应税消费品的关税完税价格为 60 万元，按规定应缴纳关税 12 万元，已知进口的应税消费品的消费税税率为 10%。计算该批消费品进口环节应缴纳的消费税税额。

答案解析： 组成计税价格 ＝（60 +12）÷（1–10%）=80（万元）

应缴纳消费税税额 =80×10%=8（万元）

2. 实行从量定额计征应纳税额的计算

$$应纳税领 ＝应税消费品数量 × 消费税定额税率$$

3. 实行从价定率和从量定额复合计税办法应纳税额的计算

$$组成计税价格 ＝（关税完税价格 + 关税 + 进口数量 × 消费税定额税率）÷$$

$$（1– 消费税比例税率）$$

$$应纳税额 ＝组成计税价格 × 消费税税率 + 应税消费品进口数量 × 消费税定额税率$$

（四）已纳消费税扣除的计算

现行消费税规定，将外购应税消费品和委托加工收回的应税消费品继续生产应税消费品销售的，可以将外购应税消费品和委托加工收回应税消费品已缴纳的消费税给予扣除。

1. 外购应税消费品已纳税款的扣除

用外购已缴纳消费税的应税消费品连续生产应税消费品，在对这些连续生产出来的应税消费品计算征税时，税法规定应按当期生产领用数量计算准予扣除外购的应税消费品已纳的消费税税款。扣除范围包括：

（1）外购已税烟丝生产的卷烟；

（2）外购已税高档化妆品生产的高档化妆品；

（3）外购已税珠宝玉石生产的贵重首饰及珠宝玉石；

（4）外购已税鞭炮焰火生产的鞭炮焰火；

（5）外购已税杆头、杆身和握把为原料生产的高尔夫球杆；

（6）外购已税木制一次性筷子为原料生产的木制一次性筷子；

（7）外购已税实木地板为原料生产的实木地板；

（8）外购已税汽油、柴油、石脑油、燃料油、润滑油用于连续生产应税成品油；

（9）外购已税摩托车连续生产应税摩托车（如用外购两轮摩托车改装三轮摩托车）。

上述当期准予扣除外购应税消费品已纳消费税税款的计算公式为：

$$当期准予扣除的外购应税消费品已纳税款 = 当期准予扣除的外购应税消费品买价 × 外购应税消费品适用税率$$

$$当期准予扣除的外购应税消费品买价 = 期初库存的外购应税消费品的买价 + 当期购进的应税消费品的买价 - 期末库存的外购应税消费品的买价$$

根据葡萄酒消费税的法规规定，自 2015 年 5 月 1 日起，从葡萄酒生产企业购进、进口葡萄酒连续生产应税葡萄酒的，准予从葡萄酒消费税应纳税额中扣除所耗用应税葡萄酒已缴纳消费税税款。

【例题 3-11·计算题】某地板生产企业，某月初库存外购应税实木地板金额 50 万元，当月又外购应税实木地板金额 300 万元（不含增值税），月末库存实木地板金额 30 万元，其余被当月生产实木地板领用。请计算地板生产企业当月准许扣除的外购实木地板已缴纳的消费税税额。（已知实木地板的消费税税率为 5%）

答案解析：当月准许扣除的外购实木地板买价 =50+300-30=320（万元）

当月准许扣除的外购实木地板已缴纳的消费税税额 =320 ×5% =16（万元）

对自己不生产应税消费品，而只是购进后再销售应税消费品的工业企业，其销售的高档化妆品、鞭炮焰火和珠宝玉石，凡不能构成最终消费品直接进入消费品市场，而需进一步生产加工、包装、贴标或者组合的，应当征收消费税，同时允许扣除上述外购应税消费品的已纳税款。

2. 委托加工收回的消费品已纳税款的扣除

委托加工收回的应税消费品继续生产应税消费品销售的，可按当期生产领用数量从当期应纳消费税税额中扣除，其扣税规定与外购已税消费品连续生产应税消费品的扣税范围、扣税方法、扣税环节相同。

纳税人用委托加工收回的已税珠宝玉石生产的改在零售环节征收消费税的金银首饰，在计税时一律不得扣除委托加工收回的珠宝玉石的已纳消费税税款。

（五）特殊环节应纳消费税的计算

为了引导合理消费，促进节能减排，自 2016 年 12 月 1 日起，在生产（进口）环节按现行税率征收消费税基础上，超豪华小汽车在零售环节加征一道消费税。

（1）征税范围：每辆零售价格 130 万元（不含增值税）及以上的乘用车和中轻型商用客车，即乘用车和中轻型商用客车子税目中的超豪华小汽车。

（2）纳税人：将超豪华小汽车销售给消费者的单位和个人为超豪华小汽车零售环节纳税人。

（3）税率：税率为 10%。

（4）应纳税额的计算：应纳税额 = 零售环节销售额（不含增值税）× 零售环节税率

国内汽车生产企业直接销售给消费者的超豪华小汽车，消费税税率按照生产环节税率和零售环节税率加总计算。其消费税应纳税额计算公式为：

$$应纳税额 = 销售额（不含增值税）×（生产环节税率 + 零售环节税率）$$

任务三 消费税的会计核算

一、会计账户设置

企业按规定应交的消费税，在"应交税费"账户下设置"应交消费税"明细账户核算，"应交消费税"明细账户的借方发生额，反映企业实际缴纳的消费税和待抵扣的消费税；贷方发生额，反映按规定应缴纳的消费税；期末贷方余额，反映尚未缴纳的消费税；期末借方余额反映多缴或待抵扣的消费税。

二、账务基本处理

（一）生产销售应税消费品的会计核算

生产的应税消费品对外销售，在销售实现时，纳税人按照规定计算出的应交消费税税额，借记"税金及附加"账户，贷记"应交税费——应交消费税"账户。实际缴纳消费税款时，借记"应交税费——应交消费税"账户，贷记"银行存款"账户。发生销货退回及退税时做相反的会计分录。

【例题 3-12·核算题】某地板生产企业 2019 年 10 月销售实木地板一批，取得含增值税的销售额 94.355 万元，款项已收，存入银行。已知实木地板增值税税率为 13%，消费税税率为 5%。要求完成地板生产企业的会计核算。

答案解析： 企业应纳消费税 =94.355÷（1+13%）×5%=4.175（万元）

借：银行存款　　　　　　　　　　　　　943 550
　　贷：主营业务收入　　　　　　　　　　　　835 000
　　　　应交税费——应交增值税（销项税额）　108 550
借：税金及附加　　　　　　　　　　　　　41 750
　　贷：应交税费——应交消费税　　　　　　　 41 750

（二）以生产的应税消费品换取生产资料、消费资料、抵偿债务的会计核算

企业以生产的应税消费品换取生产资料、消费资料或抵偿债务，在税法上视同销售行为，并按照纳税人同类消费品的最高售价计算缴纳消费税。以应税消费品换取生产资料、消费资料或抵偿债务时，应按照应税消费品的公允价值和应支付的相关税费作为换入资产成本，借记“固定资产”“在途物资”“应付账款”等账户，贷记“主营业务收入”账户，同时按照同类消费品的最高售价，借记“税金及附加”账户，贷记“应交税费——应交消费税”账户。

【例题 3-13·核算题】2019 年 9 月 30 日，某汽车制造企业（一般纳税人）以自产的小汽车 2 辆换取另一企业（一般纳税人）机器设备，双方按小汽车的平均价 16.95 万元 / 辆（含税价）兑换。已知该小汽车当月最高售价 17.176 万元 / 辆（含税价）。换入的机器设备当月运回，并验收入库。已知小汽车的消费税税率为 5%。双方均向对方开具了增值税专用发票，要求完成汽车制造企业的会计核算。

答案解析： 企业应纳增值税 =16.95×2÷（1+13%）×13%=3.9（万元）

企业应纳消费税 =17.176×2÷（1+13%）×5%=1.52（万元）

借：固定资产　　　　　　　　　　　　　300 000
　　应交税费——应交增值税　　　　　　　 39 000
　　　贷：主营业务收入　　　　　　　　　　　300 000
　　　　　应交税费——应交增值税（销项税额）　39 000
借：税金及附加　　　　　　　　　　　　　15 200
　　贷：应交税费——应交消费税　　　　　　　 15 200

（三）以生产的应税消费品对外投资的会计核算

企业以生产的应税消费品用于投资，在会计上确认收入，在税法上视同销售缴纳消费税。借记“交易性金融资产”“长期股权投资”等账户，贷记“主营业务收入”“应交税费——应交增值税（销项税额）”“应交税费——应交消费税”等账户。

【例题 3-14·核算题】2019 年 11 月，某电池生产企业以一批电池换入某汽车制造企业债券作为短期投资，电池的账面价值（公允价值）为 60 万元，按同月同类产品售价计，该批电池的销

售收入为 70 万元。已知电池的增值税税率为 13%，消费税税率为 4%。要求完成电池生产企业的会计核算。

答案解析： 企业应纳消费税 =70×4%=2.8（万元）

借：交易性金融资产　　　　　　　　　　　　819 000
　　贷：主营业务收入　　　　　　　　　　　　700 000
　　　　应交税费——应交增值税（销项税额）　　91 000
　　　　　　　　——应交消费税　　　　　　　　28 000

（四）自产自用应税消费品的会计核算

自产自用的应税消费品，用于连续生产应税消费品的，不纳税；用于非应税消费品、在建工程、管理部门、非生产机构、提供劳务，以及用于赞助、集资、广告、样品、职工福利等方面时，借记"生产成本""固定资产""在建工程""营业外支出""销售费用""应付职工薪酬"等账户，贷记"主营业务收入""应交税费——应交增值税（销项税额）""应交税费——应交消费税"等账户。

【例题 3-15·核算题】 某酒类生产企业将自产的粮食白酒 10 箱，共 50 千克，用于职工福利。每箱白酒不含税售价 500 元，单位成本 200 元。已知白酒的增值税税率为 13%，比例消费税税率为 20%，定额消费税税率为每 0.5 元 /500 克。要求完成酒类生产企业的会计核算。

答案解析：

企业应纳消费税 =50×2×0.5+500×10×20%=1 050（元）

借：应付职工薪酬　　　　　　　　　　　　　6 700
　　贷：主营业务收入　　　　　　　　　　　　5 000
　　　　应交税费——应交增值税（销项税额）　　650
　　　　　　　　——应交消费税　　　　　　　1 050

（五）委托加工应税消费品的会计核算

委托加工产品收回后直接用于销售的，应将由受托方代收代缴的消费税随同支付的加工费一并计入委托加工的应税消费品成本。具体会计处理时，按照支付的消费税及加工费金额借记"委托加工物资"账户，贷记"银行存款"等账户。

委托加工产品收回后用于连续生产应税消费品的，已经缴纳的消费税款准予抵扣，委托方应将受托方代收代缴的消费税计入"应交税费——应交消费税"账户的借方，待最终的应税消费品缴纳消费税时予以抵扣。

【例题 3-16·核算题】 甲、乙公司均为增值税一般纳税人。2019 年 9 月，甲公司委托乙公司加工一批应交消费税半成品，收回后用于连续生产应税消费品。已知甲公司发出原材料成本 198 万元。10 月，甲公司收回委托加工产品，通过银行存款支付加工费 6 万元、增值税 0.78 万元、消费税 36 万元。要求完成甲公司 10 月的会计核算。

答案解析：

借：委托加工物资　　　　　　　　　　　60 000

　　应交税费——应交增值税（进项税额）7 800

　　　　　　　——应交消费税　　　　　360 000

　　贷：银行存款　　　　　　　　　　　　　　427 800

（六）进口应税消费品的会计核算

进口应税消费品时，由进口者缴纳消费税。因消费税是价内税，缴纳的消费税应计入进口应税消费品的成本。具体会计处理时，按照报关进口时申报缴纳消费税额借记"在途物资""材料采购""库存商品"等账户，贷记"银行存款"账户。

【例题 3-17·核算题】某商贸公司 2019 年 11 月进口一批原酒，收到海关进口关税、增值税和消费税的专用缴款书。已知完税价格是 558 000 元，关税税率为 15%，计税价格为 713 000 元，增值税税率为 13%，消费税税率为 10%。要求完成商贸公司的会计核算。

答案解析：关税 =558 000×15%=83 700（元）

　　　　　　消费税 =（558 000+83 700）÷（1–10%）×10%=71 300（元）

　　　　关税完税价格 + 关税 + 消费税 =558 000+83 700+71 300=713 000（元）

借：库存商品　　　　　　　　　　　713 000

　　应交税费——应交增值税（进项税额）　92 690

　　贷：银行存款　　　　　　　　　　　　　805 690

（七）包装物消费税的会计核算

应税消费品连同包装销售的，无论包装物是否单独计价，均应并入应税消费品的销售额中缴纳消费税，借记"税金及附加"，贷记"应交税费——应交消费税"。

包装物不作价随同产品销售，而是收取押金 (收取酒类产品的包装物押金除外)，因逾期未收回包装物不再退还的或者已收取超过 12 个月的押金，应计算缴纳消费税，借记"税金及附加"，贷记"应交税费——应交消费税"。

包装物既作价随同产品销售，又另外收取押金 (收取酒类产品的包装物押金除外)，在规定期限内没有退还的押金，应计算缴纳消费税，借记"税金及附加"，贷记"应交税费——应交消费税"。

对酒类产品生产企业销售酒类产品 (黄酒、啤酒除外) 而收取的包装物押金，无论押金是否返还与会计上如何核算，均需并入酒类产品销售额中，计算缴纳消费税，借记"其他应付款"，贷记"应交税费——应交消费税"。

【例题 3-18·核算题】某高档化妆品生产企业 2019 年 8 月 20 日销售高档化妆品一批，取得不含税收入 100 万元，款项已通过银行收取。8 月 28 日，没收逾期未收回的包装物押金 2.26 万元。已知增值税税率为 13%，高档化妆品的消费税税率为 15%。要求完成化妆品生产企业的会计核算。

答案解析： 应纳增值税 =22 600÷（1+13%）×13%= 2 600（元）

应纳消费税 =22 600÷（1+13%）×15%= 3 000（元）

借：其他应付款　　　　　　　　　　　　 22 600

　　贷：其他业务收入　　　　　　　　　　　　　　　 20 000

　　　　应交税费——应交增值税（销项税额）　　 2 600

借：税金及附加　　　　　　　　　　　　　 3 000

　　贷：应交税费——应交消费税　　　　　　　　　 3 000

任务四　消费税的纳税申报

一、消费税的征收管理

（一）纳税义务发生时间

消费税纳税义务发生的时间，以货款结算方式或行为发生时间分别确定。

（1）纳税人销售的应税消费品，其纳税义务的发生时间为：

① 纳税人采取赊销和分期收款结算方式的，为书面合同约定的收款日期的当天，书面合同没有约定收款日期或者无书面合同的，为发出应税消费品的当天。

② 纳税人采取预收货款结算方式的，其纳税义务的发生时间，为发出应税消费品的当天。

③ 纳税人采取托收承付和委托银行收款方式销售的应税消费品，其纳税义务的发生时间，为发出应税消费品并办妥托收手续的当天。

④ 纳税人采取其他结算方式的，其纳税义务的发生时间，为收讫销售款或者取得索取销售款凭据的当天。

（2）纳税人自产自用的应税消费品，其纳税义务的发生时间，为移送使用的当天。

（3）纳税人委托加工的应税消费品，其纳税义务的发生时间，为纳税人提货的当天。

（4）纳税人进口的应税消费品，其纳税义务的发生时间，为报关进口的当天。

（二）纳税期限

消费税的纳税期限分别为 1 日、3 日、5 日、10 日、15 日、1 个月或者 1 个季度；纳税人的具体纳税期限，由税务机关根据纳税人应纳税额的大小分别核定；不能按照固定期限纳税的，可以按次纳税。

纳税人以 1 个月或者 1 个季度为 1 个纳税期的，自期满之日起 15 日内申报纳税；以 1 日、3 日、5 日、10 日或者 15 日为 1 个纳税期的，自期满之日起 5 日内预缴税款，于次月 1 日起至 15 日内申报纳税并结清上月应纳税款。

纳税人进口应税消费品，应当自海关填发海关进口消费税专用缴款书之日起 15 日内缴纳税款。

（三）纳税地点

（1）纳税人销售的应税消费品，以及自产自用的应税消费品，除国家另有规定外，应当向纳税人机构所在地或者居住地的主管税务机关申报纳税。

（2）委托加工的应税消费品，除受托方为个人外，由受托方向机构所在地或者居住地的主管税务机关解缴消费税税款。

（3）进口的应税消费品，由进口人或者其代理人向报关地海关申报纳税。

（4）纳税人到外县（市）销售或者委托外县（市）代销自产应税消费品的，于应税消费品销售后，向机构所在地或者居住地主管税务机关申报纳税。

纳税人的总机构与分支机构不在同一县（市），但在同一省（自治区、直辖市）范围内，经省（自治区、直辖市）财政厅（局）、国家税务局审批同意，可以由总机构汇总向总机构所在地的主管税务机关申报缴纳消费税。

二、消费税的纳税申报

消费税纳税申报分为烟类应税消费品消费税申报、酒类应税消费品消费税申报、其他类消费税申报、成品油消费税申报、小汽车消费税申报、电池消费税申报和涂料消费税申报。其中，其他类消费税申报适用于从事高档化妆品、贵重首饰及珠宝玉石、鞭炮焰火、摩托车、高尔夫球及球具、高档手表、游艇、木制一次性筷子、实木地板应税消费品生产、委托加工、零售及零售超豪华小汽车的纳税人。

（一）纳税申报资料

各类消费税纳税人应按规定准备纳税申报必报资料、条件报送资料和留存备查资料。以其他类消费税申报为例，纳税申报所需资料如表3-3所示。

表3-3　纳税申报所需资料

资料名称	必报资料	条件报送资料	留存备查资料
《其他应税消费品消费税纳税申报表》（见表3-4）及附表	√		
享受消费税减免税优惠政策的纳税人提交《本期减（免）税额明细表》1份		√	
外购应税消费品连续生产应税消费品的应提供外购应税消费品增值税专用发票抵扣联			√
外购应税消费品的增值税专用发票属于汇总填开的，应提供随同增值税专用发票取得的由销售方开具并加盖财务专用章或发票专用章的销货清单			√
委托加工收回应税消费品连续生产应税消费品的应提供《代扣代收税款凭证》			√
进口应税消费品连续生产应税消费品的，应提供《海关进口消费税专用缴款书》			√

表 3-4　其他应税消费品消费税纳税申报表

税款所属期：　　年　月　日至　　年　月　日

纳税人名称（公章）：　　　　　　　　　　纳税人识别号：☐☐☐☐☐☐☐☐☐☐☐☐☐☐☐

填表日期：　　年　月　日　　　　　　　　　　　　　　　金额单位：元（列至角分）

应税消费品名称	适用税率	销售数量	销售额	应纳税额
合计	—	—	—	—

	声明 　此纳税申报表是根据国家税收法律的规定填报的，我确定它是真实的、可靠的、完整的。
本期准予扣除税额：	经办人（签章）： 财务负责人（签章）： 联系电话：
本期减（免）税额：	
期初未缴税额：	
本期缴纳前期应纳税额：	（如果你已委托代理人申报，请填写） 　　　　　　　　授权声明 　为代理一切税务事宜，现授权_____ （地址）_____ 为本纳税人的代理申报人，任何与本申报表有关的往来文件，都可寄予此人。 授权人签章：
本期预缴税额：	
本期应补（退）税额：	
期末未缴税额：	

以下由税务机关填写

受理人（签章）：　　　　　受理日期：　　　年　月　日　　　　　受理税务机关（章）：

（二）纳税申报流程

纳税人可以通过两种渠道申报消费税：一种为网上报税，即通过电子税务局、移动终端、自助办税终端办理；另一种为上门报税，即到办税服务厅办理。

上门报税的具体流程如下。

（1）确定申报时间。

（2）领取申报表。纳税人按所属类型到办税服务厅申报纳税窗口领取相应的消费税纳税申报表及附表，或到税务局网站下载、打印，依填报说明填写纸质报表。

（3）办理申报。纳税人持填写好的《消费税纳税申报表》和相关资料到办税服务厅申报窗口进行申报。

（4）缴纳税款。经税务机关审核，纳税人提供的资料完整、填写内容准确、各项手续齐全、无违章问题，符合条件的，当场办结，并在《消费税纳税申报表》上签章，返还一份给纳税人。当期申报有税款的，纳税人需缴纳税款，税务机关确认税款缴纳后开具完税凭证予以办结。

（三）填写消费税纳税申报表

1. 消费税纳税申报表填写方法（以《其他类应税消费品消费税纳税申报表》为例）

（1）"税款所属期"是指纳税人申报的消费税应纳税额的所属时间，应填写具体的起止年、月、日。

（2）"纳税人识别号"栏，填写纳税人的税务登记证号码。

（3）"纳税人名称"栏，填写纳税人单位名称全称。

（4）"应税消费品名称"和"适用税率"按照消费税税目、税率填写。

（5）"销售数量"为按规定的当期应申报缴纳消费税的应税消费品销售（不含出口免税）数量。计量单位是：摩托车为辆；超豪华小汽车为辆；高档手表为只；游艇为艘；实木地板为平方米；木制一次性筷子为万双；高档化妆品、贵重首饰及珠宝玉石（含金银首饰、铂金首饰、钻石及钻石饰品）、鞭炮焰火、高尔夫球及球具按照纳税人实际使用的计量单位填写并在本栏中注明。

（6）"销售额"为规定的当期应申报缴纳消费税的应税消费品销售（不含出口免税）收入。

（7）根据规定，本表"应纳税额"计算公式为：

$$应纳税额＝销售额×适用税率$$

（8）"本期准予扣除税额"填写按税收法规规定本期外购或委托加工收回应税消费品后连续生产应税消费品准予扣除的消费税应纳税额。其准予扣除的消费税应纳税额情况，需填报本表附1《本期准予扣除税额计算表》予以反映。

（9）"本期减（免）税额"不含出口退（免）税额。

（10）"期初未缴税额"填写本期期初累计应缴未缴的消费税税额，多缴为负数。其数值等于上期申报表"期末未缴税额"。

（11）"本期缴纳前期应纳税额"填写本期实际缴纳入库的前期应缴未缴消费税税额。

（12）"本期预缴税额"填写纳税申报前纳税人已预先缴纳入库的本期消费税税额。

（13）"本期应补（退）税额"填写纳税人本期应纳税额中应补缴或应退回的数额，计算公式如下，多缴为负数：

$$本期应补（退）税额＝应纳税额（合计栏金额）－本期准予扣除税额－本期减（免）税额－本期预缴税额$$

（14）"期末未缴税额"填写纳税人本期期末应缴未缴的消费税税额，计算公式如下，多缴为负数：

$$期末未缴税额＝期初未缴税额＋本期应补（退）税额－本期缴纳前期应纳税额$$

（15）本表为A4竖式，所有数字小数点后保留两位。一式二份，一份纳税人留存，一份税务机关留存。

2. 消费税纳税申报表填写实训

浙江宁波 RH 化妆品生产有限责任公司是一家生产、销售高档化妆品的生产企业，为增值税一般纳税人。公司位于宁波市北仑区泰和大道×××号，基本账户开户银行为宁波银行 QH 支行，银行账号为 313356788765，纳税人识别号为 12335644665789××××，公司法定代表人是刘××，办税员为王××。

公司以人民币为记账本位币（核算中金额计算保留至分位），记账文字为中文。公司销售商品增值税税率为 13%，消费税税率为 15%。公司当期取得的增值税专用发票，按照增值税规定当期准予抵扣的，均已认证且于当期一次性抵扣。

2019 年 11 月，公司发生下列业务：

（1）销售一批高档化妆品，开出增值税专用发票，发票列明金额 100 万元，税额 13 万元，款项已存入银行。

（2）没收逾期未归还的高档化妆品包装物押金 2.26 万元。

（3）将自产高档化妆品一批以福利形式发放给职工，按同类产品不含税售价计算，价款为 6 万元，成本为 3.5 万元。

（4）受托加工高档化妆品一批，委托方提供原材料 22 万元，本企业收取加工费 8 万元，本企业无同类高档化妆品销售价格。

（5）将化妆品、护肤品、护发品装入盒内作为礼品送给客户单位，已知成本价为 2.8 万元，不含税售价为 4.2 万元。

要求：根据上述业务资料填制其他应税消费品消费税纳税申报表（见表 3-5）。

表 3-5　其他应税消费品消费税纳税申报表

税款所属期：2019 年 11 月 1 日 至 2019 年 11 月 30 日
纳税人名称（公章）：浙江宁波 RH 化妆品生产有限责任公司
纳税人识别号：| 1 | 2 | 3 | 3 | 5 | 6 | 4 | 4 | 6 | 6 | 5 | 7 | 8 | 9 | × | × | × | × |
填表日期：2019 年 12 月 10 日　　　　　　　　　　　　　　　　金额单位：元（列至角分）

应税 消费品名称	适用税率	销售数量	销售税额	应纳税额
高档化妆品	15%		1 122 000	168 300
合计	—	—	—	

续　表

本期准予扣除税额：	**声明** 　　此纳税申报表是根据国家税收法律的规定填报的，我确定它是真实的、可靠的、完整的。
本期减（免）税额：	经办人（签章）： 财务负责人（签章）： 联系电话：
期初未缴税额：	
本期缴纳前期应纳税额：	（如果你已委托代理人申报，请填写） 授权声明
本期预缴税额：	为代理一切税务事宜，现授权＿＿＿＿＿＿＿＿
本期应补（退）税额：	＿＿＿＿＿＿＿（地址）＿＿＿＿＿＿＿＿＿＿为本纳税人的代理申报人，任何与本申报表有关的往来文件，都可寄予此人。
期末未缴税额：	授权人签章：

以下由税务机关填写
受理人（签章）：　　　　　　受理日期：　年 月 日　　　　　　受理税务机关（章）：

课后习题

一、单项选择题

1. 甲汽车厂将 1 辆生产成本为 5 万元的自产小汽车用于抵偿债务，同型号小汽车不含增值税平均售价为 10 万元 / 辆，不含增值税最高售价为 12 万元 / 辆。已知小汽车消费税税率 5%。甲汽车厂该笔业务应缴纳消费税税额的下列计算列式中，正确的是（　　　）。
   A. $1 \times 10 \times 5\% = 0.5$ 万元
   B. $1 \times 12 \times 5\% = 0.6$ 万元
   C. $1 \times 5 \times 5\% = 0.25$ 万元
   D. $1 \times 5 \times (1+5\%) \times 5\% = 0.262\ 5$ 万元

2. 根据消费税法律制度的规定，下列各项中，应缴纳消费税的是（　　　）。
   A. 汽车厂销售雪地车
   B. 手表厂销售高档手表
   C. 珠宝店销售珍珠项链
   D. 商场销售木制一次性筷子

3. 现行消费税规定，委托加工应税消费品，一般由受托方代收代缴消费税，但个别情况由委托方回原地纳税。下列情形中，委托方应回原地纳税的是（　　　）。
   A. 受托方是外商投资企业
   B. 受托方是国有企业
   C. 受托方是个体经营者
   D. 受托方是股份制企业

4. 根据消费税法律制度的规定，下列消费品中，实行从价定率和从量定额相结合的复合计征办法征收消费税的是（　　　）。
   A. 高档化妆品　　　　B. 高档手表
   C. 汽油　　　　　　　D. 白酒

5. 某珠宝生产企业本期外购珠宝取得增值税专用发票上注明价款 100 000 元，该珠宝企业本期领用 20% 的珠宝生产贵重首饰，生产出贵重首饰对外销售，取得不含税销售额 200 000 元。

已知珠宝消费税税率为 10%。则该企业当期应纳消费税为（　　）。

A. 0

B. 200 000×10%+100 000×10%=30 000 元

C. 200 000×10%-100 000×10%=10 000 元

D. 200 000×10%-100 000×20%×10%=18 000 元

6. 纳税人采取预收货款结算方式销售应税消费品的，其纳税义务发生时间为（　　）。

A. 签订销售合同的当天

B. 收到预收货款的当天

C. 发出应税消费品的当天

D. 开具预收款发票的当天

7. 某外贸进出口公司 2019 年 3 月进口 100 辆小轿车，每辆车关税完税价格为人民币 14.3 万元，缴纳关税 4.7 万元。已知小轿车适用的消费税税率为 5%。该批进口小轿车应缴纳的消费税税额为（　　）。

A. 14.3×5%×100=71.5 万元

B. (14.3+4.7)×5%×100=95 万元

C. 14.3÷(1-5%)×5%×100=75.26 万元

D. (14.3+4.7)÷(1-5%)×5%×100=100 万元

8. 关于消费税的有关规定，下列陈述不正确的是（　　）。

A. 用于抵偿债务的应税消费品，使用最高销售价格作为计税依据

B. 啤酒包装物押金逾期时，缴纳消费税

C. 自产自用应税消费品的，计税数量为应税消费品的移送使用数量

D. 酒类生产企业向商业销售单位收取的"品牌使用费"缴纳消费税

9. 下列业务中应纳消费税的是（　　）。

A. 委托加工的粮食白酒（受托方已代收代缴消费税），委托方收回后以不高于受托方的计税价格销售的

B. 自产自用的小汽车，用于连续生产豪华小汽车

C. 委托个体经营者加工的高档化妆品，委托方收回后用于连续加工

D. 自产子午线轮胎，用于在建工程车辆的

10. 根据消费税的规定，下面理解错误的是(　　)。

A. 纳税人生产的应税消费品，于生产时纳税

B. 纳税人自产的应税消费品，用于连续生产应税消费品的，不纳税

C. 纳税人自产自用的应税消费品，除用于连续生产应税消费品外的其他方面的，于移送使用时纳税

D. 进口的应税消费品，于报关进口时纳税

二、多项选择题

1. 根据消费税法律制度的规定，纳税人自产的应税消费品用于下列项目，应按照同类产品的最高销售价格计算缴纳消费税的有（　　）。

A. 换取生产资料

B. 投资入股

C. 抵偿债务

D. 将不同税率的应税消费品组成成套消费品销售

2. 甲公司是一家卷烟厂，2020 年 8 月从烟农乙手中收购一批烟叶，并将之委托给丙公司加工成烟丝，收回后一半直接出售给 A 企业，一半用于连续生产卷烟，并将生产出的卷烟销售给丁卷烟批发公司，丁公司又将卷烟销售给戊卷烟批发公司，戊公司又将其批发给 B、C、D 等多家卷烟零售企业，则下列关于消费税的说法中错误的有（　　）。

A. 在将烟丝出售给 A 企业的业务中，甲公司是消费税的纳税人

B. 在用烟丝加工卷烟的活动中，甲公司是消费税的纳税人

C. 在向丁公司销售卷烟的业务中，甲公司是消费税的纳税人

D. 在向戊公司的销售业务中，丁公司是消费税的纳税人

3. 根据消费税法律制度的规定，下列货物销售应征收消费税的有（　　）。

A. 汽车销售公司代销小汽车

B. 汽车修理厂销售汽车轮胎

C. 金店零售金银首饰

D. 手表厂生产销售高档手表

4. 下列消费品中，征收消费税的有（　　）。
　　A. 实木复合地板　　B. 电动汽车
　　C. 高尔夫球杆　　　D. 农用拖拉机专用轮胎

5. 根据消费税法律制度的规定，下列应税消费品中，实行从价定额计征消费税的有（　　）。
　　A. 涂料　B. 柴油　C. 电池　D. 黄酒

6. 某化妆品生产企业，销售高档化妆品的同时，向购买方收取的以下款项，属于价外费用性质的收入有（　　）。
　　A. 手续费
　　B. 返还利润
　　C. 承运部门的运输费用发票开具给购买方由销售方转交的运费
　　D. 违约金

7. 下列各项关于从量计征消费税计税依据确定方法的表述中，正确的有（　　）。
　　A. 销售应税消费品的，为应税消费品的销售数量
　　B. 进口应税消费品的为海关核定的应税消费品数量
　　C. 以应税消费品投资入股的，为应税消费品移送使用数量
　　D. 委托加工应税消费品的，为加工完成的应税消费品数量

8. 根据消费税法律制度的有关规定，纳税人外购和委托加工的特定应税消费品，用于继续生产应税消费品的，已缴纳的消费税税款准予从应纳消费税税额中抵扣，下列各项中，可以抵扣已缴纳的消费税的有（　　）。
　　A. 外购的已税高档化妆品原料用于生产高档化妆品
　　B. 委托加工收回的烟丝用于生产卷烟
　　C. 外购的已税汽车用于改装成小货车
　　D. 外购的已税润滑油用于生产润滑油

9. 下列关于消费税纳税义务发生时间的表述中，正确的有（　　）。
　　A. 纳税人采取托收承付和委托银行收款方式的，为发出应税消费品并办妥托收手续的当天

B. 纳税人自产自用应税消费品的，为移送使用的当天
C. 纳税人委托加工应税消费品的，为纳税人提货的当天
D. 纳税人进口应税消费品的，为报关进口的当天

10. 下列关于消费税纳税地点的说法中，正确的有（　　）。
　　A. 进口应税消费品，由进口人在其机构所在地申报纳税
　　B. 一般情况下，纳税人的总机构与分支机构不在同一县（市）的，应当分别向各自机构所在地的税务机关申报纳税
　　C. 委托加工的应税消费品，受托方为个人的，由委托方向机构所在地的税务机关申报纳税
　　D. 纳税人销售的应税消费品，以及自产自用的应税消费品，除国务院财政、税务部门另有规定外，应当向纳税人机构所在地或者居住地的税务机关申报纳税

三、判断题

1. 某卷烟厂通过自设独立核算门市部销售自产卷烟，应当按照门市部对外销售额或销售数量计算征收消费税。（　　）

2. 纳税人自产自用的应税消费品，用于连续生产应税消费品的，不纳税；用于其他方面的，于移送使用时纳税。（　　）

3. 我国的消费税主要在生产和委托加工环节课征，实行单一环节征税，批发、零售等环节一律不征收消费税。（　　）

4. 消费税税目中润滑油的征收范围包括矿物性润滑油、矿物性润滑油基础油、植物性润滑油、动物性润滑油和化工原料合成润滑油。（　　）

5. 实行从价计征办法征收消费税的应税消费品，对包装物既作价随同应税消费品销售，又另外收取押金的包装物的押金，凡纳税人在规定的期限内没有退还的，均应并入应税消费品的销售额，按照应税消费品的适用税率缴纳消费税。（　　）

四、计算题

1. 甲卷烟厂为增值税一般纳税人，受托加工一批烟丝，委托方提供的烟叶成本为 47 460 元，甲卷烟厂收取含增值税加工费为 2 373 元。已知增值税税率为 13%，消费税税率为 30%，无同类烟丝销售价格，要求计算甲卷烟厂该笔业务应代收代缴消费税税额。

2. 某白酒厂 2020 年春节前，将新研制的粮食白酒 1 吨作为过节福利发放给员工饮用，该粮食白酒无同类产品市场销售价格。已知该批粮食白酒生产成本 20 000 元，成本利润率为 5%，白酒消费税比例税率为 20%；定额税率为 0.5 元/500克。要求计算该批粮食白酒应纳消费税税额。

3. 某卷烟厂为增值税一般纳税人，2020 年 8月发生如下经济业务：

（1）从烟农处购进一批烟叶，收购价款为100 万元；

（2）将库存价值 100 万元的烟叶委托乙厂加工成烟丝，支付不含税加工费 10 万元；已知该卷烟厂同类烟丝不含税售价 200 万元，乙厂同类烟丝不含税售价 210 万元。

（3）领用收回的全部烟丝继续加工生产卷烟300 箱；

（4）当月卷烟全部对外销售，取得不含税销售额 1 000 万元。

已知，卷烟消费税定额税率为每箱 150 元，比例税率为 56%，烟丝消费税税率为 30%，烟叶税率为 20%。价外补贴按烟叶收购价款的 10%计入收购金额。

要求：

（1）计算卷烟厂委托加工烟丝，受托方应当代收代缴的消费税。

（2）计算该卷烟厂当月对外销售卷烟应当缴纳的消费税。

4. 某化妆品生产企业为增值税一般纳税人，2020 年 7 月发生下列业务：

（1）从国外进口一批香水精，支付给国外的货价为 98 万元、国外税金为 8.9 万元、自己的采购代理人佣金为 1 万元、运抵我国海关前的运费和保险费为 15 万元（取得海关填发的增值税专用缴款书）。

（2）进口生产化妆品的机器设备一套，支付给国外的货价 13 万元、运抵我国海关前的运杂费和保险费 2 万元（取得海关填发的增值税专用缴款书）。香水精和机器设备均验收入库。

（3）本月内企业将进口香水精的 80% 生产加工为香水 6 800 件，对外销售 6 000 件，取得含税销售额 260 万元。

（4）向消费者零售 800 件，取得含税销售额49 万元。

化妆品的进口关税税率 40%、消费税税率15%，以上化妆品均为高档化妆品；机器设备的进口关税税率 20%；增值税税率 13%。

要求：根据上述资料，计算回答下列问题：

（1）计算进口香水精的关税完税价格。

（2）计算进口香水精的关税。

（3）计算进口香水精的组成计税价格。

（4）计算进口香水精缴纳的消费税。

（5）计算该企业当月国内生产销售环节应缴纳的消费税。

项目四
关税纳税实务

学习目标

知识目标：

- 了解关税纳税人、征税范围及税率规定。
- 掌握关税应纳税额的计算方法。
- 掌握关税会计核算的方法。
- 掌握关税纳税申报的方法。

能力目标：

- 能准确计算关税应纳税额。
- 能完成关税会计核算。
- 能完成关税的纳税申报。

项目关键词

- 关境　到岸价　关税完税价格

任务一　关税认知

一、关税的概念、特点与分类

（一）概念

关税是对进出国境或关境的货物、物品征收的一种税。

关境又称税境，是指一国海关法规可以全面实施的境域。国境是一个主权国家的领土范围。在通常情况下，一国的关境与其国境的范围是一致的，关境即国境。但由于自由贸易港、自由贸易区和关税同盟的存在，关境与国境有时不完全一致。当在国境内设立自由贸易港、自由贸易区、保税区、保税仓库时，关境小于国境；当几个国家结成关税同盟，成员国之间取消关税，对外实行共同关税时，关境大于国境。

（二）特点

（1）关税征收的对象是进出境的货物或物品。

（2）关税是单一环节的税种。在征收一次性关税后，货物就可以在整个关境内流通，不再另行征收关税。

（3）海关是关税的征收管理机构。

（三）分类

（1）按征税对象分，关税分为进口税、出口税和过境税。我国目前对进出境货物征收的关税分为进口税和出口税两类。

（2）按征税标准分，关税分为从量税、从价税。此外，各国常用的征税标准还有复合税、滑准税、选择税。

① 从量税。从量税是指以征税对象的数量、重量等计量单位为计税标准，按每一个计量单位预先制定的税额计征的关税。我国目前对原油、啤酒等进口商品征收从量税。

② 从价税。从价税是指以征税对象的价格为计税依据，根据税率按一定比例计征的关税。目前，我国海关计征关税标准主要是从价税。

③ 复合税。复合税是指对一种进口货物同时制定从价、从量两种方式，分别计算出税额，以两个税额之和作为该货物应纳税额的一种关税。我国目前对录像机、放像机、摄像机等进口商品征收复合税。

④ 滑准税。滑准税是根据货物的不同价格适用不同税率的一类特殊的从价关税。简单地讲，就是进口货物的价格越高，其进口关税税率越低；进口货物的价格越低，其进口关税税率越高。

⑤ 选择税。选择税是对一种进口货物同时定有从价税和从量税两种税率，但征税时选择其税额较高的一种征税。

二、关税的纳税人与征税对象

（一）纳税人

《中华人民共和国海关法》规定，进口货物的收货人、出口货物的发货人、进出境物品的所有人，是关税的纳税人。

货物的纳税人具体包括：① 外贸进出口公司；② 工贸或农贸结合的进出口公司；③ 其他经批准经营进出口商品的企业。

物品的纳税人具体包括：① 入境旅客随身携带的行李、物品的持有人；② 各种运输工具上服务人员入境时携带自用物品的持有人；③ 馈赠物品以及其他方式入境个人物品的所有人；④ 个人邮递物品的收件人。

接受纳税人委托办理货物报关等有关手续的代理人，可以代办纳税手续。

（二）征税对象

关税的征税对象是进出境的货物、物品。凡准许进出口的货物，除国家另有规定的以外，均应由海关征收进口关税或出口关税。对从境外采购进口的原产于中国境内的货物，也应按规定征收进口关税。

三、关税税目和税率

（一）关税税目

关税的税目、税率都由《中华人民共和国海关进出口税则》（以下简称《海关进出口税则》）规定。它包括三个主要部分：归类总规则、进口税率表、出口税率表，其中归类总规则是进出口货物分类具有法律效力的原则和方法。

《海关进出口税则》中的商品分类目录为关税税目。按照《海关进出口税则》归类总规则及其归类方法，每一种商品都能找到一个最适合的对应税目。

（二）关税税率

1. 税率的种类

关税的税率分为进口税率和出口税率两种。其中进口税率又分为普通税率、最惠国税率、协定税率、特惠税率、关税配额税率和暂定税率。进口货物适用何种关税税率是以进口货物的原产地为标准的。

（1）普通税率。对原产于未与我国共同适用最惠国条款的世界贸易组织成员，未与我国订有相互给予最惠国待遇、关税优惠条款贸易协定和特殊关税优惠条款贸易协定的国家或者地区的进口货物，以及原产地不明的货物，按照普通税率征税。

（2）最惠国税率。对原产于与我国共同适用最惠国条款的世界贸易组织成员的进口货物，原产于与我国签订含有相互给予最惠国待遇的双边贸易协定的国家或者地区的进口货物，以及原产于我国的进口货物，按照最惠国税率征税。

（3）协定税率。对原产于与我国签订含有关税优惠条款的区域性贸易协定的国家或地区的进口货物，按协定税率征税。

（4）特惠税率。对原产于与我国签订含有特殊关税优惠条款的贸易协定的国家或地区的进口货物，按特惠税率征收。

（5）关税配额税率。关税配额税率是指关税配额限度内的税率。关税配额是进口国限制进口货物数量的措施，把征收关税和进口配额相结合以限制进口。对于在配额内进口的货物可以适用较低的关税配额税率，对于配额之外的则适用较高税率。

（6）暂定税率。暂定税率是在最惠国税率的基础上，对于一些国内需要降低进口关税的货物以及出于国际双边关系的考虑需要个别安排的进口货物，可以实行暂定税率。

2. 税率的确定

进出口货物应当依照《海关进出口税则》规定的归类原则归入合适的税号，按照适用的税率征税。其中：

（1）进出口货物，应当按照收发货人或者他们的代理人申报进口或者出口之日实施的税率征税；

（2）进口货物到达前，经海关核准先行申报的，应当按照装载此货物的运输工具申报进境之日实施的税率征税；

（3）进出口货物的补税和退税，适用该进出口货物原申报进口或者出口之日所实施的税率。

 ## 任务二　关税应纳税额的计算

一、进口货物完税价格的确定

关税按计税标准分类时，有一类叫从价税。从价税关税税额计算公式为：

$$从价税应纳关税税额 = 关税完税价格 \times 适用关税税率$$

关税完税价格就是计税依据。关税完税价格是指经海关审定的，作为进出口货物课税标准的海关价格。关税完税价格分为进口货物完税价格和出口货物完税价格。

确定完税价格有两种办法：一般情况下，是以进出口货物的成交价格为基础审查确定的；在没有成交价格的情况下，完税价格需要进行估定。海关计算关税时，主要用第一种方法确定完税价格。

（一）以成交价格为基础审查确定的进口货物完税价格

1. 进口货物完税价格概念

进口货物的完税价格，由海关以该货物的成交价格为基础审查确定，并应当包括货物运抵中华人民共和国境内输入地点起卸前的运输及相关费用、保险费。

进口货物完税价格由三个要素构成：货物成本、从境外港口运至境内输入地点（港口）起卸前的运输及其相关费用（包装费等）、保险费。其中还应包括为了在境内生产、制造、使用或出版、发行的目的而向境外支付的与该进口货物有关的专利、商标、著作权，以及专有技术、计算机软件和资料等费用。

2. 进口货物成交价格形式

所谓成交价格是进口货物的买方为购买该项货物向卖方实际支付或应当支付的价格。在货物成交过程中，进口人在成交价格外另支付给卖方的佣金，应计入成交价格，而向境外采购代理人支付的买方佣金则不能列入，如已包括在成交价格中应予以扣除；卖方付给进口人的正常回扣，应从成交价格中扣除。卖方违反合同规定延期交货的罚款，卖方在货价中冲减时，罚款则不能从成交价格中扣除。

按照卖方是否代理运输和保险业务，形成了三种进口货物成交价格形式。

（1）到岸价格（Cost Insurance and Freight，CIF）。到岸价格是指包括货价以及货物运抵我国关境内输入地点起卸前的包装费、运费、保险费和其他劳务费等费用构成的一种价格。

（2）成本加运费价格（Cost and Freight，CFR）。成本加运费价格意思为成交价格中包含货物成本和运输及其相关费用。

（3）离岸价格（Free on Board，FOB）。离岸价格意思为以货物成本成交。在这种成交方式下，运输和保险事宜均由买方自己处理。

3. 以成交价为基础的进口货物完税价格的确定

（1）以到岸价格（CIF）成交。海关将以审定的到岸价格作为进口货物完税价格，计算公式为：

$$完税价格 = 到岸价格$$

（2）以成本加运费价格（CFR）成交。海关在确定进口货物完税价格时，除审查确定成交价格外，还要计入保险费。计算公式为：

$$完税价格 = 成本加运费价格 + 保险费 = 成本加运费价格 \div （1 - 保险费率）$$

（3）以离岸价格（FOB）成交。海关在确定进口货物完税价格时，除审查确定成交价格外，还要计入运输及相关费用和保险费。计算公式为：

$$完税价格 = 成本 + 运费及相关费用 + 保险费$$

或：

$$完税价格 = （成本 + 运费及相关费用） \div （1 - 保险费率）$$

【例题 4-1·计算题】某公司从德国进口一批机械产品，CFR 价为 80 万美元，保险费率为 0.3%，另支付购货佣金 1.4 万美元，起卸后运费为人民币 2 000 元。当日汇率为 1∶6.86。计算关税的完税价格。

答案解析：完税价格 =80÷（1-0.3%）×6.86=550.4514（万元）

（二）海关估定进口货物完税价格

进口货物的价格不符合成交价格或成交价格不能确定的，海关可依照以下方法及顺序估定完税价格。

（1）相同货物成交价格估价方法。指与该货物同时或者大约同时向中华人民共和国境内销售的相同货物的成交价格。

（2）类似货物成交价格估价方法。指与该货物同时或者大约同时向中华人民共和国境内销售的类似货物的成交价格。

（3）倒扣价格估价方法。指海关以进口货物、相同或者类似进口货物在境内的销售价格为基础，扣除境内发生的有关费用后，审查确定进口货物完税价格的估价方法。

（4）计算估价方法。指海关按下列各项的总和计算：生产该货物所使用的料件成本和加工费用，向境内销售同等级或者同种类货物通常的利润和一般费用，该货物运抵境内输入地点起卸前的运输及相关费用、保险费。

（5）合理估价方法。指当海关不能采用上述方法时，以客观量化的数据资料为基础审查确定进口货物完税价格的估价方法。

（6）对于某些特殊、灵活的贸易方式（如寄售等）下进口的货物，在进口时没有"成交价格"可作依据，为此，《中华人民共和国进出口关税条例》（以下简称《进出口关税条例》）对这些进口货物制定了确定其完税价格的方法。

① 运往境外加工的货物的完税价格，按以下顺序确定：

出境时已向海关报明，并在海关规定期限内复运进境的，以加工后货物进境时的到岸价格与原出境货物价格的差额作为完税价格。

如无法得到原出境货物的到岸价格，可以用原出境货物相同或类似货物在进境时的到岸价格，或用原出境货物申报出境时的离岸价格代替。

如果上述两种方法都不行，则可用原出境货物在境外支付的工缴费加上运抵中国关境输入地点起卸前的包装费、运费、保险费和其他劳务费等作为完税价格。

② 运往境外修理的机械器具、运输工具或者其他货物的完税价格。出境时已向海关报明并在海关规定期限内复运进境的，以经海关审定的修理费和料件费作为完税价格。

③ 租借和租赁进口货物的完税价格。以租借、租赁方式进境的货物，以海关审查确定的货物租金作为完税价格。

④ 对于国内单位留购的进口货样、展览品和广告陈列品，以留购价格作为完税价格。但对于留购货样、展览品和广告陈列品的买方，除按留购价格付款外，又直接或间接给卖方一定利益的，海关可以另行确定上述货物的完税价格。

⑤ 逾期未出境的暂进口货物的完税价格。对于经海关批准暂时进口的施工机械、工程车辆、供安装使用的仪器和工具、电视或电影摄制机械，以及盛装货物的容器等，如入境超过半年仍

留在国内使用的，应自第 7 个月起，按月征收进口关税，其完税价格按原货进口时的到岸价格确定，每月的税额计算公式为：

$$每月关税 = 货物原到岸价格 \times 关税税率 \times 1 \div 48$$

二、出口货物完税价格的确定

（一）以成交价格为基础审查确定的出口货物完税价格

1. 以离岸价格（FOB）成交

海关以审查确定的离岸价格，扣除出口关税后作为完税价格。出口货物的完税价格是不含关税的离岸价格。计算公式为：

$$出口货物完税价格 = 离岸价格 \div （1+ 出口关税税率）$$

2. 以成本加运费价格（CFR）成交

如果出口货物是以成本加运费价格成交的，在计算完税价格时，先要将运费从成交价格中剔除，再套用以离岸价格计算完税价格的公式。计算公式为：

$$出口货物完税价格 = （成本加运费价格 - 运费）\div （1+ 出口关税税率）$$

3. 以到岸价格（CIF）成交

如果出口货物是以到岸价格成交的，在计算完税价格时，先要将运费和保险费从成交价格中剔除，再套用以离岸价格计算完税价格的公式。计算公式为：

$$出口货物完税价格 = （到岸价格 - 运费 - 保险费）\div （1+ 出口关税税率）$$

【例题 4-2·计算题】某公司出口一批机械产品，出口总价为 30 万美元 CIF（到岸价格），其中从宁波北仑港运至洛杉矶港的海运运费为 2 600 美元，保险费率为 1.5%。该批货物的出口关税暂定税率为 10%。税款以人民币支付。结汇时，银行外汇买入价为 1 美元折合人民币 6.84 元。计算出口货物的完税价格。

答案解析：

（1）保险费 =300 000 × 1.5%=4 500（美元）。

（2）完税价格 = （到岸价格 - 运费 - 保险费）÷ （1+ 出口关税税率）= （300 000–2 600–4 500）× 6.83 ÷ （1+10%）=1 818 642.73（元）。

（二）海关估定出口货物完税价格

（1）与该货物同时或者大约同时向同一国家或者地区出口的相同货物的成交价格。

（2）与该货物同时或者大约同时向同一国家或者地区出口的类似货物的成交价格。

（3）按照下列各项总和计算的价格：境内生产相同或者类似货物的料件成本、加工费用，通常的利润和一般费用，境内发生的运输及其相关费用、保险费。

（4）以合理方法估定的价格。

离岸价格应以该项货物运离关境前的最后一个口岸的离岸价格为实际离岸价格。若该项货物从内地起运，则从内地口岸至最后出境口岸所支付的国内段运输费用应予扣除。

离岸价格不包括装船以后发生的费用。出口货物在成交价格以外支付给国外的佣金应予扣除，未单独列明的则不予扣除。出口货物在成交价格以外，买方还另行支付的货物包装费，应计入成交价格。当离岸价格不能确定时，完税价格由海关估定。

三、关税应纳税额的计算

（一）从价税应纳税额的计算

从价税是以进（出）口货物的完税价格作为计税依据。进（出）口货物应纳关税税额的计算公式为：

$$关税税额 = 应税进（出）口货物数量 \times 单位完税价格 \times 税率$$

（二）从量税应纳税额的计算

从量税是以进（出）口货物的数量为计税依据的一种关税计征方法。进（出）口货物应纳关税税额的计算公式为：

$$关税税额 = 应税进（出）口货物数量 \times 关税单位税额$$

（三）复合税应纳税额的计算

复合税是对某种进（出）口货物同时使用从价和从量计征的一种关税计征方法。进（出）口货物应纳关税税额的计算公式为：

$$关税税额 = 应税进（出）口货物数量 \times 关税单位税额 + 应税进（出）口货物数量 \times 单位完税$$
$$价格 \times 适用税率$$

（四）滑准税应纳税额的计算

对实行滑准税率的进（出）口货物应纳关税税额的计算方法与从价税的计算方法相同。

$$关税税额 = 应税进（出）口货物数量 \times 单位完税价格 \times 滑准税税率$$

【例题 4-3·计算题】某商场进口一批高档美容修饰类化妆品。该批货物在国外的买价为 110 万元，货物运抵我国入关前发生的运输费、保险费和其他费用分别为 10 万元、6 万元、4 万元。货物报关后，该商场按规定缴纳了进口环节的增值税和消费税并取得了海关开具的税款缴款书。该批货物的进口关税税率为 20%。计算该批化妆品进口环节应缴纳的关税。

答案解析：

（1）关税完税价格 =110+10 +6 +4=130（万元）。

（2）应缴纳进口关税 =130 ×20%=26（万元）。

任务三 关税的会计核算

企业办理进出口业务有两种方式: 一种是企业自己办理货物进出口业务, 即自营进出口业务; 另一种是有进出口经营权的外贸企业代理其他企业办理进出口业务, 即代理进出口业务。

一、自营进出口业务关税的会计核算

(一)自营进口业务

自营进口业务是指企业直接从国外进口原材料、生产设备或其他商品。

根据规定, 进口关税构成进口货物的采购成本。企业在计算应缴纳的进口关税时, 应借记"材料采购""原材料""固定资产"等账户, 贷记"应交税费——应交进口关税"等账户; 实际缴纳时, 借记"应交税费——应交进口关税"账户, 贷记"银行存款"账户。也可以不通过"应交税费——应交进口关税"账户, 直接贷记"银行存款"账户。

【例题4-4·核算题】某公司2019年9月11日自营进口货物一批, 到岸价格为58 000美元, 折合人民币400 000元。审核申报价格, 符合"成交价格"条件, 确定进口关税税率为40%, 海关代征13%的增值税, 货物已入库。该货物作公司的原材料。要求完成某公司的会计核算。

答案解析:

(1)计算应缴纳关税及采购成本:

应缴纳关税 =400 000×40%=160 000(元)。

货物采购成本 =400 000+160 000=560 000(元)。

借:原材料 160 000

贷:应交税费——应交进口关税 160 000

(2)以银行存款缴纳进口关税时:

借:应交税费——应交进口关税 160 000

贷:银行存款 160 000

(二)自营出口业务

为鼓励产品出口, 国家对大部分出口货物不征出口关税。若企业自营出口的货物属于应纳关税的货物, 则支付的关税应看作企业为销售该货物支付的费用, 因为是税费, 因此计入"税金及附加"账户。

【例题4-5·核算题】承【例题4-2·计算题】, 某公司出口一批机械产品, 出口总价为30万美元到岸价格(CIF), 其中从宁波北仑港运至洛杉矶港的海运运费为2 600美元, 保险费率为1.5%。该批货物的出口关税暂定税率为10%。税款以人民币支付。结汇时, 银行外汇买入价为1美元折合人民币6.84元。假定不考虑增值税, 要求完成某公司的会计核算。

答案解析：

（1）按到岸价格计算收入 =300 000×6.84=2 052 000（元）。

借：应收账款　　　　　　　　　　　　2 052 000

　　贷：主营业务收入　　　　　　　　　　　　　2 052 000

（2）将运保费从收入中扣除。

$$（2 600+4 500）×6.84=48 564（元）$$

借：主营业务收入　　　　　　　　　　48 564

　　贷：应收账款　　　　　　　　　　　　　　　48 564

（3）计算应缴纳关税 =1 818 642.73×10%=181 864.27（元）。

借：税金及附加　　　　　　　　　　　181 864.27

　　贷：应交税费——应交出口关税　　　　　　　181 864.27

（4）缴纳关税。

借：应交税费——应交出口关税　　　　181 864.27

　　贷：银行存款　　　　　　　　　　　　　　　181 864.27

二、代理进出口业务关税的会计核算

代理进出口业务是指有进出口经营权的外贸公司代理其他企业办理进出口业务。在代理进出口业务中，受托方是以收取手续费形式为委托方提供代理服务的。因此，进出口货物按规定缴纳的关税均由委托方承担，受托方即使缴纳了关税，也只是代垫或代付，日后仍要从委托方收回。

（一）代理进口业务

外贸企业代理进口业务，通常要求委托方预付货款，在收到委托单位的预付货款时，借记"银行存款"账户，贷记"预收账款"账户。收到银行转来国外全套结算单据，向国外出口商承付款项时，借记"预收账款"账户，贷记"银行存款"账户。同时，外贸企业确认收取代理手续费，借记"预收账款"账户，贷记"其他业务收入"账户。

【例题 4-6·核算题】某进出口公司代理某企业进口化纤产品。进口货款 35 000 000 元已汇入进出口公司的开户银行。该货物的成交价格为 28 700 000 元（CIF），进口关税税率为 5%，代理手续费按成交价格的 2% 收取。该批货物已运抵指定口岸，公司与委托单位的相关结算手续已办妥。要求完成某进出口公司的会计核算。

答案解析：

（1）收到委托方预付款项。

借：银行存款　　　　　　　　　　　　35 000 000

　　贷：预收账款　　　　　　　　　　　　　　　35 000 000

（2）对外付汇进口商品。

借：预收账款　　　　　　　　　　　　28 700 000

　　贷：银行存款　　　　　　　　　　　　　　　28 700 000

（二）代理出口业务

代理出口业务的代理方负责办理报关及运保事宜，关税和运保费由委托方承担，代理方只是代垫或代付，代理方另收取代理手续费。一般都是先办业务后结算。所以，核算缴纳的关税时，可借记"应收账款"等账户，贷记"应交税费——应交出口关税"账户。同时，借记"应交税费——应交出口关税"账户，贷记"银行存款"账户。收到委托方支付的款项时，借记"银行存款"账户，贷记"应收账款"账户等。办理关税业务收取的手续费计入"其他业务收入"账户。

【例题 4-7·核算题】某进出口公司代理某企业出口玩具。离岸价格为 1 060 000 元，出口关税税率为 20%，代理费率为 2%。要求完成某进出口公司的会计核算。

答案解析：

（1）计算缴纳出口关税。

$$出口关税 = 1\ 060\ 000 \div (1+20\%) \times 20\% = 176\ 666.67（元）$$

借：应收账款　　　　　　　　　　　　176 666.67

　　贷：应交税费——应交出口关税　　　　　　　176 666.67

借：应交税费——应交出口关税　　　　176 666.67

　　贷：银行存款　　　　　　　　　　　　　　176 666.67

（2）确认手续费。

$$手续费 = 1\ 060\ 000 \times 2\% = 21\ 200（元）$$

借：应收账款　　　　　　　　　　　　21 200

　　贷：其他业务收入　　　　　　　　　　　　21 200

（3）收取关税和手续费。

借：银行存款　　　　　　　　　　　　197 866.67

　　贷：应收账款　　　　　　　　　　　　　197 866.67

任务四　关税的纳税申报

一、关税征收管理

我国进出口货物关税的征收由海关负责。进出口货物需要向海关申报，简称报关，关税缴纳是报关的一部分。因此，报关环节就是关税的纳税申报环节，进出口货物的收 / 发货人或其代理人凭海关填发的进（出）口关税专用缴款书向指定银行缴纳关税。

（一）关税的申报与缴纳

1. 关税的申报

进口货物的纳税人应当自运输工具申报进境之日起 14 日内，出口货物的纳税人除海关特准的外，应当在货物运抵海关监管区后、装货的 24 小时以前，向货物的进出境地海关申报（经申请且海关同意，可以在设有海关的指运地办理海关申报），海关根据税则归类和完税价格计算应缴纳的关税和进口环节代征税，并填发税款缴款书。

2. 关税的缴纳

（1）缴纳地点。根据纳税人的申请及进出口货物的具体情况，关税可以在进出境地缴纳，也可以在设有海关的指运地（启运地）缴纳。

（2）缴纳期限。纳税人应当自海关填发税款缴款书之日起 15 日内，向指定银行缴纳税款。如关税缴款期限届满日遇星期六、星期日等休息日或者法定节假日，则关税缴纳期限顺延至休息日或者法定节假日之后的第一个工作日。

关税纳税人因不可抗力或者在国家税收政策调整的情形下，不能按期缴纳税款的，经依法提供税款担保后，可以延期缴纳税款，但最长不得超过 6 个月。

（二）关税的强制执行

纳税人未在关税缴纳期限内缴纳税款，即构成关税滞纳。《中华人民共和国海关法》（以下简称《海关法》）赋予海关对滞纳关税的纳税人强制执行的权利。强制措施主要有两类：

（1）征收关税滞纳金。滞纳金自关税缴纳期限届满滞纳之日起、至纳税人缴纳关税之日止，按滞纳税款万分之五的比例按日征收，周末或法定节假日不予扣除。具体计算公式为：

$$关税滞纳金金额 = 滞纳关税税额 \times 滞纳金征收比率 \times 滞纳天数$$

（2）强制征收。如纳税人自缴纳税款期限届满之日起 3 个月仍未缴纳税款，经直属海关关长或者其授权的隶属海关关长批准，海关可以采取强制扣缴、变价抵缴等强制措施。

（三）关税退还、补征和追征

1. 关税退还

关税退还是关税纳税人缴纳关税后，因某种原因的出现，海关将实际征收多于应当征收的税额退还给原纳税人的一种行政行为。

根据《海关法》和《进出口关税条例》的规定，海关多征的税款，海关发现后应当立即退还；纳税人发现多缴税款的，自缴纳税款之日起 1 年内，可以以书面形式要求海关退还多缴的税款并加算银行同期活期存款利息。有下列情形之一的，纳税人自缴纳税款之日起 1 年内，可以申请退还关税，并应当以书面形式向海关说明理由，提供原缴款凭证及相关资料：

（1）已征进口关税的货物，因品质或者规格原因，原状退货复运出境的。

（2）已征出口关税的货物，因品质或者规格原因，原状退货复运进境，并已重新缴纳因出口而退还的国内环节有关税收的。

（3）已征出口关税的货物，因故未装运出口，申报退关的。

海关应当自受理退税申请之日起 30 日内查实并通知纳税人办理退还手续。纳税人应当自收到通知之日起 3 个月内办理有关退税手续。

2.关税补征和追征

补征和追征是海关在关税纳税人缴纳关税后，发现实际征收税额少于应当征收的税额时，责令纳税人补缴所差税款的一种行政行为。

非因纳税人违反海关规定造成短征关税的，称为补征。海关发现少征或者漏征税款，应当自缴纳税款或者货物、物品放行之日起 1 年内，向纳税人补征税款。

由于纳税人违反海关规定造成短征关税的，称为追征。发生追征情形的，海关可以自纳税人缴纳税款或者货物、物品放行之日起 3 年以内追征，并从缴纳税款或者货物、物品放行之日起按日加收少征或者漏征税款万分之五的滞纳金。

二、进出口关税纳税申报

（一）纳税申报流程

1.填报进出口货物报关单

进出口货物报关单是进出口货物收发货人或其代理人对进出口货物的实际情况做出书面申明，以此要求海关对其货物按适用的海关制度办理通关手续的法律文书。报关单样式如表 4-1、表 4-2 所示。

表 4-1　中华人民共和国海关进口货物报关单

预录入编号：　　　　　　　　　　　　　　　　　　　　　　　　海关编号：

收发货人		进口口岸	进口日期	申报日期
消费使用单位		运输方式	运输工具名称	提运单号
申报单位		监管方式	征免性质	备案号
贸易国（地区）		起运国（地区）	装货港	境内目的地
许可证号	成交方式	运费	保费	杂费
合同协议号	件数	包装种类	毛重（千克）	净重（千克）
集装箱号	随附单证			
标记唛码及备注				

项号	商品编码	商品名称、规格型号	数量及单位	原产国（地区）	单价	总价	币制	征免

特殊关系确认：	价格影响确认：	支付特许权使用费确认：
录入员 录入单位 报关人员	兹申明以上内容承担如实申报、依法纳税之法律责任 申报单位（签章）	海关批注及签章

表 4-2　中华人民共和国海关出口货物报关单

预录入编号：　　　　　　　　　　　　　　　　　　　　海关编号：

收发货人			出口口岸		出口日期	申报日期
生产销售单位			运输方式	运输工具名称		提运单号
申报单位			监管方式	征免性质		备案号
贸易国（地区）	运抵国（地区）			指运港	境内货源地	
许可证号	成交方式	运费		保费		杂费
合同协议号	件数	包装种类		毛重（千克）		净重（千克）
集装箱号	随附单证					
标记唛码及备注						
项号　商品编码　商品名称、规格型号　数量及单位　最终目的国（地区）　单价　总价　币制　征免						
特殊关系确认：　　　　　　价格影响确认：　　　　　　　支付特许权使用费确认：						
录入员　录入单位	兹申明以上内容承担如实申报、依法纳税之法律责任			海关批注及签章		
报关人员	申报单位（签章）					

2. 根据海关进（出）口关税专用缴款书缴纳关税

海关进（出）口关税专用缴款书如表 4-3 所示。

表 4-3　海关进（出）口关税专用缴款书

收入系统：海关系统　　　　　　　　　　填发日期：　　年　月　日

收款单位	收入机关	中央金库		缴款单位（人）	名称	
	科目	预算级次			账号	
	收款国库				开户银行	
税号	货物名称	数量	单位	完税价格（¥）	税率（%）	税款金额（¥）
金额人民币（大写）　　万　　仟　　佰　　拾　　元　　角　　分					合计（¥）	
申请单位编号		报关单位编号		填制单位	收款国库（银行）	
合同（批文）号		运输工具（号）				
缴款期限		提/装货单号		制单人		
备注	一般征税国际代码			复核人	业务公章	
				单证专用章		

纳税人应当自海关填发税款缴款书之日起限 15 日内缴纳（期末遇法定节假日顺延），逾期海关按日征收税款总额万分之五的滞纳金。

（二）纳税申报实例

杭州 SD 外贸公司为增值税一般纳税人，有自营进出口资格。2019 年 5 月 11 日，该公司发生以下进出口业务：

（1）从意大利进口一批高档化妆品，支付国外的买价 300 万元、国外的经纪费 5 万元、买方采购代理人佣金 8 万元；支付运抵我国海关前的运输费 30 万元、装卸费和保险费 15 万元；支付海关再运往 SD 外贸公司所在地的运输费 10 万元、装卸费和保险费 2 万元。高档化妆品进口关税税率为 15%。

（2）出口日本一批山羊板皮，海关核定的离岸价格为 240 万元，成本为 180 万元，货款已收讫。出口关税税率为 20%。

要求：

1. 计算杭州 SD 外贸公司进口、出口时应缴纳的关税税额。

2. 根据发生业务进行账务处理。

3. 填制海关进口关税专用缴款书（见表 4-4）。

答案解析：

1. 计算进口、出口关税。

$$进口关税完税价格 = 300+5+30+15 = 350（万元）$$

$$进口关税应纳税额 = 350 \times 15\% = 52.5（万元）$$

$$出口关税完税价格 = 240 \div （1+20\%） = 200（万元）$$

$$出口关税应纳税额 = 200 \times 20\% = 40（万元）$$

2. 账务处理。

进口高档化妆品的账务处理：

（1）采购货物。

借：库存商品——高档化妆品   3 850 000

应交税费——应交增值税（进项税额）   500 500

贷：银行存款——美元户   3 500 000

银行存款——人民币户   500 500

应交税费——应交进口关税   350 000

（2）缴纳关税。

借：应交税费——应交进口关税   525 000

贷：银行存款   525 000

出口山羊板皮的账务处理：

（1）出口确认并结转成本。

借：应收账款   2 400 000

  贷：主营业务收入   2 400 000

借：主营业务成本   1 800 000

  贷：库存商品   1 800 000

（2）计提出口关税。

借：税金及附加   400 000

  贷：应交税费——应交出口关税   400 000

（3）向海关缴纳。

借：应交税费——应交出口关税 400 000

  贷：银行存款   400 000

表 4-4　海关进口关税专用缴款书

收入系统：   填发日期：2019 年 5 月 15 日   号码：

收款单位	收入机关			缴款单位（人）	名称	杭州 SD 外贸公司	
	科目		预算级次		账号		
	收款国库				开户银行		
税号	货物名称	数量	单位	完税价格（¥）	税率	税款金额（¥）	
	高档化妆品			3 500 000.00	15%	525 000.00	
金额人民币（大写）伍拾贰万伍仟元整					合计（¥）	525 000.00	
申请单位编号		报关单位编号		填制单位	收款国库（银行）		
合同（批文）号		运输工具（号）		制单人			
缴款期限		提/装货单号					
备　注		一般征税国际代码		复核人			

纳税人应当自海关填发税款缴款书之日起限 15 日内缴纳（期末遇法定节假日顺延），逾期海关将按日征收税款总额万分之五的滞纳金。

课后习题

一、单项选择题

1. 下列关于关税计税依据的表述中，不正确的是（ ）。

 A. 一般贸易项下进口的货物以海关审定的成交价格为基础的到岸价格作为完税价格

 B. 运往境外加工的货物出境时已向海关报明，并在海关规定期限内复运进境的，以加工后货物进境时的到岸价格与原出境货物价格的差额作为完税价格

 C. 运往境外修理的机械器具、运输工具或者其他货物出境时已向海关报明并在海关规定期限内复运进境的，以经海关审定的修理费和料件费作为完税价格

D. 租借、租赁方式进境的货物，以海关审查确定的货物价值作为完税价格

2. 甲公司从境外的乙公司进口一批木材，合同约定的商品价格为 800 万元，由乙公司负责运输，甲公司于 2 月 15 日前支付定金 160 万元，乙公司于 2020 年 3 月 8 日前发货。后甲公司如约交付定金，但由于乙公司原因，导致该木材于 3 月 20 日才发出，后经双方协商，由乙公司向甲公司赔偿违约金 50 万元，由甲公司向乙公司支付剩余货款 590 万元，则该批进口木材的关税完税价格为（　　　）万元。

A. 800　　B. 750　　C. 590　　D. 160

3. 根据关税法律制度规定，下列不属于进境物品的纳税义务人的是（　　　）。

A. 个人邮递物品的寄件人

B. 个人邮递物品的收件人

C. 携带物品进境的入境人员

D. 以其他方式入境个人物品的所有人

4. 根据关税法律制度的规定，进口原产于与我国签订含有特殊关税优惠条款的贸易协定的国家的货物，适用的关税税率是（　　　）。

A. 最惠国税率　　　　B. 协定税率

C. 特惠税率　　　　　D. 关税配额税率

5. 根据关税法律制度的规定，一票货物关税税额在人民币一定金额以下的，可以免征关税。该金额是（　　　）元。

A. 10　　B. 30　　C. 50　　D. 100

6. 某企业 2020 年 3 月进口一台机器设备，设备价款 80 万元，支付运抵我国关境内输入地点起卸前的包装费、运费 2 万元，成交价格外另支付给卖方的佣金 1 万元。进口关税税率为 10%，则该企业应纳进口关税的下列计算中，正确的是（　　　）。

A. 80×10%=8（万元）

B.（80+2）×10%=8.2（万元）

C.（80+1）×10%=8.1（万元）

D.（80+2+1）×10%=8.3（万元）

7. 下列符合关税法定免税规定的是（　　　）。

A. 残疾人专用品

B. 边境贸易进口物资

C. 关税税款在人民币 100 元以下的一票货物

D. 在海关放行前损失的货物

8. 下列各项中不应计入关税完税价格的是（　　　）。

A. 为进口货物而支付的包装劳务费

B. 为进口货物而支付的商标权费用

C. 为进口货物而发生的境外考察费

D. 为进口货物而支付的境外开发、设计等相关费用

9. 下列属于进口完税价格组成部分的是（　　　）。

A. 进口人向境外自己的采购代理人支付的劳务费

B. 进口人向中介机构支付的经纪费

C. 设备进口后的安装调试费用

D. 进口关税

10. 采用成交价格估价方法时，下列未包含在进口货物价格中的项目应计入关税完税价格的是（　　　）。

A. 由买方负担的购货佣金

B. 进口关税及其他国内税

C. 符合条件的利息费用

D. 卖方直接或间接从买方获得该货物境内销售、处置所得的利益

二、多项选择题

1. 根据关税法律制度的规定，下列进口货物中，实行复合计征关税的有（　　　）。

A. 原油　　　　　B. 广播用摄像机

C. 广播用放像机　　D. 啤酒

2. 关于关税的减免税规定，下列表述正确的有（　　　）。

A. 无商业价值的广告样品进口征收关税

B. 在起卸后海关放行前，因不可抗力遭受损坏或损失的，可酌情减免关税

C. 因故退还的中国出口货物，可以免征进口关税，同时已征收的出口关税可以退还

D. 关税税额在人民币 50 元以下的一票货物免征关税

3. 根据关税征收管理相关规定，下列旅客携运进出境行李物品中，海关暂不予放行的有（　　）。

A. 旅客不能当场缴纳进境货物税款的

B. 进出境物品属于许可证件管理的范围，但旅客不能当场提交的

C. 进出境物品超出自用合理数量，按规定应当办理货物报关手续或其他海关手续，尚未办理的

D. 对进出境物品的属性、内容存疑，需要由有关主管部门进行鉴定的

4. 下列各项中，属于关税纳税人的有（　　）。

A. 工贸或农贸结合的进出口公司

B. 外贸进出口公司

C. 馈赠物品及其他方式入境个人物品的所有人

D. 个人邮递物品的收件人

5. 下列关于进口货物关税税率的表述，正确的有（　　）。

A. 按照特定减免税办法批准予以减免的进口货物，后因情况改变需予补税的，应按其原进口之日实施的税率征税

B. 属于保税性质的进口货物，如未经批准擅自转为内销的，则按海关查获日期所施行的税率征税

C. 暂时进口货物转为正式进口需予补税时，应按其申报暂时进口之日实施的税率征税

D. 溢卸、误卸货物事后确定需征税时，如原进口日期无法查明的，可按确定补税当天实施的税率征税

6. 根据我国关税法律制度的规定，下列费用中，可以计入进口货物完税价格的有（　　）。

A. 卖方付给进口人的正常回扣　　B. 货价

C. 包装费　　　　　　　　　　　D. 保险费

7. 下列关于一般进口货物的完税价格中的佣金描述正确的有（　　）。

A. 购货佣金就是买方佣金，是不能计入关税完税价中的

B. 购货佣金就是买方佣金，能计入关税完税价中

C. 所有发生的佣金都不能计算在完税价格中

D. 购货佣金指买方为购买进口货物向自己的采购代理人支付的劳务费用

8. 关税税率表作为进出口税则的主体，包括（　　）。

A. 税则商品分类目录　　B. 进出口商品的构成

C. 税率栏　　　　　　　D. 进口商品的材料属性

9. 下列货物属于关税特定减免税的有（　　）。

A. 残疾人专用品　　B. 慈善捐赠物资

C. 加工贸易产品　　D. 无商业价值的广告品和货样

10. 我国目前原产地规定采用（　　）。

A. 全部产地生产标准　　B. 参与性加工标准

C. 实质性加工标准　　　D. 挂靠性加工标准

三、判断题

1. 根据关税法律制度的规定，出口货物应当以海关审定的货物售予境外的离岸价格作为完税价格。（　　）

2. 进出口货物的收发货人或其代理人应当在海关签发税款缴款凭证之日起 15 日内（星期日和法定节假日除外），向指定银行缴纳税款。（　　）

3. 对海关进口产品征收的增值税、消费税，不征收教育费附加。（　　）

4. 一票货物关税税额、进口环节增值税或者消费税税额在人民币 100 元以下的，可以免征关税。（　　）

5. 自 2016 年 6 月 1 日起，旅客进出境携运物品不能当场缴纳税款的，海关暂不予放行。（　　）

四、计算题

1. 某汽车企业系增值税一般纳税人，2020 年 8 月从境外进口一批小汽车，共计 20 辆，每辆货价 18 万元，另外支付境外起运地至输入地起卸前每辆运费 2 万元。该企业将其中 2 辆自用（当月取得发票并办理车辆登记），剩余对外销售。已知：小轿车关税税率为 20%，消费税税率为 9%。（假设该企业此前无自用车辆）

要求计算该企业应缴纳的关税。

2. 境内一单位将一批货物运往境外加工,出境时向海关报明价值 1 000 元;支付境外加工费 600 元,料件费 500 元;支付复运进境的运输费 500 元和保险费 100 元。该货物适用关税税率10%,要求计算该单位应缴纳的进口关税。

3. 某企业进口设备一台,应付价格为 200 万元,其中包含进口后的技术服务费 10 万元。另外支付购货佣金 5 万元、经纪费 8 万元、买方负担的包装费 4 万元、货物运抵境内输入地点之后的运输费 13 万元,计算该企业进口设备应缴纳的关税。(关税税率为 20%)

4. 某进出口公司为增值税一般纳税人,5月从国外进口一批机器设备共 10 台,每台货价 15 万元人民币,其中包括运抵我国黄骅港起卸前的包装、运输、保险和其他劳务费用共计 8 万元;另外销售商单独向该进出口公司收取设备包装材料费 10 万元。假设该类设备进口关税税率为40%,境内运费已经取得合法的货物运输企业的发票。计算该公司应缴纳的关税。

项目五
企业所得税纳税实务

学习目标

知识目标：

- 理解、掌握企业所得税的纳税人、征税对象、税率等税制要素。
- 掌握应纳税所得额的计算方法。
- 基本掌握收入类、扣除类、资产类差异的调整。
- 掌握企业所得税应纳税额的计算方法。
- 基本掌握企业所得税的纳税申报方法。

能力目标：

- 能调整会计与税收的各项差异。
- 能正确计算企业所得税。
- 能确认所得税费用。
- 能填制企业所得税纳税申报表。

项目关键词

- 直接法　间接法　纳税调整　纳税调减　利润总额　应纳税所得额

任务一 企业所得税认知

一、企业所得税的概念与特点

（一）概念

企业所得税是对企业生产经营所得和其他所得征收的一种所得税。《中华人民共和国企业所得税法》（以下简称《企业所得税法》），《中华人民共和国企业所得税法实施条例》（以下简称《实施条例》）以及国家财政、税务主管部门制定、发布的一系列部门规章和规范性文件，构成了我国企业所得税法律制度的主要内容。

（二）特点

（1）企业所得税以纳税人一定期间的纯收益额或净所得额为计税依据。它既不等同于企业实现的利润，也不是企业的增值额。

（2）以量能负担为征税原则。所得多的多征税，所得少的少征税，无所得的不征税。

（3）所得税属于直接税。纳税人与负税人一致，缴纳的所得税一般不易转嫁。

（4）实行按年计征、分期预缴的征管办法。一般要求企业分月或分季预缴、年终汇算清缴、多退少补。

二、企业所得税的纳税人与征税范围

（一）纳税人

1. 纳税人的概念

企业所得税纳税人，是指在中国境内的企业和其他取得收入的组织，包括各类企业、事业单位、社会团体、民办非企业单位和从事经营活动的其他组织（以下统称企业）等。

我国企业所得税按照国际通行做法，实行法人征税制度。将独立登记注册的企业作为企业所得税纳税主体，而企业设有多个不具有法人资格营业机构的，应由法人汇总计算并缴纳企业所得税。

考虑到个人独资企业、合伙企业没有法人资格，所以在《企业所得税法》及其《实施条例》中规定，依照中国法律、行政法规成立的个人独资企业、合伙企业，不属于企业所得税纳税人，不缴纳企业所得税。

2. 纳税人的分类

企业所得税采取收入来源地管辖权和居民管辖权相结合的双重管辖权，把企业分为居民企业和非居民企业，分别确定不同的纳税义务。其中：居民企业承担无限纳税义务，应就来源于中国境内、境外的全部所得纳税；非居民企业承担有限纳税义务，一般只就来源于中国境内的所得纳税。

（1）居民企业。居民企业，是指依法在中国境内成立，或者依照外国（地区）法律成立但实际管理机构在中国境内的企业。这里的企业包括国有企业、集体企业、私营企业、联营企业、股份制企业、外商投资企业、外国企业以及有生产、经营所得和其他所得的其他组织。

（2）非居民企业。非居民企业，是指依照外国（地区）法律成立且实际管理机构不在中国境内，但在中国境内设立机构、场所的，或者在中国境内未设立机构、场所，但有来源于中国境内所得的企业。

非居民企业委托营业代理人在中国境内从事生产经营活动的，包括委托单位或者个人经常代其签订合同，或者储存交付货物等，该营业代理人视为非居民企业在中国境内设立的机构、场所。

【例题 5-1·单选题】根据企业所得税法律制度，下列组织中，不属于企业所得税纳税人的是（　　）。

A. 甲有限责任公司　　　　　　　　B. 乙事业单位

C. 丙个人独资企业　　　　　　　　D. 丁股份有限公司

正确答案：C

答案解析：依照中国法律、行政法规成立的个人独资企业、合伙企业，不属于企业所得税纳税人，不缴纳企业所得税。

【例题 5-2·多选题】根据企业所得税法律制度的规定，下列各项中，属于企业所得税纳税人的有（　　）。

A. 外国公司在中国境内的分公司　　　B. 在中国境内注册成立的社会团体

C. 在中国境内注册成立的合伙企业　　D. 在中国境内注册成立的个人独资企业

正确答案：AB

答案解析：个人独资企业、合伙企业不属于企业所得税纳税人。

（二）征税范围

1. 应税所得范围及类别

企业应税所得包括销售货物所得、提供劳务所得、转让财产所得、股息红利等权益性投资所得、利息所得、租金所得、特许权使用费所得、接受捐赠所得和其他所得。企业取得上述所得都应缴纳企业所得税。

2. 应税所得来源地的确定

企业所得税应税所得，既包括中国居民企业来源于境内、境外的各项所得，也包括非居民企业来源于境内的所得。所以，所得来源地的判断标准直接关系到企业纳税义务的大小。所得来源地的确定如表 5-1 所示。

表 5-1 所得来源地的确定

所得	来源地	
销售货物所得	交易活动发生地	
提供劳务所得	劳务发生地	
转让财产所得	不动产转让所得	"不动产"所在地
	动产转让所得	"转让"动产的企业或机构、场所所在地
	权益性投资资产转让所得	"被投资企业"所在地
股息、红利等权益性投资所得	"分配"所得的企业所在地	
利息、租金、特许权使用费	"负担、支付所得"的企业或者机构、场所所在地 "负担、支付所得"的个人的住所地	

【例题 5-3·多选题】某德国企业（实际管理机构不在中国）在中国设立分支机构，下列属于来源于中国境内所得的是（ ）。

A. 在中国境内取得咨询收入 100 万元

B. 在中国境内培训技术人员，取得德国方支付的培训收入 200 万元

C. 在中国香港取得与该分支机构无实际联系的所得 80 万元

D. 取得中国境内企业支付的股息

正确答案：ABD

答案解析：C 选项属于来源于境外的所得。

【例题 5-4·单选题】根据企业所得税法律制度的规定，关于确定来源于中国境内、境外所得的下列表述中，不正确的是（ ）。

A. 提供劳务所得，按照劳务发生地确定

B. 销售货物所得，按照交易活动发生地确定

C. 股息、红利等权益性投资所得，按照分配所得的企业所在地确定

D. 转让不动产所得，按照转让不动产的企业或者机构、场所所在地确定

正确答案：D

答案解析：不动产转让所得按照不动产所在地确定。

三、企业所得税税率

企业所得税实行比例税率，基本税率设定为 25%，因企业的不同设置了不同档次，具体规定如表 5-2 所示。

表 5-2 企业所得税税率

税率	适用对象
25%	1. 居民企业（小型微利企业除外） 2. 在中国境内设立机构场所且取得所得与所设机构场所有实际联系的非居民企业
20%	小型微利企业：年应纳税所得额不超过 100 万元的部分，减按 25% 计入应纳税所得额，适用 20% 税率；年应纳税所得额超过 100 万元但不超过 300 万元的部分，减按 50% 计入应纳税所得额，按 20% 的税率缴纳企业所得税

税率	适用对象
15%	国家需要重点扶持的高新技术企业和经认定的技术先进型服务企业（服务贸易类），减按 15% 的税率征收企业所得税
10%	在中国境内未设立机构、场所的，或者虽设立机构、场所，但取得的所得与其所设机构、场所没有实际联系的非居民企业，减按 10% 的税率征收企业所得税

《财政部税务总局关于实施小微企业普惠性税收减免政策的通知》（财税〔2019〕13号）规定，自 2019 年 1 月 1 日起至 2021 年 12 月 31 日，将"从事国家非限制和禁止行业，且同时符合年度应纳税所得额不超过 300 万元、从业人数不超过 300 人、资产总额不超过 5 000 万元等三个条件的企业"判断为小型微利企业。

任务二 企业所得税的计算

应纳税所得额是企业所得税的计税依据，根据计算企业所得税应纳税额的一般公式"应纳税额 = 应纳税所得额 × 适用税率"，计算企业所得税的最关键步骤就是计算应纳税所得额。

按照《企业所得税法》的规定，应纳税所得额是指企业每一纳税年度的收入总额，减除不征税收入、免税收入、各项扣除以及允许弥补的以前年度亏损后的余额。

应纳税所得额有两种计算方法，一是直接法，二是间接法。

一、直接法计算应纳税所得额

在直接计算法下，应纳税所得额的计算公式为：

应纳税所得额 = 收入总额 - 不征税收入 - 免税收入 - 各项扣除 - 以前年度亏损

企业应纳税所得额的计算，以权责发生制为原则。在计算应纳税所得额时，企业财务、会计处理办法与税收法律法规的规定不一致的，应当依照税收法律法规的规定计算。

（一）收入总额

企业收入总额是指以货币形式和非货币形式从各种来源取得的收入。收入总额包括：销售货物收入，提供劳务收入，转让财产收入，股息、红利等权益性投资收益，利息收入，租金收入，特许权使用费收入，接受捐赠收入以及其他收入。

企业取得收入的货币形式，包括现金、存款、应收账款、应收票据、准备持有至到期的债券投资以及债务的豁免等。

企业取得收入的非货币形式，包括固定资产、生物资产、无形资产、股权投资、存货、不准备持有至到期的债券投资、劳务以及有关权益等。非货币形式收入应当按照公允价值确定收入额。

1. 销售货物收入

销售货物收入，是指企业销售商品、产品、原材料、包装物、低值易耗品以及其他存货取得的收入。

（1）符合收入确认条件，采取下列商品销售方式的，应按以下规定确认收入实现时间：

① 销售商品采用托收承付方式的，在办妥托收手续时确认收入。

② 销售商品采用预收款方式的，在发出商品时确认收入。

③ 销售商品需要安装和检验的，在购买方接受商品以及安装和检验完毕时确认收入；如果安装程序比较简单，可在发出商品时确认收入。

④ 采用支付手续费方式委托代销的，在收到代销清单时确认收入。

（2）采用售后回购方式销售商品的，销售的商品按售价确认收入，回购的商品作为购进商品处理。

（3）采用以旧换新销售商品的，应当按照销售商品收入确认条件确认收入，回收的商品作为购进商品处理。

（4）商品销售涉及商业折扣的，应当按照扣除商业折扣后的金额确定销售商品收入金额；销售商品涉及现金折扣的，应当按扣除现金折扣前的金额确定销售商品收入金额，现金折扣在实际发生时作为财务费用扣除；企业已经确认销售收入的售出商品发生销售折让和销售退回，应当在发生折让或退回的当期冲减当期销售商品收入。

2. 提供劳务收入

提供劳务收入，是指企业从事建筑安装、修理修配、交通运输、仓储租赁、金融保险、邮电通信、咨询经纪、文化体育、科学研究、技术服务、教育培训、餐饮住宿、中介代理、卫生保健、社区服务、旅游、娱乐、加工以及其他劳务服务活动取得的收入。

（1）对企业提供劳务交易的，在纳税期末应合理确认收入和计算成本费用，具体办法可采用完工进度（百分比）法确认。

（2）企业应按合同或协议总价款，按照完工程度确认当期劳务收入，同时确认当期劳务成本。

（3）企业应按照从接受劳务方已收或应收的合同或协议价款确定劳务收入总额，根据纳税期末提供劳务收入总额乘以完工进度扣除以前纳税年度累计已确认提供劳务收入后的金额，确认为当期劳务收入；同时，按照提供劳务估计总成本乘以完工进度扣除以前纳税期间累计已确认劳务成本后的金额，结转为当期劳务成本。

3. 转让财产收入

转让财产收入，是指企业转让固定资产、生物资产、无形资产、股权、债权等财产取得的收入。转让财产收入应当按照从财产受让方已收或应收的合同或协议价款确认收入。

企业转让股权收入，应于转让协议生效，且完成股权变更手续时，确认收入的实现。

4. 股息、红利等权益性投资收益

股息、红利等权益性投资收益，是指企业因权益性投资从被投资方取得的收入。股息、红利等权益性投资收益，除国务院财政、税务主管部门另有规定外，按照被投资方做出利润分配决定的日期确认收入的实现。被投资企业将股权溢价所形成的资本公积转为股本的，不作为投资方企业的股息、红利收入。

5. 利息收入

利息收入，是指企业将资金提供他人使用但不构成权益性投资，或者因他人占用本企业资金取得的收入，包括存款利息、贷款利息、债券利息、欠款利息等收入。利息收入，按照合同约定的债务人应付利息的日期确认收入的实现。

6. 租金收入

租金收入，是指企业提供固定资产、包装物或者其他有形资产的使用权取得的收入。租金收入，按照合同约定的承租人应付租金的日期确认收入的实现。如果交易合同或协议中规定租赁期限跨年度，且租金提前一次性支付的，出租人可对上述已确认的收入，在租赁期内，分期均匀计入相关年度收入。

7. 特许权使用费收入

特许权使用费收入，是指企业提供专利权、非专利技术、商标权、著作权以及其他特许权的使用权取得的收入。特许权使用费收入，按照合同约定的特许权使用人应付特许权使用费的日期确认收入的实现。

8. 接受捐赠收入

接受捐赠收入，是指企业接受的来自其他企业、组织或者个人无偿给予的货币性资产、非货币性资产。接受捐赠收入，按照实际收到捐赠资产的日期确认收入的实现。

9. 其他收入

其他收入，是指企业取得《企业所得税法》具体列举的收入外的其他收入，包括企业资产溢余收入、逾期未退包装物押金收入、确实无法偿付的应付款项、已作坏账损失处理后又收回的应收款项、债务重组收入、补贴收入、违约金收入、汇兑收益等。

（二）不征税收入

下列收入为不征税收入：

（1）财政拨款。财政拨款，一般是指各级人民政府对纳入预算管理的事业单位、社会团体等组织拨付的财政资金。

财政性资金，是指企业取得的来源于政府及其有关部门的财政补助、补贴、贷款贴息，以及其他各类财政专项资金，包括直接减免的增值税和即征即退、先征后退、先征后返的各种税

收，但不包括企业按规定取得的出口退税款。

（2）依法收取并纳入财政管理的行政事业性收费、政府性基金。行政事业性收费，是指依照法律法规，按照国务院规定程序批准，在实施社会公共管理，以及在向公民、法人或者其他组织提供特定公共服务过程中，向特定对象收取，并纳入财政管理的费用。政府性基金，是指企业依照法律法规，代政府收取的具有专项用途的财政资金。

（3）国务院规定的其他不征税收入。国务院规定的其他不征税收入，是指企业取得的，由国务院财政、税务主管部门规定专项用途并经国务院批准的财政性资金。

【例题 5-5·单选题】根据企业所得税法律制度的规定，下列关于企业销售货物收入确认的表述中，正确的是（   ）。

A. 企业已经确认销售收入的售出商品发生销售折让，不得冲减当期销售商品收入

B. 销售商品以旧换新的，应当以扣除回收商品价值后的余额确定销售商品收入金额

C. 销售商品涉及现金折扣的，应当以扣除现金折扣后的金额确定销售商品收入金额

D. 销售商品采用支付手续费方式委托代销的，在收到代销清单时确认收入

正确答案：D

答案解析：选项 A，企业已经确认销售收入的售出商品发生销售折让和销售退回，应当在发生当期冲减当期销售商品收入；选项 B，销售商品以旧换新的，销售商品应当按照销售商品收入确认条件确认收入，回收的商品作为购进商品处理；选项 C，销售商品涉及现金折扣的，应当按扣除现金折扣前的金额确定销售商品收入金额，现金折扣在实际发生时作为财务费用扣除。

【例题 5-6·单选题】2019 年 4 月，甲电子公司销售一批产品，含增值税价格为 45.2 万元。由于购买数量多，甲电子公司给予购买方 9 折优惠。已知增值税税率为 13%，甲电子公司在计算企业所得税应纳税所得额时，应确认的产品销售收入为（   ）。

A. 40 万元　　　　　　　　　B. 42.4 万元

C. 46.4 万元　　　　　　　　D. 36 万元

正确答案：D

答案解析：应确认的产品销售收入 =45.2÷（1+13%）×90%=36（万元）。

【例题 5-7·多选题】甲企业为居民企业，2019 年度有关经济业务如下：产品销售收入 800 万元，销售边角料收入 40 万元，国债利息收入 5 万元；以产品抵偿债务，该批产品不含增值税售价 60 万元。在计算企业所得税时，应计入收入总额的是（   ）。

A. 国债利息收入 5 万元　　　　　　B. 产品销售收入 800 万元

C. 销售边角料收入 40 万元　　　　　D. 以产品抵偿债务 60 万元

正确答案：ABCD

答案解析：收入总额包括销售货物收入，提供劳务收入，转让财产收入，股息、红利等权益性投资收益，利息收入，租金收入，特许权使用费收入，接受捐赠收入以及其他收入。

（三）免税收入

免税收入，是指属于企业的应税所得，但是按照《企业所得税法》的规定免予征收企业所得税的收入。企业所得税免税收入如下。

（1）国债利息收入。国债利息收入，是指企业持有国务院财政部门发行的国债取得的利息收入。

（2）符合条件的居民企业之间的股息、红利等权益性投资收益。符合条件的居民企业之间的股息、红利等权益性投资收益，是指居民企业直接投资于其他居民企业取得的投资收益。

（3）在中国境内设立机构、场所的非居民企业从居民企业取得与该机构、场所有实际联系的股息、红利等权益性投资收益。股息、红利等权益性投资收益，不包括连续持有居民企业公开发行并上市流通的股票不足 12 个月取得的投资收益。

（4）符合条件的非营利组织的收入。

（四）税前扣除项目及标准

税法规定，企业实际发生的与取得收入有关的、合理的支出，包括成本、费用、税金、损失和其他支出允许在税前予以扣除。其中相关性、真实性和合理性是企业所得税税前扣除的基本要求和重要条件：①"有关的支出"，即与取得收入直接相关的成本费用才予扣除；②"实际发生"，即真实性，所提出的扣除项目，应拿出凭据来判断；③"合理性"，即判定企业发生的扣除项目应符合一般经营常规和会计惯例。不征税收入用于支出所形成的费用或者财产，不得扣除或者计算对应的折旧、摊销扣除。

1. 扣除项目

（1）成本。成本，是指企业在生产经营活动中发生的销售成本、销货成本、业务支出以及其他耗费。

（2）费用。费用，是指企业在生产经营活动中发生的销售费用、管理费用和财务费用。已经计入成本的有关费用除外。

（3）税金。税金，是指企业发生的除企业所得税和允许抵扣的增值税以外的各项税金及其附加，即纳税人按照规定缴纳的消费税、资源税、土地增值税、关税、城市维护建设税、教育费附加及房产税、车船税、城镇土地使用税、印花税等。

（4）损失。损失，是指企业在生产经营活动中发生的固定资产和存货的盘亏、毁损、报废损失，转让财产损失，呆账损失，坏账损失，自然灾害等不可抗力因素造成的损失以及其他损失。

企业发生的损失，减除责任人赔偿和保险赔款后的余额，依照规定扣除。企业已经作为损失处理的资产，在以后纳税年度又全部收回或者部分收回时，应当计入当期收入。

（5）其他支出。其他支出，是指除成本、费用、税金、损失外，企业在生产经营活动中发生的与生产经营活动有关的、合理的支出。

2. 扣除标准

（1）工资、薪金支出。企业发生的合理的工资、薪金支出，准予扣除。工资、薪金，是指企业每一纳税年度支付给在本企业任职或者受雇的员工的所有现金形式或者非现金形式的劳动报酬，包括基本工资、奖金、津贴、补贴、年终加薪、加班工资，以及与员工任职或者受雇有关的其他支出。

对工资支出合理性的判断，主要包括两个方面：①雇员实际提供了服务；②报酬总额在数量上是合理的。

（2）职工福利费、工会经费、职工教育经费。

① 企业发生的职工福利费支出，不超过工资薪金总额 14% 的部分，准予扣除。

列入企业员工工资薪金制度、固定与工资薪金一起发放的福利性补贴，符合国家税务总局相关规定的，可作为企业发生的工资薪金支出，按规定在税前扣除。不能同时符合上述条件的福利性补贴，应按规定计算限额税前扣除。

企业的职工福利费包括：尚未实行分离办社会职能的企业，其内设福利部门（职工食堂、职工浴室、理发室、医务所、托儿所、疗养院等集体福利部门）所发生的设备、设施和人员费用；为职工卫生保健、生活、住房、交通等所发放的各项补贴和非货币性福利；按照其他规定发生的其他职工福利费，包括丧葬补助费、抚恤费、安家费、探亲假路费等。

② 企业拨缴的工会经费，不超过工资薪金总额 2% 的部分，准予扣除。

③ 企业发生的职工教育经费支出，不超过工资薪金总额 8% 的部分，准予扣除；超过部分，准予在以后纳税年度结转扣除。对于软件生产企业发生的职工教育经费中的职工培训费用，可以据实全额扣除。

（3）社会保险费。

① 企业依照规定的范围和标准为职工缴纳的基本养老保险费、基本医疗保险费、失业保险费、工伤保险费、生育保险费等基本社会保险费和住房公积金，准予扣除。

② 自 2008 年 1 月 1 日起，企业根据国家有关政策规定，为在本企业任职或者受雇的全体员工支付的补充养老保险费、补充医疗保险费，分别在不超过职工工资总额 5% 标准内的部分，准予扣除；超过的部分，不予扣除。

企业职工因公出差乘坐交通工具发生的人身意外保险费支出，准予扣除。除企业依照国家有关规定为特殊工种职工支付的人身安全保险费和按规定可以扣除的其他商业保险费外，企业为投资者或职工支付的商业保险费，不得扣除。

【例题 5-8·多选题】甲企业为居民企业，2019 年度实发合理工资、薪金总额 100 万元，发生职工教育经费 3.5 万元，职工福利费 15 万元，工会经费 2 万元。计算企业所得税时，准予全部扣除的是（　　）。

A. 工资、薪金总额 100 万元　　　　B. 职工教育经费 3.5 万元

C. 职工福利费 15 万元　　　　　　　D. 工会经费 2 万元

正确答案：ABD

答案解析：企业发生的合理的工资薪金收入准予扣除，选项 A 正确；职工教育经费不超过工资薪金总额 8% 的部分，准予扣除，100×8%=8 万元，发生的 3.5 万元可以全部扣除，选项 B 正确；职工福利费不超过工资薪金总额 14% 的部分，准予扣除，100×14%=14 万元，职工福利费 15 万元不能全部扣除，选项 C 错误；工会经费不超过工资薪金总额 2% 的部分，准予扣除，100×2%=2 万元，工会经费 2 万元可以全部扣除，选项 D 正确。

（4）利息费用。企业在生产经营活动中发生的下列利息支出，准予扣除：

① 非金融企业向金融企业借款的利息支出、金融企业的各项存款利息支出和同业拆借利息支出、企业经批准发行债券的利息支出可据实扣除。

② 非金融企业向非金融企业借款的利息支出，不超过按照金融企业同期同类贷款利率计算的数额的部分可据实扣除，超过部分不许扣除。

金融企业，是指各类银行、保险公司及经中国人民银行批准从事金融业务的非银行金融机构。

③ 凡企业投资者在规定期限内未缴足其应缴资本额的，该企业对外借款所发生的利息，相当于投资者实缴资本额与在规定期限内应缴资本额的差额应计付的利息，其不属于企业合理的支出，应由企业投资者负担，不得在计算企业应纳税所得额时扣除。

④ 企业向股东或其他与企业有关联关系的自然人借款的利息支出，应根据相关法规规定的条件，计算扣除额。

⑤ 企业向除股东或其他与企业有关联关系的自然人以外的内部职工或其他人员借款的利息支出，其借款情况同时符合以下条件的，其利息支出在不超过按照金融企业同期同类贷款利率计算的数额的部分，准予扣除：

条件 1，企业与个人之间的借贷是真实、合法、有效的，并且不具有非法集资目的或其他违反法律、法规的行为。

条件 2，企业与个人之间签订了借款合同。

（5）汇兑损失。企业在货币交易中，以及纳税年度终了时将人民币以外的货币性资产、负债按照期末即期人民币汇率中间价折算为人民币时产生的汇兑损失，除已经计入有关资产成本以及已向所有者进行利润分配相关的部分外，准予扣除。

（6）公益性捐赠。自 2017 年 1 月 1 日起，企业通过公益性社会组织或者县级（含县级）以上人民政府及其组成部门和直属机构，用于慈善活动、公益事业的捐赠支出，在年度利润总额 12% 以内的部分，准予在计算应纳税所得额时扣除；超过年度利润总额 12% 的部分，准予结转以后 3 年内在计算应纳税所得额时扣除。

用于公益事业的捐赠支出，是指《中华人民共和国公益事业捐赠法》规定的向公益事业的捐赠支出。

【例题 5-9·单选题】甲企业为居民企业，2018 年结转以后年度扣除的公益性捐赠 30 万元。2019 年该企业实现利润总额 1 000 万元，当年通过公益性社会团体对外捐赠 100 万元。则

2019 年该企业结转以后年度扣除的公益性捐赠是（　　）。

A. 0 万元　　　　　　B. 10 万元　　　　　　C. 20 万元　　　　　　D. 30 万元

正确答案：B

答案解析：因 2019 年扣除标准 =1 000×12%=120（万元），则 2019 年可以扣除的捐赠金额为 120 万元，2019 年超过限额的 10 万元可以结转以后 3 个年度扣除。

（7）业务招待费。

① 企业发生的与生产经营活动有关的业务招待费支出，按照发生额的 60% 扣除，但最高不得超过当年销售（营业）收入的 5‰。

② 企业在筹建期间，发生的与筹办活动有关的业务招待费支出，可按实际发生额的 60% 计入企业筹办费，并按有关规定在税前扣除。

③ 对从事股权投资业务的企业（包括集团公司总部、创业投资企业等），其从被投资企业所分配的股息、红利以及股权转让收入，可以按规定的比例计算业务招待费扣除限额。

（8）广告费和业务宣传费。

① 企业发生的符合条件的广告费和业务宣传费支出，除另有规定外，不超过当年销售（营业）收入 15% 的部分，准予扣除；超过部分，准予在以后纳税年度结转扣除。

② 对化妆品制造或销售、医药制造和饮料制造（不含酒类制造）企业发生的广告费和业务宣传费支出，不超过当年销售（营业）收入 30% 的部分，准予扣除；超过部分，准予在以后纳税年度结转扣除。

③ 烟草企业的烟草广告费和业务宣传费支出，一律不得在计算应纳税所得额时扣除。

【例题 5-10·单选题】2019 年甲公司取得销售（营业）收入 2 000 万元，发生与生产经营活动有关的业务招待费支出 12 万元，已知业务招待费支出按照发生额的 60% 扣除，但最高不得超过当年销售（营业）收入的 5‰，甲公司在计算 2019 年度应纳税所得额时，准予扣除的业务招待费金额为（　　）。

A. 12 万元　　　　　　B. 7.2 万元　　　　　　C. 10 万元　　　　　　D. 4.8 万元

正确答案：B

答案解析：标准：12×60%=7.2（万元）<2 000×5‰ =10（万元），因此扣除 7.2 万元。

（9）环境保护专项资金。企业依照有关规定提取的用于环境保护、生态恢复等方面的专项资金，准予扣除。上述专项资金提取后改变用途的，不得扣除。

（10）保险费。企业参加财产保险，按照规定缴纳的保险费，准予扣除。

企业参加雇主责任险、公众责任险等责任保险，按照规定缴纳的保险费，准予税前扣除。该项规定适用于 2018 年度及以后年度企业所得税汇算清缴。

（11）租赁费。企业根据生产经营活动的需要租入固定资产支付的租赁费，按照以下方法扣除：

① 以经营租赁方式租入固定资产发生的租赁费支出，按照租赁期限均匀扣除。

② 以融资租赁方式租入固定资产发生的租赁费支出，按照规定构成融资租入固定资产价值的部分应当提取折旧费用分期扣除。

（12）劳动保护费。企业发生的合理的劳动保护支出，准予扣除。

（13）有关资产的费用。企业转让各类固定资产发生的费用，允许扣除。企业按规定计算的固定资产折旧费、无形资产和递延资产的摊销费，准予扣除。

（14）总机构分摊的费用。非居民企业在中国境内设立的机构、场所，就其中国境外总机构发生的与该机构、场所生产经营有关的费用，能够提供总机构出具的费用汇集范围、定额、分配依据和方法等证明文件，并合理分摊的，准予扣除。

（15）手续费及佣金支出。

① 自 2019 年 1 月 1 日起，保险企业发生与其经营活动有关的手续费及佣金支出，不超过当年全部保费收入扣除退保金等后余额的 18%（含本数）的部分，在计算应纳税所得额时准予扣除；超过部分，允许结转以后年度扣除。

② 其他企业：按与具有合法经营资格的中介服务机构或个人（不含交易双方及其雇员、代理人和代表人等）所签订服务协议或合同确认的收入金额的 5% 计算限额。

③ 从事代理服务、主营业务收入为手续费、佣金的企业（如证券、期货、保险代理等企业），其为取得该类收入而实际发生的营业成本（包括手续费及佣金支出），准予在税前据实扣除。

企业应与具有合法经营资格中介服务企业或个人签订代办协议或合同，并按国家有关规定支付手续费及佣金。除委托个人代理外，企业以现金等非转账方式支付的手续费及佣金不得在税前扣除。企业为发行权益性证券支付给有关证券承销机构的手续费及佣金不得在税前扣除。企业不得将手续费及佣金支出计入回扣、业务提成等费用。企业已计入固定资产、无形资产等相关资产的手续费及佣金支出，应当通过折旧、摊销等方式分期扣除，不得在发生当期直接扣除。企业支付的手续费及佣金不得直接冲减服务协议或合同金额，并如实入账。

（16）其他扣除。依照有关规定准予扣除的其他项目，如会员费、合理的会议费、差旅费、违约金、诉讼费用等。

【例题 5-11·单选题】根据企业所得税法律制度的规定，下列关于企业所得税税前扣除的表述中，不正确的是（　　）。

A. 企业发生的合理的工资薪金的支出，准予扣除

B. 企业发生的职工福利费支出超过工资薪金的 14% 的部分，准予在以后纳税年度结转扣除

C. 企业发生的合理的劳动保护支出，准予扣除

D. 企业参加财产保险，按照规定缴纳的保险费，准予扣除

正确答案：B

答案解析：企业发生的职工福利费支出超过工资薪金总额的 14% 的部分，不得在以后纳

税年度结转扣除。

【例题 5-12·多选题】下列费用准予在超过扣除标准后，在以后年度结转扣除的有（　　）。

A. 工会经费
B. 职工教育经费
C. 广告费和业务宣传费
D. 福利费

正确答案：BC

答案解析：除另有规定外，企业发生的职工教育经费支出，不超过工资薪金总额 8% 的部分，准予扣除；超过部分，准予在以后纳税年度结转扣除。企业发生的符合条件的广告费和业务宣传费支出，不超过当年销售（营业）收入 15% 的部分，准予扣除；超过部分，准予在以后纳税年度结转扣除。

（五）不得扣除项目

在计算应纳税所得额时，下列支出不得扣除。

（1）向投资者支付的股息、红利等权益性投资收益款项。

（2）企业所得税税款。

（3）税收滞纳金。具体是指纳税人违反税收法规，被税务机关处以的滞纳金。

（4）罚金、罚款和被没收财物的损失。是指纳税人违反国家有关法律、法规规定，被有关部门处以的罚款，以及被司法机关处以的罚金和被没收的财物。

（5）超过规定标准的捐赠支出。

（6）赞助支出。具体是指企业发生的与生产经营活动无关的各种非广告性质支出。

（7）未经核定的准备金支出。具体是指不符合国务院财政、税务主管部门规定的各项资产减值准备、风险准备等准备金支出。

（8）企业之间支付的管理费、企业内营业机构之间支付的租金和特许权使用费，以及非银行企业内营业机构之间支付的利息，不得扣除。

（9）与取得收入无关的其他支出。

（六）加计扣除项目

企业的下列支出，可以在计算应纳税所得额时加计扣除。

1. 研究开发费用

研究开发费用是指企业在开展研发活动中发生的相关费用。研发活动是指企业为获得科学与技术新知识，创造性运用科学技术新知识，或实质性改进技术、产品（服务）、工艺而持续进行的具有明确目标的系统性活动。允许加计扣除的研发费用具体包括研发人员人工费用、研发活动直接投入费用、用于研发活动的仪器和设备的折旧费、用于研发活动的无形资产摊销、新产品设计费、新工艺规程制定费、新药研制的临床试验费、勘探开发技术的现场试验费及其他相关费用。

（1）一般企业研究开发费用。按企业所得税相关规定，自 2018 年至 2020 年 12 月 31 日发生的研究开发费用，未形成无形资产计入当期损益的，在按照规定据实扣除的基础上，再按照研究开发费用的 75% 加计扣除；形成无形资产的，按照无形资产成本的 175% 摊销。

（2）高科技型中小企业研究开发费用。科技型中小企业开展研发活动中实际发生的研究开发费用，未形成无形资产计入当期损益的，在按规定据实扣除的基础上，在 2017 年 1 月 1 日至 2020 年 12 月 31 日期间，再按照实际发生额的 75% 在税前加计扣除；形成无形资产的，在上述期间按无形资产成本的 175% 在税前摊销。

（3）企业委托境外研究开发费用。企业委托境外的研究开发费用按照费用实际发生额的 80% 计入委托方的委托境外研究开发费用，不超过境内符合条件的研究开发费用 2/3 的部分，可以按规定在企业所得税前加计扣除。

2. 企业安置残疾人员及国家鼓励安置的其他就业人员所支付的工资

企业安置残疾人员的，在按照支付给残疾职工工资据实扣除的基础上，按照支付给残疾职工工资的 100% 加计扣除。企业安置国家鼓励安置的其他就业人员所支付的工资的加计扣除办法，由国务院另行规定。

（七）亏损弥补

亏损，是指企业将每一纳税年度的收入总额减除不征税收入、免税收入和各项扣除后小于零的数额。税法规定，企业某一纳税年度发生的亏损可以用下一年度的所得弥补，下一年度的所得不足以弥补的，可以逐年延续弥补，但最长不得超过 5 年。企业在汇总计算缴纳企业所得税时，其境外营业机构的亏损不得抵减境内营业机构的盈利。

自 2018 年 1 月 1 日起，当年具备高新技术企业或科技型中小企业资格的企业，其具备资格年度之前 5 个年度发生的尚未弥补完的亏损，准予结转以后年度弥补，最长结转年限由 5 年延长至 10 年。

【例题 5-13·计算题】2019 年，某居民企业取得主营业务收入 4 000 万元，发生主营业务成本 2 600 万元，发生销售费用 770 万元（其中广告费 650 万元），管理费用 480 万元，财务费用 60 万元，税费 160 万元（含增值税 120 万元）。要求：采用直接法计算该企业的应纳税所得额。

答案解析：允许扣除的广告费和业务宣传费 =4 000×15%=600（万元）

应纳税所得额 =4 000–2 600–[（770–650）+600]–480–60–（160–120）=100（万元）

二、间接法计算应纳税所得额

应纳税所得额的间接计算是指以会计利润总额为基础，按照税法规定去调增和调减某些项目金额，最终得到与税法规定一致的应纳税所得额。计算公式为：

$$应纳税所得额 = 会计利润 +（或 -）纳税调整项目$$

承【例题 5-13·计算题】，要求：采用间接法计算该企业的应纳税所得额。

答案解析： 会计利润 =4 000–2 600–770–480–60–（160–120）=50（万元）

广告费和业务宣传费调增所得额 =650–4 000×15%=650–600=50（万元）

应纳税所得额 =50+50=100（万元）

【例题 5-14·计算题】 甲公司为居民企业，主要从事电器产品的生产与销售业务。2019 年有关经营情况如下：

（1）销售商品收入 2 000 万元，销售原材料收入 35 万元，转让股权收入 1 000 万元，转让使用过的设备收入 15 万元。

（2）与生产经营活动有关的业务招待费支出 100 万元。

（3）向某小学直接捐赠支出 2 万元，非广告性赞助支出 5 万元，向股东支付股息 60 万元。

（4）全年利润总额为 160 万元。

要求：采用间接法计算该公司的应纳税所得额。

答案解析： 准予扣除的业务招待费：（2 000+35）×5‰=10.175 万元＜100×60%=60 万元。允许税前扣除的是 10.175 万元，调增 100-10.175=89.825（万元）

向某小学直接捐赠支出 2 万元不得扣除，全部调增。

非广告性赞助支出 5 万元不得扣除，全部调增。

应纳税所得额 =160+（100-10.175）+2+5=256.825（万元）

三、应纳税额的计算

（一）企业所得税的应纳税额

应纳税额是指企业依法缴纳的企业所得税税额。各国为促进本国企业"走出去"，一般对其境外投资企业采取税收抵免制度，即允许企业在境外投资缴纳的税款可在当期应纳税额计算中予以抵免。

企业所得税的应纳税额的计算公式为：

应纳税额 = 应纳税所得额 × 适用税率 – 减免税额 – 抵免税额

其中的减免税额和抵免税额，是指依照《企业所得税法》和国务院的税收优惠规定减征、免征和抵免的应纳税额。

企业抵免境外所得税额后实际应纳所得税额的计算公式为：

企业实际应纳所得税额 = 企业境内外所得应纳税总额 – 企业所得税减免、抵免优惠税额 – 境外所得税抵免额

【例题 5-15·计算题】 某企业为居民纳税人，所得税税率为 25%，2019 年度该企业有关经营情况如下：

（1）全年实现产品销售收入 6 800 万元，取得国债利息收入 120 万元。

（2）全年产品销售成本 3 680 万元。

（3）全年税金及附加129.9万元，其中，上缴消费税81万元，城市维护建设税34.23万元，教育费附加14.67万元。

（4）全年产品销售费用1 300万元（其中广告宣传费用1 150万元）。

（5）全年管理费用1 280万元（其中业务招待费用84万元）。

（6）全年财务费用90万元，其中，6月1日向非金融机构借款500万元应用于生产经营，借款期6个月支付利息25万元，银行贷款年利率8%。

（7）企业在册职工250人，本年工资支出1 780万元，发生职工福利费260万元，职工教育经费40万元，拨缴工会经费35.6万元，（取得专用收据）上述职工薪酬支出已包含在各项成本费用中。

（8）全年营业外支出36万元，其中违反政府规定被工商局罚款3万元，直接向某困难地区捐赠支出5万元。

要求：

（1）计算该企业2019年利润总额。

（2）在利润总额的基础上进行纳税调整计算当年企业所得税税额（答案中的金额单位用万元表示）。

答案解析：

（1）利润总额 =6 800+120–3 680–129.9–1 300–1 280–90–36=404.1（万元）。

（2）国债利息收入是免税项目，所以调减120万元。

（3）广告宣传费的扣除限额 =6 800×15%=1 020万元，小于本期发生额1 150万元，所以调增130万元，这130万元可以结转以后年度扣除。

（4）业务招待费：84×60%=50.4万元，6 800×0.5%=34万元，因为34<50.4，所以本期业务招待费的扣除限额为34万元，应调增84–34=50万元。

（5）借款利息只能以同类同期金融机构的贷款利率计算的利息为限扣除：500×8%×6/12=20万元，小于本期支付利息25万元，应调增5万元。

（6）职工福利费扣除限额：1 780×14%=249.2万元，小于本期发生额260，应调增10.8万元；职工教育经费扣除限额：1 780×8%=142.4万元，大于本期发生额40万元，不调整。

工会经费扣除限额：1 780×2%=35.6万元，等于本期发生额35.6万元，不调整。

（7）行政罚款3万元不允许税前扣除，直接捐赠的5万元也不可以税前扣除，应调增8万元。

综上，企业所得税应纳税所得额 =404.1–120+130+50+5+10.8+8=487.9（万元）。

企业所得税税额 =487.9×25%=121.975（万元）。

（二）企业取得境外所得计税时的抵免

1. 抵免境外已纳所得税额的有关规定

（1）允许抵免的两种情况。

① 居民企业来源于中国境外的应税所得。

② 非居民企业在中国境内设立机构、场所，取得发生在中国境外但与该机构、场所有实际联系的应税所得。

（2）税法规定，上述所得抵免限额为依照《企业所得税法》计算的应纳税额；超过抵免限额的部分，可以在以后 5 个年度内，用每年度抵免限额抵免当年应抵税额后的余额进行抵免。

2. 税收抵免的计算

企业可以选择按国（地区）别分别计算，或者不按国（地区）别汇总计算其来源于境外的应纳税所得额，并按照规定的税率，分别计算其可抵免境外所得税税额和抵免限额。上述方法一经选择，5 年内不得改变。

按分国（地区）不分项方式计算抵免限额，计算公式为：

抵免限额＝中国境内、外所得依照税法规定计算的应纳税总额 × 来源于某国（地区）的应纳税所得额 ÷ 中国境内、境外应纳税所得总额

任务三　企业所得税的会计核算

财政部发布的《企业会计准则第 18 号——所得税》明确指出所得税会计采用资产负债表债务法，计税基础与暂时性差异的确认是关键所在。

一、确认计税基础

采用资产负债表债务法，要求企业的资产与负债分别根据会计准则与税法的不同要求进行计价，简称会计计价基础和税法计价基础。会计计价基础即账面价值，是企业在资产负债表日，根据会计准则规定，在账面上确认的资产或负债的金额；税法计价基础即计税基础，是企业在资产负债表日，根据税法规定，为计算应交所得税所确认的资产或负债的价值，也是申报所得税时该资产或负债的计税金额。

（一）确认资产计税基础

资产的计税基础，是税法允许未来抵税的资产价值，即未来不需要纳税的资产价值，即现在不能税前列支抵扣的金额，也是现在需要纳税的资产价值，可用以下公式表示：

资产的计税基础＝未来可税前列支的金额＝成本 - 以前或现在已税前列支的金额

具体确认资产计税基础时，应区分不同情况进行处理：① 资产计税基础等于账面价值；② 资产计税基础与账面价值不等。例如，各项资产如发生减值，按照会计准则的规定应当计提相关的减值准备，而税法规定企业提取的减值准备一般不能税前抵扣，只有在资产发生实质性损失时才允许税前扣除，由此就产生了资产计税基础与账面价值之间的不等。又如，一项国债投资的

应收利息的账面价值为 10 万元，根据税法规定该利息收入免税，则应收利息的计税基础为 0。

（二）确认负债计税基础

负债的计税基础是指负债的账面价值减去未来期间计算应纳税所得额时按照税法规定可予抵扣的金额。显然，负债的计税基础是税法规定未来不可以扣税的负债价值，也就是未来需要纳税的负债价值，或者现在不需要纳税的负债价值，或现在可以税前列支抵扣的金额。可用以下公式表示：

$$负债的计税基础 = 账面价值 - 未来可税前列支的金额$$

具体确认负债计税基础时，应区分不同情况进行处理：① 负债计税基础等于账面价值。如短期借款、应付票据、应付账款、其他应付款等负债的确认和偿还，不会对当期损益和应纳税所得额产生影响，该负债引发的费用不允许抵扣未来的应纳税所得，即"计税基础＝账面价值"。② 负债计税基础与账面价值不等。某些情况下，负债的确认可能会涉及损益，进而影响不同期间的应纳税所得额，如某项负债引发的收入当前构成部分纳税所得，则负债计税基础与账面价值就会出现不等。

二、确认暂时性差异

暂时性差异是指资产或负债的账面价值与其计税基础之间的差额。其计算公式为：

$$暂时性差异 = 资产或负债的账面价值 - 资产或负债的计税基础$$

暂时性差异具有以下特点：第一，暂时性差异的计算值是一个累计值。由于资产或负债的计税基础与账面价值是累计的，暂时性差异也是一个累计值。暂时性差异在以后年度资产收回或负债清偿时，会产生应税利润或可抵扣金额，随时间推移会逐渐消除，即暂时性差异可以转回，且转回数与原发生数总额相同。第二，暂时性差异不同于时间性差异。时间性差异一定是暂时性差异，但暂时性差异并不都是时间性差异。暂时性差异按照其对未来期间应税金额的影响，分为应纳税暂时性差异和可抵扣暂时性差异。

（一）应纳税暂时性差异的确认

"应纳税"是指未来应纳税。应纳税暂时性差异将导致使用或处置资产、偿付负债的未来期间增加应纳税所得额。应纳税暂时性差异的确定方法如下：

1. 资产类项目（资产账面价值 > 计税基础）

一项资产的确认价值代表的是企业在持续使用或最终出售该项资产时会取得的经济利益的总额，而计税基础代表的是一项资产在未来期间可予税前扣除的总金额。资产账面价值大于其计税基础，该项资产未来期间产生的经济利益不能全部税前扣除，两者之间的差额需要交税，产生应纳税暂时性差异。

2. 负债类项目（负债账面价值 < 计税基础）

一项负债的账面价值为企业预计在未来期间清偿该项负债时的经济利益流出，而其计税基础代表的是账面价值在扣除税法规定未来期间允许税前扣除的金额之后的差额。负债账面价值小于其计税基础，则意味着就该项负债在未来期间可以税前抵扣的金额为负数，即应在未来期间应纳税所得额的基础上调增，增加应税所得和应交所得税，产生应纳税暂时性差异。

（二）可抵扣暂时性差异的确认

1. 资产类项目（资产账面价值＜计税基础）

资产未来期间产生的经济利益少，按照税法规定允许税前扣除的金额多，则企业在未来期间可以减少应纳税所得额并减少应交所得税。

2. 负债类项目（负债账面价值＞计税基础）

一项负债账面价值大于其计税基础，意味着未来期间按照税法规定构成负债的全部或部分金额可以自未来经济利益中扣除，减少未来期间应税所得和应交所得税。

三、会计核算

（一）会计账户的设置

《企业会计准则第18号——所得税》准则规定，企业对所得税进行会计处理时，应设置如下账户。

1. "应交税费——应交所得税"账户

"应交税费——应交所得税"账户用来核算企业应交未交所得税。按照税法的规定，调整会计利润至应纳税所得额并乘以当期所得税税率，计算当期应交所得税。调整的金额为会计收益和税法收益之间的差异。

2. "所得税费用"账户

"所得税费用"账户用来核算企业计入当期损益的所得税费用。计算确定了当期所得税及递延所得税后，利润表中应予确认的所得税费用为两者之和，即

$$所得税费用＝应交所得税＋递延所得税$$

3. "递延所得税负债"和"递延所得税资产"账户

"递延所得税负债"账户用来核算企业递延所得税负债的发生及转回，该账户属于负债类账户，余额在贷方。本期发生记在贷方，本期转回在借方。

"递延所得税资产"账户核算企业递延所得税资产的发生及转回，该账户属于资产类账户，余额在借方。本期发生记在借方，本期转回在贷方。

$$期末递延所得税资产＝可抵扣暂时性差异×适用所得税税率$$

$$期末递延所得税负债＝应纳税暂时性差异×适用所得税税率$$

$$递延所得税＝（期末递延所得税负债－期初递延所得税负债）－（期末递延所得税资产－期初递延所得税资产）$$

（二）企业所得税的会计核算

1. 资产的所得税会计核算

通常情况下，资产在取得时其入账价值与计税基础是相同的，后续计量过程中因会计准则规定与税法规定不同，可能造成账面价值与计税基础的差异。

（1）固定资产。以各种方式取得的固定资产，初始确认时入账价值基本上是被税法认可的，即取得时其入账价值一般等于计税基础。固定资产在持有期间进行后续计量时，会计与税收处理的差异主要来自折旧方法、折旧年限的不同以及固定资产减值准备的提取。

【例题 5-16·核算题】 甲公司适用的所得税税率为 25%。各年税前利润为 10 000 万元。2019 年 6 月 30 日以 2 000 万元购入并达到预定可使用状态的一项固定资产，甲公司在会计核算时估计其使用寿命为 5 年。按照适用税法规定，按照 10 年计算确定可税前扣除的折旧额。假定会计与税法均按年限平均法计提折旧，净残值均为零。要求完成甲公司的会计核算。

答案解析：

① 2019 年年末：

资产账面价值 $=2\,000-2\,000 \div 5 \times 6 \div 12=1\,800$（万元）

资产计税基础 $=2\,000-2\,000 \div 10 \times 6 \div 12=1\,900$（万元）

可抵扣暂时性差异 $=1\,900-1\,800=100$（万元）

2019 年年末"递延所得税资产"余额 $=100 \times 25\%=25$（万元）

2019 年年末"递延所得税资产"发生额 $=25-0=25$（万元）

2019 年年末确认递延所得税费用 $=-25$（万元）

2019 年应交所得税 $=$（10 000+ 会计折旧 $2\,000 \div 5 \times 6 \div 12-$ 税法折旧 $2\,000 \div 10 \times 6 \div 12$）$\times 25\%=2\,525$（万元）

2019 年年末确认所得税费用 $=2\,525-25=2\,500$（万元）

借：所得税费用   25 000 000

  递延所得税资产   250 000

   贷：应交税费——应交所得税 25 250 000

② 2020 年年末：

资产账面价值 $=2\,000-2\,000 \div 5 \times 1.5=1\,400$（万元）

资产计税基础 $=2\,000-2\,000 \div 10 \times 1.5=1\,700$（万元）

累计可抵扣暂时性差异 $=1\,700-1\,400=300$（万元）

2019 年年末"递延所得税资产"余额 $=300 \times 25\%=75$（万元）

2019 年年末"递延所得税资产"发生额 $=75-25=50$（万元）

2019 年年末确认递延所得税费用 $=-50$（万元）

2019 年应交所得税 $=$（10 000+ 会计折旧 $2\,000 \div 5-$ 税法折旧 $2\,000 \div 10$）$\times 25\%=2\,550$（万元）

2019 年年末确认所得税费用 =2 550–50 = 2 500（万元）

借：所得税费用　　　　　　　　　　　25 000 000

　　　递延所得税资产　　　　　　　　　 500 000

　　　贷：应交税费——应交所得税　　　　　　 25 500 000

（2）无形资产。除内部研究开发形成的无形资产以外，取得的无形资产，初始确认时其入账价值与税法规定的成本之间一般不存在差异。无形资产在后续计量时，会计与税法的差异主要产生于对无形资产是否需要摊销及无形资产减值准备的提取。

【例题 5-17·核算题】甲公司 2019 年 1 月 1 日，以银行存款 800 万元购入一项专利技术用于新产品的生产，当日投入使用，预计使用年限为 5 年，预计残值为零，采用年限平均法摊销。该专利技术的初始入账金额与计税基础一致。根据税法规定，2019 年甲公司该专利技术的摊销额能在税前扣除的金额为 160 万元。2020 年 12 月 31 日，该专利技术出现减值迹象，经减值检测，该专利技术的可收回金额为 420 万元，预计尚可使用 3 年，预计残值为零，仍采用年限法摊销。甲公司 2020 年度实现的利润总额为 1 000 万元。根据税法规定，2020 年甲公司该专利技术的摊销额能在税前扣除的金额为 160 万元；当年对该专利技术计提的减值准备不允许税前扣除。除该事项外，甲公司无其他纳税调整事项。要求完成甲公司的会计核算。

答案解析：

2020 年年末应计提减值准备金额 =[800–（160×2）]–420=60（万元）

2020 年的应交所得税 =（1 000+60）×25%=265（万元）

2020 年应确认的递延所得税资产 =60×25%=15（万元）

2020 年的所得税费用 =265–15=250（万元）

借：所得税费用　　　　　　　　　　　2 500 000

　　　递延所得税资产　　　　　　　　　 150 000

　　　贷：应交税费——应交所得税　　　　　　 2 650 000

2. 负债的所得税会计核算

一般情况下，负债的确认与偿还不会影响企业的损益，也不会影响其应纳税所得额。但是，某些情况下，负债的确认可能会影响企业的损益，进而影响不同期间的应纳税所得额，使其计税基础与账面价值之间产生差额，如按照会计规定确认的某些预计负债。

（1）预计负债。

【例题 5-18·核算题】甲公司适用的所得税税率为 25%，各年税前会计利润为 10 000 万元。按照税法规定，与产品售后服务相关的费用在实际发生时允许税前扣除。2019 年年末"预计负债"的科目余额为 500 万元（因计提产品保修费用确认），2019 年年末"递延所得税资产"余额为 125 万元（因计提产品保修费用确认）。甲公司 2020 年实际支付保修费用 400 万元，在 2020 年度利润表中确认了 600 万元的销售费用，同时确认为预计负债。要求完成甲公司的会计核算。

答案解析：

2020 年年末负债账面价值 =500–400+600=700（万元）

2020 年年末负债计税基础 =700–700=0

2020 年年末累计可抵扣暂时性差异金额 =700（万元）

2020 年年末"递延所得税资产"余额 =700×25%=175（万元）

2020 年年末"递延所得税资产"发生额 =175–125=50（万元）

递延所得税收益为 50 万元

2020 年应交所得税 =（10 000+600–400）×25%=2 550（万元）

2020 年所得税费用 =2 550–50=2 500（万元）

借：所得税费用　　　　　　　　　　　25 000 000

　　递延所得税资产　　　　　　　　　　 500 000

　　　贷：应交税费——应交所得税　　　　　　　25 500 000

（2）合同负债。企业在收到客户预付的款项时，因不符合收入确认条件，会计上将其确认为合同负债。税法中对于收入的确认原则一般与会计规定相同，即会计上未确认收入时，计税时一般亦不计入应纳税所得额，计税基础等于账面价值。

某些情况下，因不符合会计准则规定的收入确认条件未确认为收入的预收款项，按照税法规定应计入当期应纳税所得额时，有关合同负债的计税基础为 0，即因其产生时已经计算缴纳所得税，未来期间可全额税前扣除。

【例题 5-19·核算题】甲公司各年税前会计利润为 10 000 万元，所得税税率为 25%。公司于 2019 年 12 月 20 日收到客户一笔合同预付款，金额为 100 万元，因不符合收入确认条件，将其作为合同负债核算。假定按照适用税法规定，该款项应计入取得当期应纳税所得额计算缴纳所得税。递延所得税资产期初余额为 0。要求完成甲公司的会计核算。

答案解析：

账面价值 =100（万元）

计税基础 =100–100 =0

可抵扣暂时性差异 =100 万元，2019 年年末"递延所得税资产"余额 =100×25%=25（万元）

2019 年年末"递延所得税资产"发生额 =25–0=25（万元）

2019 年应交所得税 =（10 000+100）×25%=2 525（万元）

2019 年所得税费用 =2 525–25=2 500（万元）

借：所得税费用　　　　　　　　　　　25 000 000

　　递延所得税资产　　　　　　　　　　 250 000

　　　贷：应交税费——应交所得税　　　　　　　25 250 000

2020 年会计确认收入 100 万元。会计处理如下：

账面价值 =0

计税基础 =0

可抵扣暂时性差异累计额 =0

2020 年年末"递延所得税资产"余额 =0

2020 年年末"递延所得税资产"发生额 =0–25=–25（万元）

2020 年应交所得税 =（10 000–100）×25%=2 475（万元）

2020 年所得税费用 =2 475+25=2 500（万元）

借：所得税费用 25 000 000

　　贷：应交税费——应交所得税 24 750 000

　　　　递延所得税资产 250 000

（3）其他负债。如企业应交的罚款和滞纳金等，在尚未支付之前按照会计规定确认为损益，同时作为负债反映。税法规定，罚款和滞纳金不能税前扣除，其计税基础为账面价值减去未来期间计税时可予税前扣除的金额之间的差额，即计税基础等于账面价值，不产生暂时性差异。

【例题 5-20·核算题】甲公司所得税税率为 25%，假定公司税前会计利润为 10 000 万元。2019 年 12 月接到下列处罚书面通知书：①因违反当地有关环保法规的规定，接到环保部门的处罚通知，要求其支付罚款 300 万元。至 2019 年 12 月 31 日，该项罚款尚未支付。②因违反税收法规的规定，接到税务部门的处罚通知，要求其支付罚款 200 万元。至 2019 年 12 月 31 日，该项罚款尚未支付。要求完成甲公司的会计核算。

负债账面价值 =500（万元）

负债计税基础 =500–0=500（万元）

不形成暂时性差异

借：所得税费用 26 250 000 [10 000+500）×25%]

　　贷：应交税费——应交所得税 26 250 000

任务四　企业所得税的纳税申报

一、企业所得税的征收管理

企业所得税的征收管理是企业所得税管理制度的重要内容。企业所得税的征收管理除了《企业所得税法》规定，还应依照《中华人民共和国税收征收管理法》规定执行。

（一）征收方式

企业所得税的征收方式分为查账征收和核定征收。

1. 查账征收

查账征收也称"查账计征"或"自报查账"。查账征收是由纳税人依据账簿记载，先自行计算缴纳，事后经税务机关查账核实，如有不符时，可多退少补。这种征收方式适用于账簿、凭证、财务核算制度比较健全，能够据以如实核算，反映生产经营成果，正确计算应纳税款的纳税人。

2. 核定征收

核定征收税款是指由于纳税人的会计账簿不健全，资料残缺难以查账，或者其他原因难以准确确定纳税人应纳税额时，由税务机关采用合理的方法依法核定纳税人应纳税款的一种征收方式，简称核定征收。

下列纳税人可以采取核定所得额或应纳税额的办法：

（1）依照税法规定应当设置但未设置账簿的。

（2）虽设账簿，但账目混乱或者收入凭证、成本资料、费用凭证残缺不全，难以查实的。

（3）发生纳税义务，未按照规定的期限办理纳税申报，经税务机关责令期限申报，逾期仍不申报的。对纳税人实行核定征收办法的，应由纳税人所在地的税务机关直接征收。

（二）纳税地点

1. 居民企业的纳税地点

除税收法律、行政法规另有规定外，居民企业以企业登记注册地为纳税地点，但登记注册地在境外的，以实际管理机构所在地为纳税地点。

2. 非居民企业的纳税地点

非居民企业在中国境内设立机构、场所的，以机构、场所所在地为纳税地点。非居民企业在中国境内设立两个或者两个以上机构、场所的，经税务机关审核批准，可以选择由其主要机构、场所汇总缴纳企业所得税。在中国境内未设立机构、场所的，或者虽设立机构、场所但取得的所得与其所设机构、场所没有实际联系的非居民企业，以扣缴义务人所在地为纳税地点。

（三）纳税期限

企业所得税按年计征，分月或者分季预缴，年终汇算清缴，多退少补。

纳税年度自公历 1 月 1 日起至 12 月 31 日止。企业在一个纳税年度中间开业，或者终止经营活动，使该纳税年度的实际经营期不足 12 个月的，应当以其实际经营期为 1 个纳税年度。企业依法清算时，应当以清算期间作为 1 个纳税年度。

企业在年度中间终止经营活动的，应当自实际经营终止之日起的 60 日内，向税务机关办理当期企业所得税汇算清缴。

（四）纳税申报

企业所得税分月或者分季预缴。企业应当自月份或者季度终了之日起 15 日内，向税务机关报送预缴企业所得税纳税申报表，预缴税款。

企业分月或者分季预缴企业所得税时，应当按照月度或者季度的实际利润额预缴；按照月度或者季度的实际利润额预缴有困难的，可以按照上一纳税年度应纳税所得额的月度或者季度平均额预缴，或者按照经税务机关认可的其他方法预缴。预缴方法一经确定，该纳税年度内不得随意变更。

企业应当自年度终了之日起 5 个月内，向税务机关报送年度企业所得税纳税申报表，并汇算清缴，结清应缴应退税款。企业应当在办理注销登记前，就其清算所得向税务机关申报并依法缴纳企业所得税。

依照企业所得税法缴纳的企业所得税，以人民币计算。所得以人民币以外的货币计算的，应当折合成人民币计算并缴纳税款。

企业在纳税年度内无论盈利或者亏损，都应当依照规定的期限，向税务机关报送预缴企业所得税纳税申报表、年度企业所得税纳税申报表、财务会计报告和税务机关规定应当报送的其他有关资料。

我国目前纳税申报主要采用网上申报的电子申报方式和上门申报的直接申报方式。网上申报是纳税人或代理人用网络传输的方式将电子数据文档发送到税务机关指定的网页或电子信箱，并将有关款项及时存入税款预储户；同时在纳税申报期前，将与电子数据相同的纳税申报纸质资料送达申报征收窗口的一种电子申报方式。

二、企业所得税的预缴申报

（一）预缴申报表

（1）实行查账征收企业所得税的居民企业纳税人采用 A 类预缴申报表。

A 类预缴申报表及其附列资料包括：

① A200000《中华人民共和国企业所得税月（季）度预缴纳税申报表（A 类）》。（见表 5-3）

② A201010《免税收入、减计收入、所得减免等优惠明细表》。（见表 5-4）

③ A201020《固定资产加速折旧（扣除）优惠明细表》。（见表 5-5）

④ A201030《减免所得税优惠明细表》。（见表 5-6）

⑤ A202000《企业所得税汇总纳税分支机构所得税分配表》。（略）

（2）实行核定征收企业所得税的居民企业纳税人采用 B 类预缴申报表。（见表 5-7）

（二）预缴申报应用

浙江省宁波市北仑 XC 模具有限公司为企业所得税居民纳税人，纳税人识别号 330206×××
××××××××××，实行查账征收缴纳企业所得税。2019 年 1~3 月营业收入合计 2 500 000 元，营业成本 1 850 000 元，利润总额 342 000 元，符合小型微利企业的减免条件。假定不考虑其他因素。

根据上述资料填报的第一季度所得税预缴申报表如表 5-3、表 5-6 所示。

表 5-3 　A200000　中华人民共和国企业所得税月（季）度预缴纳税申报表（A 类）

税款所属期间：2019 年 1 月 1 日至 2019 年 3 月 31 日

纳税人识别号（统一社会信用代码）：□□□□□□□□□□□□□□□□□□

纳税人名称：浙江省宁波市北仑 XC 模具有限公司　　　　　　金额单位：人民币元（列至角分）

预缴方式	□ 按照实际利润额预缴　□ 按照上一纳税年度应纳税所得额平均额预缴　□ 按照税务机关确定的其他方法预缴		
企业类型	□一般企业　□ 跨地区经营汇总纳税企业总机构　　□ 跨地区经营汇总纳税企业分支机构		
预缴税款计算			
行次	项　　目		本年累计金额
1	营业收入		2 500 000.00
2	营业成本		1 850 000.00
3	利润总额		342 000.00
4	加：特定业务计算的应纳税所得额		
5	减：不征税收入		
6	减：免税收入、减计收入、所得减免等优惠金额（填写 A201010）		
7	减：固定资产加速折旧（扣除）调减额（填写 A201020）		
8	减：弥补以前年度亏损		
9	实际利润额（3+4-5-6-7-8）\ 按照上一纳税年度应纳税所得额平均额确定的应纳税所得额		342 000.00
10	税率（25%）		25%
11	应纳所得税额（9×10）		85 500.00
12	减：减免所得税额（填写 A201030）		51 300.00
13	减：实际已缴纳所得税额		
14	减：特定业务预缴（征）所得税额		
15	本期应补（退）所得税额（11-12-13-14）\ 税务机关确定的本期应纳所得税额		34 200.00
汇总纳税企业总分机构税款计算			
16	总机构填报	总机构本期分摊应补（退）所得税额（17+18+19）	
17		其中：总机构分摊应补（退）所得税额（15× 总机构分摊比例 ___%）	
18		财政集中分配应补（退）所得税额（15× 财政集中分配比例 ___%）	
19		总机构具有主体生产经营职能的部门分摊所得税额（15× 全部分支机构分摊比例 ___%× 总机构具有主体生产经营职能部门分摊比例 ___%）	
20	分支机构填报	分支机构本期分摊比例	
21		分支机构本期分摊应补（退）所得税额	
附报信息			
小型微利企业	√是　□ 否	科技型中小企业	□ 是　□ 否
高新技术企业	□是　□ 否	技术入股递延纳税事项	□ 是　□ 否
期末从业人数			

　　谨声明：此纳税申报表是根据《中华人民共和国企业所得税法》《中华人民共和国企业所得税法实施条例》以及有关税收政策和国家统一会计制度的规定填报的，是真实的、可靠的、完整的。

　　　　　　　　　　　　　　　　　　　　法定代表人（签章）：　　　　　年 月 日

纳税人公章： 会计主管： 填表日期：　　年 月 日	代理申报中介机构公章： 经办人： 经办人执业证件号码： 代理申报日期：　　年 月 日	主管税务机关受理专用章： 受理人： 受理日期：　　年 月 日

国家税务总局监制

表 5-4　A201010　免税收入、减计收入、所得减免等优惠明细表

金额单位：元（列至角分）

行次	项　目	本年累计金额
1	一、免税收入（2+3+6+7+…+15）	
2	（一）国债利息收入免征企业所得税	
3	（二）符合条件的居民企业之间的股息、红利等权益性投资收益免征企业所得税	
4	其中：内地居民企业通过沪港通投资且连续持有 H 股满 12 个月取得的股息红利所得免征企业所得税	
5	内地居民企业通过深港通投资且连续持有 H 股满 12 个月取得的股息红利所得免征企业所得税	
6	（三）符合条件的非营利组织的收入免征企业所得税	
7	（四）符合条件的非营利组织（科技企业孵化器）的收入免征企业所得税	
8	（五）符合条件的非营利组织（国家大学科技园）的收入免征企业所得税	
9	（六）中国清洁发展机制基金取得的收入免征企业所得税	
10	（七）投资者从证券投资基金分配中取得的收入免征企业所得税	
11	（八）取得的地方政府债券利息收入免征企业所得税	
12	（九）中国保险保障基金有限责任公司取得的保险保障基金等收入免征企业所得税	
13	（十）中国奥委会取得北京冬奥组委支付的收入免征企业所得税	
14	（十一）中国残奥委会取得北京冬奥组委分期支付的收入免征企业所得税	
15	（十二）其他	
16	二、减计收入（17+18+22+23）	
17	（一）综合利用资源生产产品取得的收入在计算应纳税所得额时减计收入	
18	（二）金融、保险等机构取得的涉农利息、保费减计收入（19+20+21）	
19	1. 金融机构取得的涉农贷款利息收入在计算应纳税所得额时减计收入	
20	2. 保险机构取得的涉农保费收入在计算应纳税所得额时减计收入	
21	3. 小额贷款公司取得的农户小额贷款利息收入在计算应纳税所得额时减计收入	
22	（三）取得铁路债券利息收入减半征收企业所得税	
23	（四）其他	
24	三、加计扣除（25+26+27+28）	*
25	（一）开发新技术、新产品、新工艺发生的研究开发费用加计扣除	*
26	（二）科技型中小企业开发新技术、新产品、新工艺发生的研究开发费用加计扣除	*
27	（三）企业为获得创新性、创意性、突破性的产品进行创意设计活动而发生的相关费用加计扣除	*
28	（四）安置残疾人员所支付的工资加计扣除	*
29	四、所得减免（30+33+34+35+36+37+38+39+40）	
30	（一）从事农、林、牧、渔业项目的所得减免征收企业所得税（31+32）	
31	1. 免税项目	
32	2. 减半征收项目	
33	（二）从事国家重点扶持的公共基础设施项目投资经营的所得定期减免企业所得税	

行次	项　目	本年累计金额
34	（三）从事符合条件的环境保护、节能节水项目的所得定期减免企业所得税	
35	（四）符合条件的技术转让所得减免征收企业所得税	
36	（五）实施清洁发展机制项目的所得定期减免企业所得税	
37	（六）符合条件的节能服务公司实施合同能源管理项目的所得定期减免企业所得税	
38	（七）线宽小于130纳米的集成电路生产项目的所得减免企业所得税	
39	（八）线宽小于65纳米或投资额超过150亿元的集成电路生产项目的所得减免企业所得税	
40	（九）其他	
41	合计（1+16+24+29）	

表 5-5　A201020　固定资产加速折旧（扣除）优惠明细表

金额单位：元（列至角分）

行次	项　目	资产原值	本年累计折旧（扣除）金额				
			账载折旧金额	按照税收一般规定计算的折旧金额	享受加速折旧优惠计算的折旧金额	纳税调减金额	享受加速折旧优惠金额
		1	2	3	4	5	6（4-3）
1	一、固定资产加速折旧（不含一次性扣除，2+3）						
2	（一）重要行业固定资产加速折旧						
3	（二）其他行业研发设备加速折旧						
4	二、固定资产一次性扣除						
5	合计（1+4）						

表 5-6　A201030　减免所得税优惠明细表

金额单位：元（列至角分）

行次	项　目	本年累计金额
1	一、符合条件的小型微利企业减免企业所得税	51 300.00
2	二、国家需要重点扶持的高新技术企业减按15%的税率征收企业所得税	
3	三、经济特区和上海浦东新区新设立的高新技术企业在区内取得的所得定期减免企业所得税	
4	四、受灾地区农村信用社免征企业所得税	
5	五、动漫企业自主开发、生产动漫产品定期减免企业所得税	
6	六、线宽小于0.8微米（含）的集成电路生产企业减免企业所得税	
7	七、线宽小于0.25微米的集成电路生产企业减按15%税率征收企业所得税	
8	八、投资额超过80亿元的集成电路生产企业减按15%税率征收企业所得税	

续　表

行次	项　目	本年累计金额
9	九、线宽小于 0.25 微米的集成电路生产企业减免企业所得税	
10	十、投资额超过 80 亿元的集成电路生产企业减免企业所得税	
11	十一、线宽小于 130 纳米的集成电路生产企业减免企业所得税	
12	十二、线宽小于 65 纳米或投资额超过 150 亿元的集成电路生产企业减免企业所得税	
13	十三、新办集成电路设计企业减免企业所得税	
14	十四、国家规划布局内集成电路设计企业可减按 10% 的税率征收企业所得税	
15	十五、符合条件的软件企业减免企业所得税	
16	十六、国家规划布局内重点软件企业可减按 10% 的税率征收企业所得税	
17	十七、符合条件的集成电路封装、测试企业定期减免企业所得税	
18	十八、符合条件的集成电路关键专用材料生产企业、集成电路专用设备生产企业定期减免企业所得税	
19	十九、经营性文化事业单位转制为企业的免征企业所得税	
20	二十、符合条件的生产和装配伤残人员专门用品企业免征企业所得税	
21	二十一、技术先进型服务企业减按 15% 的税率征收企业所得税	
22	二十二、服务贸易类技术先进型服务企业减按 15% 的税率征收企业所得税	
23	二十三、设在西部地区的鼓励类产业企业减按 15% 的税率征收企业所得税	
24	二十四、新疆困难地区新办企业定期减免企业所得税	
25	二十五、新疆喀什、霍尔果斯特殊经济开发区新办企业定期免征企业所得税	
26	二十六、广东横琴、福建平潭、深圳前海等地区的鼓励类产业企业减按 15% 税率征收企业所得税	
27	二十七、北京冬奥组委、北京冬奥会测试赛赛事组委会免征企业所得税	
28	二十八、其他	
29	二十九、民族自治地方的自治机关对本民族自治地方的企业应缴纳的企业所得税中属于地方分享的部分减征或免征（　□ 免征　□ 减征：减征幅度 ____ %　）	
30	合计（1+2+3+4+5+6+…+29）	51 300.00

表 5-7　B100000　中华人民共和国企业所得税月（季）度预缴和年度纳税申报表（B 类，2018 年版）

税款所属期间：　　年　月　日至　　年　月　日

纳税人识别号（统一社会信用代码）：□□□□□□□□□□□□□□□□□□

纳税人名称：　　　　　　　　　　　　　　　　　　　　金额单位：元（列至角分）

核定征收方式	□ 核定应税所得率（能核算收入总额的）　□ 核定应税所得率（能核算成本费用总额的） □ 核定应纳所得税额	
行次	项目	本年累计金额
1	收入总额	
2	减：不征税收入	
3	减：免税收入（4+5+8+9）	
4	国债利息收入免征企业所得税	
5	符合条件的居民企业之间的股息、红利等权益性投资收益免征企业所得税	

续 表

行次	项目	本年累计金额
7	通过深港通投资且连续持有 H 股满 12 个月取得的股息红利所得免征企业所得税	
8	投资者从证券投资基金分配中取得的收入免征企业所得税	
9	取得的地方政府债券利息收入免征企业所得税	
10	应税收入额（1-2-3）\ 成本费用总额	
11	税务机关核定的应税所得率（%）	
12	应纳税所得额（第 10×11 行）\〔第 10 行÷（1-第 11 行）×第 11 行〕	
13	税率（25%）	
14	应纳所得税额（12×13）	
15	减：符合条件的小型微利企业减免企业所得税	
16	减：实际已缴纳所得税额	
17	本期应补（退）所得税额（14-15-16）\ 税务机关核定本期应纳所得税额	

月（季）度申报填报	小型微利企业	□是 □否	期末从业人数	
年度申报填报	所属行业明细代码		国家限制或禁止行业	□是 □否
	从业人数		资产总额（万元）	

谨声明：此纳税申报表是根据《中华人民共和国企业所得税法》《中华人民共和国企业所得税法实施条例》以及有关税收政策和国家统一会计制度的规定填报的，是真实的、可靠的、完整的。

法定代表人（签章）： 年 月 日

纳税人公章： 会计主管： 填表日期： 年 月 日	代理申报中介机构公章： 经办人： 经办人执业证件号码： 代理申报日期： 年 月 日	主管税务机关受理专用章： 受理人： 受理日期： 年 月 日

国家税务总局监制

三、企业所得税的年度申报

（一）年度纳税申报表

1. 实行查账征收企业所得税的居民企业纳税人采用 A 类年度纳税申报表

（1）企业所得税 A 类年度纳税申报表所有填报表单如表 5-8 所示。

表 5-8 企业所得税年度纳税申报表填报表单

表单编号	表单名称	是否填报
A000000	企业所得税年度纳税申报基础信息表	√
A100000	中华人民共和国企业所得税年度纳税申报表（A 类）	√
A101010	一般企业收入明细表	□
A101020	金融企业收入明细表	□
A102010	一般企业成本支出明细表	□
A102020	金融企业支出明细表	□

续 表

表单编号	表单名称	是否填报
A103000	事业单位、民间非营利组织收入、支出明细表	☐
A104000	期间费用明细表	☐
A105000	纳税调整项目明细表	☐
A105010	视同销售和房地产开发企业特定业务纳税调整明细表	☐
A105020	未按权责发生制确认收入纳税调整明细表	☐
A105030	投资收益纳税调整明细表	☐
A105040	专项用途财政性资金纳税调整明细表	☐
A105050	职工薪酬支出及纳税调整明细表	☐
A105060	广告费和业务宣传费跨年度纳税调整明细表	☐
A105070	捐赠支出及纳税调整明细表	☐
A105080	资产折旧、摊销及纳税调整明细表	☐
A105090	资产损失税前扣除及纳税调整明细表	☐
A105100	企业重组及递延纳税事项纳税调整明细表	☐
A105110	政策性搬迁纳税调整明细表	☐
A105120	特殊行业准备金及纳税调整明细表	☐
A106000	企业所得税弥补亏损明细表	☐
A107010	免税、减计收入及加计扣除优惠明细表	☐
A107011	符合条件的居民企业之间的股息、红利等权益性投资收益优惠明细表	☐
A107012	研发费用加计扣除优惠明细表	☐
A107020	所得减免优惠明细表	☐
A107030	抵扣应纳税所得额明细表	☐
A107040	减免所得税优惠明细表	☐
A107041	高新技术企业优惠情况及明细表	☐
A107042	软件、集成电路企业优惠情况及明细表	☐
A107050	税额抵免优惠明细表	☐
A108000	境外所得税收抵免明细表	☐
A108010	境外所得纳税调整后所得明细表	☐
A108020	境外分支机构弥补亏损明细表	☐
A108030	跨年度结转抵免境外所得税明细表	☐
A109000	跨地区经营汇总纳税企业年度分摊企业所得税明细表	☐
A109010	企业所得税汇总纳税分支机构所得税分配表	☐

说明：企业应当根据实际情况选择需要填报的表单。

上表列示了申报表全部表单的名称及编号。纳税人在填报申报表之前，须仔细阅读这些表单的填报信息，并根据企业的涉税业务，选择"是否填报"。选择"填报"的，在"☐"内打"√"，并完成该表单内容的填报。未选择"填报"的表单，无须向税务机关报送。

（2）查账征收企业普遍填制的表单包括：

①A000000《企业所得税年度纳税申报基础信息表》（2018年修订）。（见表5-9）

②A100000《中华人民共和国企业所得税年度纳税申报表（A类）》。（见表5-10）

③A101010《一般企业收入明细表》。（见表5-11）

④A102010《一般企业成本支出明细表》。（见表5-12）

⑤A104000《期间费用明细表》。（见表5-13）

⑥A105000《纳税调整项目明细表》。（见表5-14）

⑦A107010《免税、减计收入及加计扣除优惠明细表》。（见表5-15）

（3）小型微利企业填制的表单。

《中华人民共和国企业所得税年度纳税申报表（A类）》（A100000）为小型微利企业必填表单。

《企业所得税年度纳税申报基础信息表》（A000000）中的"基本经营情况"为小型微利企业必填项目；"有关涉税事项情况"为选填项目，存在或者发生相关事项时小型微利企业必须填报；"主要股东及分红情况"为小型微利企业免填项目。

小型微利企业免于填报《一般企业收入明细表》（A101010）、《金融企业收入明细表》（A101020）、《一般企业成本支出明细表》（A102010）、《金融企业支出明细表》（A102020）、《事业单位、民间非营利组织收入、支出明细表》（A103000）、《期间费用明细表》（A104000）。

上述表单相关数据应当在《中华人民共和国企业所得税年度纳税申报表（A类）》（A100000）中直接填写。

除规定的表单、项目外，小型微利企业可结合自身经营情况，选择表单填报。未发生表单中规定的事项，无须填报。

2. 实行核定征收企业所得税的居民企业纳税人采用B类年度纳税申报表（见表5-7）

表5-9　A000000　企业所得税年度纳税申报基础信息表（2018年修订）

金额单位：元（列至角分）

基本经营情况（必填项目）			
101 纳税申报企业类型（填写代码）		102 分支机构就地纳税比例（%）	
103 资产总额（填写平均值，单位：万元）		104 从业人数（填写平均值，单位：人）	
105 所属国民经济行业（填写代码）		106 从事国家限制或禁止行业	□是□否
107 适用会计准则或会计制度（填写代码）		108 采用一般企业财务报表格式（2018年版）	□是□否
109 小型微利企业	□是□否	110 上市公司 是（□境内□境外）□否	
有关涉税事项情况（存在或者发生下列事项时必填）			
201 从事股权投资业务	□是	202 存在境外关联交易	□是
203 选择采用的境外所得抵免方式	□分国（地区）不分项 □不分国（地区）不分项		
204 有限合伙制创业投资企业的法人合伙人	□是	205 创业投资企业	□是
206 技术先进型服务企业类型（填写代码）		207 非营利组织	□是
208 软件、集成电路企业类型（填写代码）		209 集成电路生产项目类型	□ 130 纳米 □ 65 纳米

续 表

有关涉税事项情况（存在或者发生下列事项时必填）			
210 科技型中小企业	210-1____年（申报所属期年度）入库编号 1	210-2 入库时间 1	
	210-3____年（所属期下一年度）入库编号 2		
211 高新技术企业申报所属期年度有效的高新技术企业证书 211-3 证书编号 2	211-1 证书编号 1	210-4 入库时间 2	
	211-4 发证时间 2	211-2 发证时间 1	
212 重组事项税务处理方式	□一般性 □特殊性	213 重组交易类型（填写代码）	
214 重组当事方类型（填写代码）		215 政策性搬迁开始时间	____年__月
216 发生政策性搬迁且停止生产经营无所得年度	□是	217 政策性搬迁损失分期扣除年度	□是
218 发生非货币性资产对外投资递延纳税事项	□是	219 非货币性资产对外投资转让所得递延纳税年度	□是
220 发生技术成果投资入股递延纳税事项	□是	221 技术成果投资入股递延纳税年度	□是
222 发生资产（股权）划转特殊性税务处理事项	□是	223 债务重组所得递延纳税年度	□是

主要股东及分红情况（必填项目）					
股东名称	证件种类	证件号码	投资比例（%）	当年（决议日）分配的股息、红利等权益性投资收益金额	国籍（注册地址）
其余股东合计	—	—			—

表 5-10　A100000　中华人民共和国企业所得税年度纳税申报表（A 类）

金额单位：元（列至角分）

行次	类别	项 目	金 额
1	利润总额计算	一、营业收入（填写 A101010\101020\103000）	
2		减：营业成本（填写 A102010\102020\103000）	
3		减：税金及附加	
4		减：销售费用（填写 A104000）	
5		减：管理费用（填写 A104000）	
6		减：财务费用（填写 A104000）	
7		减：资产减值损失	
8		加：公允价值变动收益	
9		加：投资收益	
10		二、营业利润（1-2-3-4-5-6-7+8+9）	

行次	类别	项 目	金 额
11	利润总额计算	加：营业外收入（填写 A101010\101020\103000）	
12		减：营业外支出（填写 A102010\102020\103000）	
13		三、利润总额（10+11-12）	
14	应纳税所得额计算	减：境外所得（填写 A108010）	
15		加：纳税调整增加额（填写 A105000）	
16		减：纳税调整减少额（填写 A105000）	
17		减：免税、减计收入及加计扣除（填写 A107010）	
18		加：境外应税所得抵减境内亏损（填写 A108000）	
19		四、纳税调整后所得（13-14+15-16-17+18）	
20		减：所得减免（填写 A107020）	
21		减：弥补以前年度亏损（填写 A106000）	
22		减：抵扣应纳税所得额（填写 A107030）	
23		五、应纳税所得额（19-20-21-22）	
24	应纳税额计算	税率（25%）	
25		六、应纳所得税额（23×24）	
26		减：减免所得税额（填写 A107040）	
27		减：抵免所得税额（填写 A107050）	
28		七、应纳税额（25-26-27）	
29	应纳税额计算	加：境外所得应纳所得税额（填写 A108000）	
30		减：境外所得抵免所得税额（填写 A108000）	
31		八、实际应纳所得税额（28+29-30）	
32		减：本年累计实际已缴纳的所得税额	
33		九、本年应补（退）所得税额（31-32）	
34		其中：总机构分摊本年应补（退）所得税额（填写 A109000）	
35		财政集中分配本年应补（退）所得税额（填写 A109000）	
36		总机构主体生产经营部门分摊本年应补（退）所得税额（填写 A109000）	

表 5-11 A101010 一般企业收入明细表

金额单位：元（列至角分）

行次	项 目	金 额
1	一、营业收入（2+9）	
2	（一）主营业务收入（3+5+6+7+8）	
3	1.销售商品收入	
4	其中：非货币性资产交换收入	
5	2.提供劳务收入	
6	3.建造合同收入	
7	4.让渡资产使用权收入	
8	5.其他	

续 表

行次	项 目	金 额
9	（二）其他业务收入（10+12+13+14+15）	
10	1. 销售材料收入	
11	其中：非货币性资产交换收入	
12	2. 出租固定资产收入	
13	3. 出租无形资产收入	
14	4. 出租包装物和商品收入	
15	5. 其他	
16	二、营业外收入（17+18+19+20+21+22+23+24+25+26）	
17	（一）非流动资产处置利得	
18	（二）非货币性资产交换利得	
19	（三）债务重组利得	
20	（四）政府补助利得	
21	（五）盘盈利得	
22	（六）捐赠利得	
23	（七）罚没利得	
24	（八）确实无法偿付的应付款项	
25	（九）汇兑收益	
26	（十）其他	

表 5-12　A102010　一般企业成本支出明细表

金额单位：元（列至角分）

行次	项 目	金 额
1	一、营业成本（2+9）	
2	（一）主营业务成本（3+5+6+7+8）	
3	1. 销售商品成本	
4	其中：非货币性资产交换成本	
5	2. 提供劳务成本	
6	3. 建造合同成本	
7	4. 让渡资产使用权成本	
8	5. 其他	
9	（二）其他业务成本（10+12+13+14+15）	
10	1. 材料销售成本	
11	其中：非货币性资产交换成本	
12	2. 出租固定资产成本	
13	3. 出租无形资产成本	
14	4. 包装物出租成本	
15	5. 其他	
16	二、营业外支出（17+18+19+20+21+22+23+24+25+26）	
17	（一）非流动资产处置损失	

行次	项 目	金 额
18	（二）非货币性资产交换损失	
19	（三）债务重组损失	
20	（四）非常损失	
21	（五）捐赠支出	
22	（六）赞助支出	
23	（七）罚没支出	
24	（八）坏账损失	
25	（九）无法收回的债券股权投资损失	
26	（十）其他	

表 5-13 A104000 期间费用明细表

金额单位：元（列至角分）

行次	项 目	销售费用	其中：境外支付	管理费用	其中：境外支付	财务费用	其中：境外支付
		1	2	3	4	5	6
1	一、职工薪酬		*		*	*	*
2	二、劳务费					*	*
3	三、咨询顾问费					*	*
4	四、业务招待费		*		*	*	*
5	五、广告费和业务宣传费		*		*	*	*
6	六、佣金和手续费						
7	七、资产折旧摊销费		*		*	*	*
8	八、财产损耗、盘亏及毁损损失		*		*	*	*
9	九、办公费		*		*	*	*
10	十、董事会费		*		*	*	*
11	十一、租赁费					*	*
12	十二、诉讼费		*		*	*	*
13	十三、差旅费		*		*	*	*
14	十四、保险费		*		*	*	*
15	十五、运输、仓储费					*	*
16	十六、修理费					*	*
17	十七、包装费		*		*	*	*
18	十八、技术转让费					*	*
19	十九、研究费用					*	*
20	二十、各项税费		*		*	*	*
21	二十一、利息收支	*	*	*	*		
22	二十二、汇兑差额	*	*	*	*		
23	二十三、现金折扣	*	*	*	*		*
24	二十四、其他						
25	合计（1+2+3+…24）						

表 5-14 　A105000 　纳税调整项目明细表

金额单位：元（列至角分）

行次	项　目	账载金额	税收金额	调增金额	调减金额
		1	2	3	4
1	一、收入类调整项目（2+3+4+5+6+7+8+10+11）	*	*		
2	（一）视同销售收入（填写 A105010）	*			*
3	（二）未按权责发生制原则确认的收入（填写 A105020）				
4	（三）投资收益（填写 A105030）				
5	（四）按权益法核算长期股权投资对初始投资成本调整确认收益	*	*	*	
6	（五）交易性金融资产初始投资调整	*	*		*
7	（六）公允价值变动净损益		*		
8	（七）不征税收入	*	*		
9	其中：专项用途财政性资金（填写 A105040）	*	*		
10	（八）销售折扣、折让和退回				
11	（九）其他				
12	二、扣除类调整项目（13+14+15+16+17+18+19+20+21+22+23+24+26+27+28+29）	*	*		
13	（一）视同销售成本（填写 A105010）	*		*	
14	（二）职工薪酬（填写 A105050）				
15	（三）业务招待费支出				*
16	（四）广告费和业务宣传费支出（填写 A105060）	*	*		
17	（五）捐赠支出（填写 A105070）				*
18	（六）利息支出				
19	（七）罚金、罚款和被没收财物的损失		*		*
20	（八）税收滞纳金、加收利息		*		*
21	（九）赞助支出		*		*
22	（十）与未实现融资收益相关在当期确认的财务费用				
23	（十一）佣金和手续费支出				*
24	（十二）不征税收入用于支出所形成的费用	*	*		*
25	其中：专项用途财政性资金用于支出所形成的费用（填写 A105040）	*	*		*
26	（十三）跨期扣除项目				
27	（十四）与取得收入无关的支出		*		*
28	（十五）境外所得分摊的共同支出	*	*		*
29	（十六）其他				
30	三、资产类调整项目（31+32+33+34）	*	*		

行次	项　目	账载金额	税收金额	调增金额	调减金额
		1	2	3	4
31	（一）资产折旧、摊销（填写 A105080）				
32	（二）资产减值准备金		*		
33	（三）资产损失（填写 A105090）				
34	（四）其他				
35	四、特殊事项调整项目（36+37+38+39+40）	*	*		
36	（一）企业重组（填写 A105100）				
37	（二）政策性搬迁（填写 A105110）	*	*		
38	（三）特殊行业准备金（填写 A105120）				
39	（四）房地产开发企业特定业务计算的纳税调整额（填写 A105010）	*			
40	（五）其他	*	*		
41	五、特别纳税调整应税所得	*	*		
42	六、其他	*	*		
43	合计（1+12+30+35+41+42）	*	*		

表 5-15　A107010　免税、减计收入及加计扣除优惠明细表

金额单位：元（列至角分）

行次	项　目	金　额
1	一、免税收入（2+3+4+5）	
2	（一）国债利息收入	
3	（二）符合条件的居民企业之间的股息、红利等权益性投资收益（填写 A107011）	
4	（三）符合条件的非营利组织的收入	
5	（四）其他专项优惠（6+7+8+9+10+11+12+13+14）	
6	1. 中国清洁发展机制基金取得的收入	
7	2. 证券投资基金从证券市场取得的收入	
8	3. 证券投资基金投资者获得的分配收入	
9	4. 证券投资基金管理人运用基金买卖股票、债券的差价收入	
10	5. 取得的地方政府债券利息所得或收入	
11	6. 受灾地区企业取得的救灾和灾后恢复重建款项等收入	
12	7. 中国期货保证金监控中心有限责任公司取得的银行存款利息等收入	
13	8. 中国保险保障基金有限责任公司取得的保险保障基金等收入	
14	9. 其他	
15	二、减计收入（16+17）	
16	（一）综合利用资源生产产品取得的收入（填写 A107012）	
17	（二）其他专项优惠（18+19+20）	
18	1. 金融、保险等机构取得的涉农利息、保费收入（填写 A107013）	
19	2. 取得的中国铁路建设债券利息收入	

续　表

行次	项　目	金　额
20	3. 其他	
21	三、加计扣除（22+23+26）	
22	（一）开发新技术、新产品、新工艺发生的研究开发费用加计扣除 　　　　（填写 A107014）	
23	（二）安置残疾人员及国家鼓励安置的其他就业人员所支付的工资加计 　　　　扣除（24+25）	
24	1. 支付残疾人员工资加计扣除	
25	2. 国家鼓励的其他就业人员工资加计扣除	
26	（三）其他专项优惠	
27	合计（1+15+21）	

（二）年度纳税申报前期准备

1. 查验第四季度（或第十二月）预缴申报

如果未进行第四季度（或第十二月）企业所得税预缴申报，应首先完成第四季度（或第十二月）企业所得税预缴申报。否则，年度申报将无法完成。

2. 核对本企业有关基础信息

在填写《企业所得税年度纳税申报基础信息表》时，如果企业所属国民经济行业等企业信息发生变化，与税务登记的信息不再一致，须及时到主管税务机关办税服务厅办理税务登记变更。

3. 事先申报企业年度财务报表

根据国家税务总局有关规定，纳税人在办理企业所得税年度纳税申报时，应已报送财务报表（除实行定期定额征收增值税、定额征收所得税纳税人以及实行法定源泉扣缴企业所得税的非居民企业）。如果没有相应的年度财务报表申报记录，申报企业所得税年报时系统会提示没有进行年度财务报表申报，造成申报失败。

（三）企业所得税年报网上申报步骤

1. 企业所得税年报（A 类）申报步骤

（1）开通登录电子税务局。

（2）使用"我要办税—税费申报及缴纳—企业所得税申报—居民企业（查账征收）企业所得税（年）度"功能。

（3）在线填写表单并申报。

（4）使用"企业所得税汇算清缴税收政策风险提示服务"，对申报表数据和信息进行风险扫描。为了保证风险扫描的准确性，务必提前 24 小时申报年度财务报表。

（5）申报结果查询及打印。

（6）缴款查询。

2. 企业所得税年报（B 类）申报步骤

（1）开通登录电子税务局。

（2）使用"我要办税—税费申报及缴纳—企业所得税申报—居民企业（核定征收）企业所得税（年）度"功能。

（3）在线填写表单并申报。

（4）申报结果查询及打印。

（5）缴款查询。

（四）年度纳税申报表填写实训

浙江宁波 HY 家电有限责任公司为查账征收企业所得税的居民纳税人，2019 年度企业全年实现销售收入 9 000 万元，投资收益 30 万元，销售成本 7 200 万元，税金及附加 90 万元，销售费用 600 万元，管理费用 375 万元，财务费用 225 万元，营业外支出 309 万元。为降低税收风险，在 2018 年度汇算清缴前，企业聘请某会计师事务所进行审计，发现有关问题如下：

（1）已在成本费用中列支的实发工资总额为 450 万元，并按实际发生数列支了福利费 65 万元，上缴工会经费 9 万元并取得《工会经费专用拨缴款收据》，职工教育经费支出 10.5 万元。

（2）向某公司借款 30 万元，利率为 8%（银行同期同类贷款利率 6%）。

（3）公司全年在"管理费用"中列支业务招待费 37.5 万元。

（4）公司在"营业外支出"中列支税收滞纳金 1.5 万元。

（5）公司列入"投资收益"国债利息收入 3 万元。

（6）计提无形资产减值准备 75 万元。

（7）转回存货跌价准备 30 万元。

（8）计提固定资产减值准备 150 万元。

（9）已预缴所得税累计 88.2 万元。

根据上述资料填报的纳税申报主表和主要附表如表 5-16、表 5-17 所示。

表 5-16　A100000　中华人民共和国企业所得税年度纳税申报表（A 类）

金额单位：元（列至角分）

行次	类别	项 目	金 额
1	利润总额计算	一、营业收入（填写 A101010\101020\103000）	90 000 000.00
2		减：营业成本（填写 A102010\102020\103000）	70 000 000.00
3		减：税金及附加	900 000.00
4		减：销售费用（填写 A104000）	6 000 000.00
5		减：管理费用（填写 A104000）	3 750 000.00
6		减：财务费用（填写 A104000）	2 250 000.00
7		减：资产减值损失	1 950 000.00
8		加：公允价值变动收益	
9		加：投资收益	
10		二、营业利润（1-2-3-4-5-6-7+8+9）	300 000.00

续 表

行次	类别	项 目	金 额
11	利润总额计算	加：营业外收入（填写 A101010\101020\103000）	5 450 000.00
12		减：营业外支出（填写 A102010\102020\103000）	3 090 000.00
13		三、利润总额（10+11-12）	2 360 000.00
14	应纳税所得额计算	减：境外所得（填写 A108010）	
15		加：纳税调整增加额（填写 A105000）	2 441 000.00
16		减：纳税调整减少额（填写 A105000）	330 000.00
17		减：免税、减计收入及加计扣除（填写 A107010）	
18		加：境外应税所得抵减境内亏损（填写 A108000）	
19		四、纳税调整后所得（13-14+15-16-17+18）	4 471 000.00
20		减：所得减免（填写 A107020）	
21		减：弥补以前年度亏损（填写 A106000）	
22		减：抵扣应纳税所得额（填写 A107030）	
23		五、应纳税所得额（19-20-21-22）	4 471 000.00
24	应纳税额计算	税率（25%）	25%
25		六、应纳所得税额（23×24）	1 117 750.00
26		减：减免所得税额（填写 A107040）	
27		减：抵免所得税额（填写 A107050）	
28		七、应纳税额（25-26-27）	1 117 750.00
29		加：境外所得应纳所得税额（填写 A108000）	
30		减：境外所得抵免所得税额（填写 A108000）	
31		八、实际应纳所得税额（28+29-30）	1 117 750.00
32		减：本年累计实际已缴纳的所得税额	882 000.00
33		九、本年应补（退）所得税额（31-32）	235 750.00
34		其中：总机构分摊本年应补（退）所得税额（填写 A109000）	
35		财政集中分配本年应补（退）所得税额（填写 A109000）	
36		总机构主体生产经营部门分摊本年应补（退）所得税额（填写 A109000）	

表 5-17 A105000 纳税调整项目明细表

金额单位：元（列至角分）

行次	项 目	账载金额	税收金额	调增金额	调减金额
		1	2	3	4
1	一、收入类调整项目（2+3+4+5+6+7+8+10+11）	*	*		
2	（一）视同销售收入（填写 A105010）	*			*

续　表

行次	项　目	账载金额	税收金额	调增金额	调减金额
		1	2	3	4
3	（二）未按权责发生制原则确认的收入（填写 A105020）				
4	（三）投资收益（填写 A105030）	300 000.00	270 000.00		30 000.00
5	（四）按权益法核算长期股权投资对初始投资成本调整确认收益	*	*	*	
6	（五）交易性金融资产初始投资调整	*	*		*
7	（六）公允价值变动净损益		*		
8	（七）不征税收入	*	*		
9	其中：专项用途财政性资金（填写 A105040）	*	*		
10	（八）销售折扣、折让和退回				
11	（九）其他				
12	二、扣除类调整项目（13+14+15+16+17+18+19+20+21+22+23+24+26+27+28+29）	*	*		
13	（一）视同销售成本（填写 A105010）	*		*	
14	（二）职工薪酬（填写 A105050）	5 345 000.00	5 325 000.00	20 000.00	
15	（三）业务招待费支出	375 000.00	225 000.00	150 000.00	*
16	（四）广告费和业务宣传费支出（填写 A105060）	*	*		
17	（五）捐赠支出（填写 A105070）				*
18	（六）利息支出	24 000.00	18 000.00	6 000.00	
19	（七）罚金、罚款和被没收财物的损失		*		*
20	（八）税收滞纳金、加收利息	15 000.00	*	15 000.00	*
21	（九）赞助支出		*		*
22	（十）与未实现融资收益相关在当期确认的财务费用				
23	（十一）佣金和手续费支出				*
24	（十二）不征税收入用于支出所形成的费用	*	*		*
25	其中：专项用途财政性资金用于支出所形成的费用（填写 A105040）	*	*		*
26	（十三）跨期扣除项目				
27	（十四）与取得收入无关的支出		*		*
28	（十五）境外所得分摊的共同支出	*	*		*
29	（十六）其他				

续　表

行次	项　　目	账载金额	税收金额	调增金额	调减金额
		1	2	3	4
30	三、资产类调整项目（31+32+33+34）	*	*		
31	（一）资产折旧、摊销 　　　　（填写 A105080）				
32	（二）资产减值准备金	1 950 000.00	*	2 250 000.00	300 000.00
33	（三）资产损失（填写 A105090）				
34	（四）其他				
35	四、特殊事项调整项目（36+37+38+39+40）	*	*		
36	（一）企业重组（填写 A105100）				
37	（二）政策性搬迁（填写 A105110）	*	*		
38	（三）特殊行业准备金 　　　　（填写 A105120）				
39	（四）房地产开发企业特定业务计算 　　　　的纳税调整额（填写 A105010）	*			
40	（五）其他	*	*		
41	五、特别纳税调整应税所得	*	*		
42	六、其他	*	*		
43	合计（1+12+30+35+41+42）	*	*	2 441 000.00	330 000.00

本表计算说明：

（1）第 4 行"投资收益"。因投资收益中的国债利息是免税收入，所以税收金额是 27 万元，调减金额是 30-27=3（万元）。

（2）第 14 行"职工薪酬"。职工福利费支出的税收金额 =450×14%=63（万元），调增金额 =65-63=2（万元）。

（3）第 15 行"业务招待费支出"。首先是按照业务招待费发生额的 60% 计算出拟扣除额，再与当年销售收入的 5‰的限额进行比较，选择小的扣除。

$$拟扣除额 =37.5×60\%=22.5（万元）（孰低扣除）$$

$$限额扣除 =9000×5‰=45（万元）$$

$$不可扣除额，即调增金额 =37.5-22.5=15（万元）$$

（4）第 18 行"利息支出"。税收金额 =30×6%=1.8（万元），调增金额 =2.4-1.8=0.6（万元）。

（5）第 20 行"税收滞纳金、加收罚息"。因税收滞纳金不得税前扣除，所以调增金额 =1.5-0=1.5（万元）。

（6）第 32 行"资产减值准备金"。调增金额为计提无形资产减值准备和计提固定资产减值准备共计 75+150=225（万元）；调减金额为转回存货跌价准备 30 万元。

课后习题

一、单项选择题

1. 根据企业所得税法律制度的规定，下列各项中，不属于企业所得税纳税人的是（　　）。
   - A. 在外国成立但实际管理机构在中国境内的股份制企业
   - B. 在中国境内成立的外商独资企业
   - C. 在中国境内成立的个人独资企业
   - D. 在中国境内未设立机构、场所，但有来源于中国境内所得的外国企业

2. 根据企业所得税法律制度的规定，下列各项中按负担、支付所得的企业或者机构、场所所在地确定所得来源地的是（　　）。
   - A. 提供劳务所得
   - B. 不动产转让所得
   - C. 其他所得
   - D. 租金所得

3. 根据企业所得税法律制度的规定，关于在中国境内未设立机构、场所的非居民企业取得的来源于中国境内的所得，其应纳税所得额确定的下列表述中，不正确的是（　　）。
   - A. 股息所得以收入全额为应纳税所得额
   - B. 转让财产所得以收入全额为应纳税所得额
   - C. 特许权使用费所得以收入全额为应纳税所得额
   - D. 租金所得以收入全额为应纳税所得额

4. 根据企业所得税法律制度的规定，下列关于收入确认时间的说法，不正确的是（　　）。
   - A. 特许权使用费收入以实际取得收入的日期确认收入的实现
   - B. 利息收入以合同约定的债务人应付利息的日期确认收入的实现
   - C. 接受捐赠收入按照实际收到捐赠资产的日期确认收入的实现
   - D. 作为商品销售附带条件的安装费收入在确认商品销售收入时实现

5. 根据企业所得税法律制度的规定，下列选项中，属于企业不征税收入的是（　　）。
   - A. 接受捐赠的收入
   - B. 财政拨款
   - C. 符合条件的非营利组织的收入
   - D. 在中国境内设立机构、场所的非居民企业从居民企业取得与该机构、场所有实际联系的股息、红利等权益性投资收益

6. 根据企业所得税法律制度的规定，下列支出中，可以直接在税前扣除的是（　　）。
   - A. 企业为投资者支付的商业保险费
   - B. 企业从其关联方接受的债权性投资与权益性投资的比例超过规定标准而发生的利息支出
   - C. 企业参加财产保险，按照规定缴纳的保险费
   - D. 非银行企业内营业机构之间的利息

7. 某服装厂为居民纳税人，2019 年计入成本、费用的实发工资总额为 500 万元，支出职工福利费 75 万元（不包括列入企业员工工资薪金制度、固定与工资薪金一起发放的福利性补贴）、职工教育经费 10 万元，拨缴职工工会经费 8.4 万元，该企业 2019 年计算应纳税所得额时准予在税前扣除三项经费合计是（　　）万元。
   - A. 75.4
   - B. 78.4
   - C. 88.4
   - D. 90

8. 甲公司为一家化妆品生产企业，2020 年 3 月因业务发展需要与工商银行借款 100 万元，期限半年，共计支付利息 4 万元；5 月又向自己的供应商借款 200 万元，期限半年，年利率 8%，上述借款均用于经营周转，该企业无其他借款，根据企业所得税法律制度的规定，该企业 2020 年可以在所得税前扣除的利息费用是（　　）万元。
   - A. 8
   - B. 10
   - C. 12
   - D. 14

9. 某设备生产企业 2019 年营业收入为 1 500 万元，广告费支出为 52 万元。2018 年超标广告费 90 万元，则 2019 年税前准允扣除的广告费

是（ ）万元。

A. 52 B. 142

C. 135 D. 225

10. 某国有企业 2017 年度发生亏损，根据《企业所得税法》的规定，该亏损额可以用以后纳税年度的所得逐年弥补，但延续弥补的期限最长不得超过的是（ ）。

A. 2017 年 B. 2020 年

C. 2021 年 D. 2022 年

二、多项选择题

1. 下列关于企业所得税所得来源的确定说法中正确的有（ ）。

A. 销售货物所得，按照交易活动发生地确定

B. 提供劳务所得，按照劳务发生地确定

C. 股息、红利等权益性投资所得，按照分配所得的企业所在地确定

D. 特许权使用费所得，按照负担、支付所得的企业或者机构、场所所在地确定，或者按照负担、支付所得的个人的住所地确定

2. 根据企业所得税法律制度的规定，企业缴纳的下列税金中，准予在计算企业所得税应纳税所得额时扣除的有（ ）。

A. 增值税 B. 土地增值税

C. 城镇土地使用税 D. 城市维护建设税

3. 根据企业所得税法律制度的规定，企业当年发生的某些费用，超过税法规定的扣除标准，允许结转以后纳税年度扣除，下列各项中属于此类费用的有（ ）。

A. 广告费 B. 业务宣传费

C. 工会经费 D. 职工教育经费

4. 根据企业所得税法律制度的规定，下列关于生产性生物资产计算折旧的最低年限的表述中，正确的有（ ）。

A. 林木类生产性生物资产，为 5 年

B. 林木类生产性生物资产，为 10 年

C. 畜类生产性生物资产，为 3 年

D. 畜类生产性生物资产，为 4 年

5. 根据企业所得税法律制度的规定，下列选项中，属于长期待摊费用的有（ ）。

A. 购入固定资产的支出

B. 固定资产的大修理

C. 租入固定资产的改建支出

D. 已足额提取折旧的固定资产的改建支出

6. 下列各项中，属于《企业所得税法》规定的免税收入的有（ ）。

A. 符合条件的非营利组织的收入

B. 符合条件的居民企业之间的股息、红利等权益性投资收益

C. 财政拨款

D. 国债利息收入

7. 下列各项中，在计算应纳税所得额时有加计扣除规定的有（ ）。

A. 企业开发新技术、新产品、新工艺发生的研究开发费用

B. 国家需要重点扶持的高新技术企业

C. 企业以规定的资源作为主要原材料，生产国家非限制和禁止并符合国家和行业相关标准的产品取得的收入

D. 企业安置残疾人员及国家鼓励安置的其他就业人员所支付的工资

8. 根据企业所得税法律制度的规定，企业的下列固定资产，可以采用加速折旧方法或缩短折旧年限的有（ ）。

A. 技术进步，产品更新换代较快的固定资产

B. 使用频率极高的固定资产

C. 常年处于强震动、高腐蚀状态的固定资产

D. 企业于 2018 年 1 月 1 日至 2020 年 12 月 31 日期间新购进的设备器具，单位价值不超过 500 万元

9. 根据企业所得税法法律制度的规定，下列关于企业所得税纳税地点的说法中正确的有（ ）。

A. 除税收法律、行政法规另有规定外，居民企业以企业登记注册地为纳税地点

B. 除税收法律、行政法规另有规定外，居民企业登记注册地在境外的，以实际管理机构所

　　在地为纳税地点

C. 在中国境内未设立机构、场所的，或者虽设立机构、场所但取得的所得与其所设机构、场所没有实际联系的非居民企业，以扣缴义务人所在地为纳税地点

D. 非居民企业在中国境内设立两个或者两个以上机构、场所的，应分别缴纳企业所得税

10. 根据企业所得税法律制度的规定，下列关于企业所得税纳税期限的表述中，正确的有（　　）。

A. 企业所得税按年计征，分月或者分季预缴，年终汇算清缴，多退少补

B. 企业在一个纳税年度中间开业，使该纳税年度的实际经营不足 12 个月的，应当以其实际经营期为 1 个纳税年度

C. 企业依法清算时，应当以清算期作为 1 个纳税年度

D. 企业在纳税年度中间终止经营活动的，应当自实际经营终止之日起 90 日内，向税务机关办理当期企业所得税汇算清缴

三、判断题

1. 由于个人独资企业、合伙企业属于企业，所以属于企业所得税纳税义务人，依法缴纳企业所得税。（　　）

2. 如果交易合同或协议中规定租赁期限跨年度，且租金提前一次性支付的，出租人可对上述已确认的收入，在租赁期内，分期均匀计入相关年度收入。（　　）

3. 已足额提取折旧的固定资产的改建支出，按照固定资产预计尚可使用年限分期摊销。（　　）

4. 企业因存货盘亏、毁损、报废等原因不得从销项税额中抵扣的增值税进项税额也不得在企业所得税前作为损失扣除。（　　）

5. 投资者兴办两个或两个以上企业的，可选择并固定在其中一地税务机关申报纳税。（　　）

四、计算题

1. 某生产企业，2019 年全年销售额 1 900 万元，成本 600 万元，税金及附加 460 万元，各种费用 400 万元，已知上述成本费用中包括新产品开发 60 万元、广告费支出 200 万元。要求计算该企业 2019 年应纳企业所得税。

2. 某居民企业，2019 年财务资料如下：收入合计 60 万元，成本费用合计 30 万元，经税务机关核实，企业未能正确核算成本费用，收入核算正确，税务机关对企业核定征收企业所得税，应税所得率为 15%，要求计算 2019 年应纳企业所得税。

3. 2019 年某居民企业购买安全生产专用设备用于生产经营，取得的增值税专用发票上注明设备价款 100 万元。已知该企业 2017 年亏损 40 万元，2018 年盈利 20 万元。2019 年度的应纳税所得额 150 万元。计算 2019 年该企业实际应缴纳企业所得税。

4. 某生产企业，职工共 30 人，企业的资产总额为 300 万元，上年亏损 52 万元，2019 年企业有关生产、经营资料如下：

（1）取得产品销售收入 230 万元、国债利息收入 23 万元，金融债券利息收入 39 万元。

（2）发生产品销售成本 100 万元；发生产品销售税金及附加 5.6 万元。

（3）发生销售费用 38 万元，全部为广告费；

（4）发生财务费用 40 万元，其中：1 月 1 日以集资方式筹集生产性资金 300 万元，期限 1 年，支付利息费用 30 万元（同期银行贷款年利率 6%）。

（5）发生管理费用 26 万元，其中含业务招待费 10 万元，为股东支付的商业保险费 5 万元。

（6）"营业外支出"账户记载金额 33.52 万元。其中：合同违约金 4 万元；通过民政局对灾区捐赠现金 29.52 万元。

根据上述资料，要求完成以下计算：

（1）计算企业所得税前准予扣除的销售费用。

（2）计算企业所得税前准予扣除的财务费用。

（3）计算企业所得税前准予扣除的管理费用。

（4）计算企业所得税前准予扣除的营业外支出。

（5）计算企业的应纳税所得额。

（6）计算该企业应纳所得税额。

项目六
个人所得税纳税实务

任务一　个人所得税认知

一、个人所得税的概念与特点

（一）概念

个人所得税是对个人（自然人）取得的各项应税所得征收的一种所得税。它体现了国家与个人之间的分配关系。2018 年 8 月 31 日，第十三届全国人民代表大会常务委员会第五次会议通过了《全国人民代表大会常务委员会关于修改<中华人民共和国个人所得税法>的决定》，明确修改后的个人所得税法将于 2019 年 1 月 1 日起施行。

（二）特点

我国个人所得税的主要特点：①综合征收与分类征收相结合；②多种税率形式并用；③实行不同的费用扣除方式；④采用源泉扣缴和个人申报两种征税方法。

二、个人所得税纳税人和所得来源的确定

（一）纳税人

个人所得税纳税人包括中国公民、个体工商户、个人独资企业、合伙企业投资者、在中国有所得的外籍人员（包括无国籍人员，下同）和香港、澳门、台湾同胞。

上述纳税人依据住所和居住时间两个标准，区分为居民个人和非居民个人，分别承担不同的纳税义务。

1. 居民个人

居民个人是指在中国境内有住所，或者无住所而一个纳税年度内在中国境内居住累计满183 天的个人。

"中国境内"是指中国大陆地区，目前还不包括香港、澳门和台湾地区。住所是指因户籍、家庭、经济利益关系而在中国境内习惯性居住。一个纳税年度，是指自公历 1 月 1 日起至 12 月 31 日止。居住时间是按其一个纳税年度内在境内的实际居住时间确定，即境内无住所的某人在一个纳税年度内无论出境多少次，只要在我国境内累计住满 183 天，就可判定为我国的居民个人。

居民个人包括以下两类。

（1）在中国境内定居的中国公民和外国侨民。但不包括虽具有中国国籍，并没有在中国大陆定居，而是侨居海外的华侨和居住在香港、澳门、台湾的同胞。

（2）从公历 1 月 1 日起至 12 月 31 日止，在中国境内累计居住满 183 天的外国人、海外侨胞和香港、澳门、台湾同胞。

在中国境内有住所的居民个人负有无限纳税义务。其所取得的应纳税所得，无论是来源于

中国境内还是中国境外任何地方，都要在中国缴纳个人所得税。在中国境内无住所的居民个人的纳税义务见表6-1。

2. 非居民个人

非居民个人是指在中国境内无住所又不居住，或者无住所而一个纳税年度内在中国境内居住累计不满183天的个人。

非居民个人承担有限纳税义务，即仅就其来源于中国境内的所得，向中国缴纳个人所得税。纳税义务如表6-1所示。

表6-1 无住所纳税人的纳税义务

纳税人	居住天数	连续年度		境外所得		境内所得	
				境外支付	境内支付	境外支付	境内支付
非居民纳税人	连续或累计不超过90天	—		×	×	免税	√
	连续或累计超过90天但不满183天	—		×	×	√	√
居民纳税人	累计满183天	不满6年		免税	√	√	√
		满6年	存在单次离境超过30天	免税	√	√	√
			不存在单次离境超过30天	√	√	√	√

（二）所得来源地的确定

所得来源地与所得支付地，两者可能是一致的，也可能是不同的。我国个人所得税依据"所得来源地"判断经济活动的实质，征收个人所得税。除主管部门另有规定外，下列所得，不论支付地点是否在中国境内，均为来源于中国境内的所得：

（1）因任职、受雇、履约等而在中国境内提供劳务取得的所得；

（2）将财产出租给承租人在中国境内使用而取得的所得；

（3）许可各种特许权在中国境内使用而取得的所得；

（4）转让中国境内的不动产等财产或者在中国境内转让其他财产取得的所得；

（5）从中国境内企、事业单位和其他经济组织以及居民个人取得的利息、股息、红利所得。

【例题6-1·多选题】根据个人所得税法律制度的规定，下列个人所得中，不论支付地点是否在境内，均为来源于中国境内所得的有（   ）。

A. 转让境内房产取得的所得

B. 转让对中国境内企业投资形成的权益性资产取得的所得

C. 由中国境内经济组织支付或负担的稿酬所得

D. 许可各种特许权在中国境内使用而取得的所得

正确答案：ABCD

答案解析：以上选项均属于来源于中国境内的所得。

三、个人所得税的应纳税所得项目

（一）工资、薪金所得

工资、薪金所得，是指个人因任职或者受雇而取得的工资、薪金、奖金、年终加薪、劳动分红、津贴、补贴以及与任职或者受雇有关的其他所得。关于工资、薪金所得的具体规定如下。

1. 下列项目不属于工资、薪金性质的补贴、津贴，不予征收个人所得税

（1）独生子女补贴。

（2）执行公务员工资制度未纳入基本工资总额的补贴、津贴差额和家属成员的副食补贴。

（3）托儿补助费。

（4）差旅费津贴、误餐补助。单位以误餐补助名义发给职工的补助、津贴不包括在内。

2. 个人因与用人单位解除劳动关系而取得的一次性补偿收入的征税规定

个人因与用人单位解除劳动关系而取得的一次性补偿收入（包括用人单位发放的经济补偿金、生活补助费和其他补助费用），超过当地上年职工平均工资3倍数额部分不并入当年综合所得，单独适用综合所得税率表计算纳税。当地上年职工平均工资3倍数额部分属于"免征额"。

3. 离退休人员取得收入、补贴的征税规定

（1）离退休人员再任职取得的收入，符合相关条件的，在减除按税法规定的费用扣除标准后，按"工资、薪金所得"项目缴纳个人所得税。

（2）离退休人员除按规定领取离退休工资或养老金外，另从原任职单位取得的各类补贴、奖金、实物，不属于免税的退休工资、离休工资、离休生活补助费，应按"工资、薪金所得"项目缴纳个人所得税。

（3）内部退养个人在其办理内部退养手续后至法定离退休年龄之间从原任职单位取得的工资、薪金，不属于离退休工资，应按"工资、薪金所得"项目计征个人所得税。

（4）个人办理提前退休手续而取得的一次性补贴收入，应按照办理提前退休手续至法定离退休年龄之间实际年度数平均分摊，确定适用税率和速算扣除数，单独适用综合所得税率表，计算纳税。

4. 个人取得公务交通、通讯补贴收入的征税规定

个人因公务用车和通讯制度改革而取得的公务用车、通讯补贴收入，扣除一定标准的公务费用后，按照"工资、薪金所得"项目计征个人所得税。按月发放的，并入当月工资、薪金所得计征个人所得税；不按月发放的，分解到所属月份并与该月份工资、薪金所得合并后计征个人所得税。

5. 失业保险费、保险金、企业年金或职业年金的征税规定

（1）城镇企业事业单位及其职工个人实际缴付的失业保险费，超过《失业保险条例》规定比例的，应将其超过规定比例缴付的部分计入职工个人当期的工资薪金收入，依法计征个人所得税。

（2）企业为员工支付各项免税之外的保险金，应在企业向保险公司缴付时（该保险落到被保险人的保险账户）并入员工当期的工资收入，按"工资、薪金所得"项目计征个人所得税，税款由企业负责代扣代缴。

（3）企业和事业单位超过国家有关政策规定的标准，为在本单位任职或者受雇的全体职工缴付的企业年金或职业年金（以下统称年金）单位缴费部分，应并入个人当期的工资、薪金所得，依法计征个人所得税。所得税税款由建立年金的单位代扣代缴，并向主管税务机关申报解缴。

（4）个人根据国家有关政策规定缴付的年金个人缴费部分，超过本人缴费工资计税基数的4%的部分，应并入个人当期的工资、薪金所得，依法计征个人所得税。所得税税款由建立年金的单位代扣代缴，并向主管税务机关申报解缴。

（5）个人达到国家规定的退休年龄，领取的企业年金、职业年金，符合《财政部 人力资源社会保障部 国家税务总局关于企业年金 职业年金个人所得税有关问题的通知》（财税〔2013〕103号）规定的，不并入综合所得，全额单独计算应纳税款。其中按月领取的，适用月度税率表计算纳税；按季领取的，平均分摊计入各月，按每月领取额适用月度税率表计算纳税；按年领取的，适用综合所得税率表计算纳税。

（6）个人因出境定居而一次性领取的年金个人账户资金，或个人死亡后，其指定的受益人或法定继承人一次性领取的年金个人账户余额，适用综合所得税率表计算纳税。对个人除上述特殊原因外一次性领取年金个人账户资金或余额的，适用月度税率表计算纳税。

（二）劳务报酬所得

劳务报酬所得，是指个人独立从事非雇用的各种劳务所取得的所得，包括设计、制图、化验、医疗、咨询、讲学、新闻、书画、影视、广告、展览、技术服务、经纪服务、代办服务、其他劳务等。

与"工资、薪金所得"相比，"劳务报酬所得"是指个人独立从事某种技艺，独立提供某种劳务而取得的报酬，一般不存在雇佣关系。例如，演员从其所属单位领取工资，教师从所任职学校领取工资，就属于"工资、薪金所得"，而演员"走穴"演出取得的报酬，就属于"劳务报酬所得"。

（三）稿酬所得

稿酬所得，是指个人因其作品以图书、报刊形式出版、发表而取得的所得。作品包括文学作品、书画作品、摄影作品，以及其他作品。作者去世后，财产继承人取得的遗作稿酬也应征收个人所得税。

（四）特许权使用费所得

（1）我国个人所得税法律制度规定，提供著作权的使用权取得的所得，不包括稿酬所得，对于作者将自己的文字作品手稿原件或复印件公开拍卖（竞价）取得的所得，应按"特许权使用费所得"项目征收个人所得税。

（2）个人取得特许权的经济赔偿收入，应按"特许权使用费所得"项目缴纳个人所得税，税款由支付赔偿的单位或个人代扣代缴。

（3）编剧从电视剧的制作单位取得的剧本使用费，不再区分剧本的使用方是否为其任职单位，统一按"特许权使用费所得"项目征收个人所得税。

上述四项所得统称综合所得。

（五）经营所得

（1）个人通过在中国境内注册登记的个体工商户、个人独资企业、合伙企业从事生产、经营活动取得的所得；

（2）个人依法取得执照，从事办学、医疗、咨询以及其他有偿服务活动取得的所得；

（3）个人承包、承租、转包、转租取得的所得；

（4）个人从事其他生产、经营活动取得的所得。

（六）利息、股息、红利所得

利息、股息、红利所得，是指个人拥有债权、股权而取得的利息、股息、红利所得。按照一定的比率派发的每股息金，称为股息。根据企业应分配的超过股息部分的利润，按股派发的红股，称为红利。

（1）个人投资者收购企业股权后，将企业原有盈余积累转增股本的个人所得税问题。

一名或多名个人投资者以股权收购方式取得被收购企业100%股权，股权收购前，被收购企业原账面金额中的"资本公积、盈余公积、未分配利润"等盈余积累未转增股本，而在股权交易时将其一并计入股权转让价格并履行了所得税纳税义务。股权收购后，企业将原账面金额中的盈余积累向个人投资者（新股东，下同）转增股本，有关个人所得税问题区分以下情形处理：

① 新股东以不低于净资产价格收购股权的，企业原盈余积累已全部计入股权交易价格，新股东取得盈余积累转增股本的部分，不征收个人所得税。

② 新股东以低于净资产价格收购股权的，企业原盈余积累中，对于股权收购价格减去原股本的差额部分已经计入股权交易价格，新股东取得盈余积累转增股本的部分，不征收个人所得税；对于股权收购价格低于原所有者权益的差额部分未计入股权交易价格，新股东取得盈余积累转增股本的部分，应按照"利息、股息、红利所得"项目征收个人所得税。

（2）个人从公开发行和转让市场取得的上市公司股票，持股期限不超过1个月的，其股息红利所得全额计入应纳税所得额；持股期限超过1个月不超过1年的，暂减按50%计入应纳税所得额。上述所得统一适用20%的税率计征个人所得税。

对个人持有的上市公司限售股，解禁后取得的股息红利，按照上市公司股息红利差别化个人所得税政策规定计算纳税，持股时间自解禁日起计算；解禁前取得的股息红利继续暂减按50%计入应纳税所得额，适用20%的税率计征个人所得税。

（七）财产租赁所得

财产租赁所得，是指个人出租不动产、土地使用权、机器设备、车船以及其他财产取得的所得。

（1）个人取得的房屋转租收入，属于"财产租赁所得"项目。取得转租收入的个人向房屋出租方支付的租金，凭房屋租赁合同和合法支付凭据允许在计算个人所得税时，从该项转租收入中扣除。

（2）房地产开发企业与商店购买者个人签订协议，以优惠价格出售其商店给购买者个人，购买者个人在一定期限内必须将购买的商店无偿提供给房地产开发企业对外出租使用。对购买者个人少支出的购房价款，应视同个人财产租赁所得，按照"财产租赁所得"项目征收个人所得税。每次财产租赁所得的收入额，按照少支出的购房价款和协议规定的租赁月份数平均计算确定。

（八）财产转让所得

财产转让所得，是指个人转让有价证券、股权、合伙企业中的财产份额、不动产、土地使用权、机器设备、车船以及其他财产取得的所得。

（1）个人将投资于在中国境内成立的企业或组织（不包括个人独资企业和合伙企业）的股权或股份，转让给其他个人或法人的行为，按照"财产转让所得"项目，依法计算缴纳个人所得税。

（2）个人因各种原因终止投资、联营、经营合作等行为，从被投资企业或合作项目取得股权转让收入、违约金、补偿金、赔偿金及以其他名目收回的款项等，应按照"财产转让所得"项目计算缴纳个人所得税。

（3）个人转让非货币性资产的所得，应按照"财产转让所得"项目，依法计算缴纳个人所得税。

（4）个人转让限售股取得的所得，按照"财产转让所得"项目征收个人所得税。

（5）个人转让限售股，以每次限售股转让收入，减除股票原值和合理税费后的余额，为应纳税所得额。

（6）个人通过招标、竞拍或其他方式购置债权以后，通过相关司法或行政程序主张债权而取得的所得，应按照"财产转让所得"项目缴纳个人所得税。

（7）个人通过网络收购玩家的虚拟货币，加价后向他人出售取得的收入，应按照"财产转让所得"项目计算缴纳个人所得税。

（九）偶然所得

偶然所得，是指个人得奖、中奖、中彩以及其他偶然性质的所得。

（1）企业对累积消费达到一定额度的顾客，给予额外抽奖机会，个人的获奖所得，按照"偶然所得"项目，全额缴纳个人所得税。

（2）个人取得单张有奖发票奖金所得超过 800 元的，应全额按照"偶然所得"项目征收个人所得税。税务机关或其指定的有奖发票兑奖机构，是有奖发票奖金所得个人所得税的扣缴义务人。

居民个人取得上述（一）至（四）项所得（综合所得），按纳税年度合并计算个人所得税；非居民个人取得上述（一）至（四）项所得，按月或者按次分项计算个人所得税。纳税人取得上述（五）至（九）项所得，依照法律规定分别计算个人所得税。

【例题 6-2·多选题】根据个人所得税法律制度，下列应按"工资、薪金所得"项目，征收个人所得税的是（   ）。

A. 单位全勤奖   B. 参加商场活动中奖

C. 兼职律师从律师事务所取得工资、薪金性质的所得   D. 退休人员再任职取得的收入

正确答案：ACD

答案解析：参加商场活动中奖，应按"偶然所得"项目计征个人所得税。

【例题 6-3·单选题】根据个人所得税法律制度的规定，下列各项中，应按照"劳务报酬所得"税目计缴个人所得税的是（   ）。

A. 个人因与用人单位解除劳动关系而取得的一次性补偿收入

B. 退休人员从原任职单位取得的补贴

C. 兼职律师从律师事务所取得的工资性质的所得

D. 证券经纪人从证券公司取得的佣金收入

正确答案：D

答案解析：选项 ABC 属于工资、薪金性质的收入。

【例题 6-4·单选题】下列各项中应按"稿酬所得"税目征收个人所得税的是（   ）。

A. 作品出版或发表   B. 审稿收入   C. 翻译收入   D. 书画收入

正确答案：A

答案解析：选项 BCD，属于劳务报酬所得。

【例题 6-5·多选题】根据个人所得税法律制度的规定，下列各项中，应按照"特许权使用费所得"税目计缴个人所得税的有（   ）。

A. 作家公开拍卖自己的小说手稿原件取得的收入   B. 个人取得特许权的经济赔偿收入

C. 专利权人许可他人使用自己的专利取得的收入   D. 商标权人许可他人使用商标取得的收入

正确答案：ABCD

答案解析：上述选项均属于特许权使用费所得。

四、个人所得税税率

（一）综合所得

综合所得适用 3%~45% 的超额累进税率，具体税率如表 6-2 所示。

表 6-2　个人所得税税率表

（综合所得适用）

级数	全年应纳税所得额	税率（%）	速算扣除数
1	不超过 36 000 元的	3	0
2	超过 36 000 元至 144 000 元的部分	10	2 520
3	超过 144 000 元至 300 000 元的部分	20	16 920
4	超过 300 000 元至 420 000 元的部分	25	31 920
5	超过 420 000 元至 660 000 元的部分	30	52 920
6	超过 660 000 元至 960 000 元的部分	35	85 920
7	超过 960 000 元的部分	45	181 920

注：

1. 本表所称个人应纳税所得额是指依照法律规定，居民个人以每一纳税年度收入额减除费用 6 万元以及专项扣除、专项附加扣除和依法确定的其他扣除后的余额。

2. 非居民个人取得工资、薪金所得，劳务报酬所得，稿酬所得和特许权使用费所得，依照本表按月换算后计算应纳税额。

（二）经营所得

经营所得适用 3% ~ 35% 的超额累进税率，具体税率如表 6-3 所示。

表 6-3　个人所得税税率表

（经营所得适用）

级数	全年应纳税所得额	税率（%）	速算扣除数
1	不超过 30 000 元的	5	0
2	超过 30 000 元至 90 000 元的部分	10	1 500
3	超过 90 000 元至 300 000 元的部分	20	10 500
4	超过 300 000 元至 500 000 元的部分	30	40 500
5	超过 500 000 元的部分	35	65 500

注：本表所称全年应纳税所得额是指依照法律规定，以每一纳税年度的收入总额减除成本、费用及损失后的余额。

投资者兴办两个或两个以上企业，并且企业性质全部是个人独资的，年度终了后汇算清缴时，应纳税款的计算按以下方法进行：汇总其投资兴办的所有企业的经营所得作为应纳税所得额，以此确定适用税率，计算出全年经营所得的应纳税额，再根据每个企业的经营所得占所有企业经营所得的比例，分别计算出每个企业的应纳税额和应补缴税额。

（三）利息、股息、红利所得，财产租赁所得，财产转让所得和偶然所得

利息、股息、红利所得，财产租赁所得，财产转让所得和偶然所得适用比例税率，税率为 20%。自 2001 年 1 月 1 日起，对个人出租住房取得的所得暂减按 10% 的税率征收个人所得税。

 ## 任务二　个人所得税应纳税额的计算

个人所得税的计税依据是纳税人取得的应纳税所得额。应纳税所得额为个人取得的各项收入减去税法规定的费用扣除金额和减免税收入后的余额。

一、个人所得的形式

个人所得的形式，包括现金、实物、有价证券和其他形式的经济利益。所得为实物的，应当按照取得的凭证上的价格计算应纳税所得额；无凭证的实物或者凭证上所注明的价格明显偏低的，参照市场价格核定应纳税所得额；所得为有价证券的，根据票面价格和市场价格核定应纳税所得额；所得为其他形式的经济利益的，参照市场价格核定应纳税所得额。

二、应纳税所得额的确定

（一）居民个人的综合所得

居民个人的综合所得，包括工资、薪金所得，劳务报酬所得，稿酬所得，特许权使用费所得四项。其应纳税所得额的计算公式如下：

$$应纳税所得额 = 每一纳税年度的收入额 - 费用60\,000 - 专项扣除 - 专项附加扣除 -$$
$$依法确定的其他扣除$$

（1）劳务报酬所得、稿酬所得、特许权使用费所得以收入减除20%的费用后的余额为收入额。稿酬所得的收入额减按70%计算。

（2）专项扣除包括居民个人按照国家规定的范围和标准缴纳的基本养老保险、基本医疗保险、失业保险等社会保险费和住房公积金等。

（3）专项附加扣除是指个人所得税法规定的子女教育、继续教育、大病医疗、住房贷款利息、住房租金和赡养老人6项专项附加扣除。

① 子女教育专项附加扣除。子女教育专项附加扣除的具体规定如表6-4所示。

表6-4　子女教育专项附加扣除

要点	具体内容		
准予扣除的子女教育类型	学前教育	年满"3岁"至小学入学前教育	
	全日制学历教育	义务教育	小学和初中教育
		高中阶段教育	普通高中、中等职业教育、技工教育
		高等教育	大学专科、本科；硕士、博士研究生
扣除标准	"每个"子女每月1 000元		
扣除方式	（1）父母"分别"按扣除标准的"50%"扣除 （2）经父母"约定"，也可以由"其中一方"按扣除标准的"100%"扣除 具体扣除方式在"一个纳税年度内"不得变更 纳税人子女在中国境外接受教育的，纳税人应当留存境外学校录取通知书、留学签证等相关教育的证明资料备查		

② 继续教育专项附加扣除。继续教育专项附加扣除的具体规定如表6-5所示。

表 6-5　继续教育专项附加扣除

要点		具体内容
扣除标准	学历教育	每月 400 元定额扣除 同一学历（学位）继续教育的扣除期限不能超过 48 个月
	职业教育	纳税人接受技能人员职业资格继续教育、专业技术人员职业资格继续教育，在"取得"相关证书的年度，一次性扣除 3 600 元 纳税人接受职业教育，应当留存相关证书等资料备查
扣除方式		（1）本科及以下学历（学位）教育，可以由其"父母"按照"子女教育"支出扣除 （2）可以由"本人"按照"继续教育"支出扣除

③ 大病医疗专项附加扣除。大病医疗专项附加扣除的具体规定如表 6-6 所示。

表 6-6　大病医疗专项附加扣除

要点	具体内容		
准予扣除的大病医疗支出	纳税人发生的与基本医保相关的医药费用支出，扣除医保报销后个人负担（指医保目录范围内的"自付部分"）累计"超过 15 000 元"的部分 纳税人应当留存医药服务收费及医保报销相关票据原件（或者复印件）等资料备查。医疗保障部门应当向患者提供在医疗保障信息系统记录的本人年度医药费用信息查询服务		
扣除标准	按照每年 8 万元标准限额"据实扣除"		
扣除方式	（1）纳税人发生的医药费用支出可以选择由本人或者其配偶扣除 （2）未成年子女发生的医药费用支出可以选择由其父母一方扣除		
总结	医保目录范围内的自付费部分不超过 15 000 元		不得扣除
	医保目录范围内的自付费部分超过 15 000 元	"超过部分"在 8 万元以内	据实扣除
		"超过部分"超过 8 万元	扣除 8 万元

④ 住房贷款利息专项附加扣除。住房贷款利息专项附加扣除的具体规定如表 6-7 所示。

表 6-7　住房贷款利息专项附加扣除

要点	具体内容
准予扣除的住房贷款利息	纳税人本人或配偶单独或共同使用商业银行或住房公积金个人住房贷款为本人或其配偶购买中国境内住房，发生的"首套住房"贷款利息支出 "非首套"住房贷款利息支出，不得扣除
扣除标准	偿还贷款期间，每月 1 000 元。即使每年贷款利息低于 1.2 万元，也按照上述标准扣除 扣除期限最长不超过 240 个月 纳税人只能享受一次首套住房贷款的利息扣除
扣除方式	经夫妻双方约定，可以选择由"其中一方"扣除 具体扣除方式在一个纳税年度内不得变更
特殊规定	夫妻双方婚前分别购买住房发生的首套住房贷款，其贷款利息支出，婚后可以"选择其中一套"购买的住房，由购买方按扣除标准的 100% 扣除，也可以由夫妻双方对各自购买的住房分别按扣除标准的 50% 扣除

⑤ 住房租金专项附加扣除。住房租金专项附加扣除的具体规定如表 6-8 所示。

表 6-8　住房租金专项附加扣除

要点	具体内容	
准予扣除的住房租金	"主要工作城市"没有住房,而在主要工作城市租赁住房发生的租金支出 纳税人的配偶在纳税人的主要工作城市有自有住房的,视同纳税人在主要工作城市有自有住房 夫妻双方主要工作城市"相同"的,只能由"一方"(签订租赁住房合同的承租人)扣除住房租金支出 纳税人及其配偶"不得同时分别享受"住房贷款利息和住房租金专项附加扣除。异地购房,工作城市租房的,可"选择"享受相应扣除	
扣除人	由签订租赁住房合同的承租人扣除	
扣除标准	直辖市、省会城市、计划单列市以及国务院确定的其他城市	每月 1 500 元
	市辖区户籍人口超过 100 万的其他城市	每月 1 100 元
	市辖区户籍人口不超过 100 万(含)的其他城市	每月 800 元

纳税人应当留存住房租赁合同、协议等有关资料备查。

⑥ 赡养老人专项附加扣除。赡养老人专项附加扣除的具体规定如表 6-9 所示。

表 6-9　赡养老人专项附加扣除

要点	具体内容		
赡养老人	赡养"60 岁"以上父母,以及子女均已去世的年满 60 岁的祖父母、外祖父母		
扣除标准	独生子女	每月 2 000 元 赡养 2 个及以上老人的,"不按老人人数加倍"扣除 夫妻双方可以分别扣除双方赡养老人的支出	
扣除标准	非独生子女	分摊方式	平均分摊、赡养人约定分摊、被赡养人指定分摊
		分摊金额	每一纳税人分摊的扣除额最高不得超过每月 1 000 元
		优先级	指定分摊优先于约定分摊,两者不一致,以指定分摊为准
		具体分摊方式在一个纳税年度内不得变更	

(4)其他扣除包括个人缴付符合国家规定的企业年金、职业年金,个人购买符合国家规定的商业健康保险、税收递延型商业养老保险的支出,以及国务院规定可以扣除的其他项目。

购买符合规定的商业健康保险产品的支出在当年(月)计算应纳税所得额时予以税前扣除,扣除限额为 2400 元 / 年(200 元 / 月)。

(二)非居民个人的工资、薪金,劳务报酬,稿酬,特许权使用费所得

非居民个人的工资、薪金所得,以每月收入额减除费用 5 000 元后的余额为应纳税所得额;劳务报酬所得、稿酬所得、特许权使用费所得,以每次收入额为应纳税所得额。

非居民个人取得的劳务报酬所得、稿酬所得、特许权使用费所得,属于一次性收入的,以取得该项收入为一次;属于同一项目连续性收入的,以一个月内取得的收入为一次。

(三)经营所得

经营所得,以每一纳税年度的收入总额减除成本、费用以及损失后的余额,为应纳税所得

额。个体工商户、个人独资企业、合伙企业以及个人从事其他生产、经营活动，未提供完整、准确的纳税资料，不能正确计算应纳税所得额的，由主管税务机关核定其应纳税所得额。

个体工商户业主、个人独资企业投资者、合伙企业个人合伙人以及从事其他生产、经营活动的个人，以其每一纳税年度来源于个体工商户、个人独资企业、合伙企业以及其他生产、经营活动的所得，减除费用6万元、专项扣除以及依法确定的其他扣除后的余额，为应纳税所得额。

1. 个体工商户的生产经营所得

个体工商户的生产、经营所得，以每一纳税年度的收入总额，减除成本、费用、税金、损失、其他支出以及允许弥补的以前年度亏损后的余额，为应纳税所得额。

成本是指个体工商户在生产经营活动中发生的销售成本、销货成本、业务支出以及其他耗费。

费用是指个体工商户在生产经营活动中发生的销售费用、管理费用和财务费用，已经计入成本的有关费用除外。

税金是指个体工商户在生产经营活动中发生的除个人所得税和允许抵扣的增值税以外的各项税金及其附加。

损失是指个体工商户在生产经营活动中发生的固定资产和存货的盘亏、毁损、报废损失，转让财产损失，坏账损失，自然灾害等不可抗力因素造成的损失以及其他损失。个体工商户发生的损失，减除责任人赔偿和保险赔款后的余额，参照有关企业资产损失税前扣除的规定扣除。个体工商户已经作为损失处理的资产，在以后纳税年度又全部收回或者部分收回时，应当计入收回当期的收入。

其他支出是指除成本、费用、税金、损失外，个体工商户在生产经营活动中发生的与生产经营活动有关的、合理的支出。

允许弥补的以前年度亏损，是指个体工商户应纳税所得额小于零的数额。个体工商户纳税年度发生的亏损，准予向以后年度结转，用以后年度的生产经营所得弥补，但结转年限最长不得超过五年。

（1）个体工商户下列支出不得扣除。

① 个人所得税税款。

② 税收滞纳金。

③ 罚金、罚款和被没收财物的损失。

④ 不符合扣除规定的捐赠支出。

⑤ 赞助支出。

⑥ 用于个人和家庭的支出（对于生产经营与个人、家庭生活混用难以分清的费用，其60%视为个人和家庭的支出，不予扣除）。

⑦ 个体工商户业主的工资、薪金。

⑧ 与取得生产经营收入无关的其他支出。

（2）个体工商户下列支出按标准扣除。

① 实际支付给从业人员的、合理的工资薪金支出；按照规定的范围和标准为其业主和从业人员缴纳的基本养老保险费、基本医疗保险费、失业保险费、生育保险费、工伤保险费和住房公积金。

② 为从业人员缴纳的补充养老保险费、补充医疗保险费，分别在不超过从业人员工资总额 5% 标准内的部分；业主本人缴纳的补充养老保险费、补充医疗保险费，以当地（地级市）上年度社会平均工资的 3 倍为计算基数，分别在不超过该计算基数 5% 标准内的部分。

③ 在生产经营活动中发生的合理的不需要资本化的借款费用（包括向金融企业借款的利息支出，向非金融企业和个人借款的利息支出，不超过按照金融企业同期同类贷款利率计算的数额的部分）。

④ 向当地工会组织拨缴的工会经费、实际发生的职工福利费支出、职工教育经费支出分别在工资薪金总额的 2%、14%、8% 的标准内部分。

⑤ 与生产经营活动有关的业务招待费，按照实际发生额的 60% 扣除，但最高不得超过当年销售（营业）收入的 5‰。

⑥ 每一纳税年度发生的与其生产经营活动直接相关的广告费和业务宣传费不超过当年销售（营业）收入 15% 的部分，可以据实扣除；超过部分，准予在以后纳税年度结转扣除。

⑦ 按照规定缴纳的摊位费、行政性收费、协会会费等；参加财产保险，按照规定缴纳的保险费；发生的合理的劳动保护支出。

⑧ 自申请营业执照之日起至开始生产经营之日止所发生符合规定的费用，若作为开办费，个体工商户可以选择在开始生产经营的当年一次性扣除，也可以自生产经营月份起在不短于 3 年期限内摊销扣除，但一经选定，不得改变。

⑨ 通过公益性社会团体或者县级以上人民政府及其部门，用于符合《中华人民共和国公益事业捐赠法》规定的公益事业捐赠，捐赠额不超过其应纳税所得额 30% 的部分据实扣除；可全额扣除的捐赠按有关规定执行。

⑩ 研究开发新产品、新技术、新工艺所发生的开发费用，以及研究开发新产品、新技术而购置单台价值在 10 万元以下的测试仪器和试验性装置的购置费准予直接扣除。

2. 个人独资企业和合伙企业的生产经营所得

（1）查账征收的个人独资企业和合伙企业。查账征收的个人独资企业和合伙企业的扣除项目比照个体工商户个人所得税计税办法的规定确定。

个人独资企业的投资者以全部生产经营所得为应纳税所得额；合伙企业的投资者按照合伙企业的全部生产经营所得和合伙协议约定的分配比例确定应纳税所得额，合伙协议没有约定分配比例的，以全部生产经营所得和合伙人数量平均计算每个投资者的应纳税所得额。生产经营所得，包括企业分配给投资者个人的所得和企业当年留存的所得。

投资者兴办两个或两个以上企业的，其投资者个人费用扣除标准由投资者选择在其中一个企业的生产经营所得中扣除。

（2）核定征收的个人独资企业和合伙企业。核定征收方式包括定额征收、核定应税所得率征收以及其他合理的征收方式。

（四）财产租赁所得

财产租赁所得，以一个月内取得的收入为一次。每次收入不超过 4 000 元的，减除费用800 元；4 000 元以上的减除 20% 的费用，其余额为应纳税所得额。

（五）财产转让所得

财产转让所得，以转让财产的收入额减除财产原值和合理费用后的余额，为应纳税所得额。

财产原值，按照下列方法计算：

（1）有价证券，为买入价以及买入时按照规定缴纳的有关费用。

（2）不动产，为建造费或者购进价格以及其他有关费用。

（3）土地使用权，为取得土地使用权所支付的金额、开发土地的费用以及其他有关费用。

（4）机器设备、车船，为购进价格、运输费、安装费以及其他有关费用。

纳税人未提供完整、准确的财产原值凭证，不能正确计算财产原值的，由主管税务机关核定其财产原值。

合理费用，是指卖出财产时按照规定支付的有关税费。

个人发生非货币性资产交换，以及将财产用于捐赠、偿债、赞助、投资等用途的，应当视同转让财产并缴纳个人所得税，但另有规定的除外。

（六）利息、股息、红利所得和偶然所得

利息、股息、红利所得和偶然所得，以每次收入额为应纳税所得额。

（七）其他费用扣除规定

（1）个人将其所得对教育、扶贫、济困等公益慈善事业进行捐赠，捐赠额未超过纳税人申报的应纳税所得额 30% 的部分，可以从其应纳税所得额中扣除；国务院规定对公益慈善事业捐赠实行全额税前扣除的，从其规定。

（2）个人通过非营利性的社会团体和国家机关向红十字事业的捐赠、向农村义务教育的捐赠、对公益性青少年活动场所（其中包括新建）的捐赠，准予在税前的所得额中全额扣除。

（3）个人通过非营利性的社会团体和政府部门向福利性、非营利性老年服务机构捐赠，通过宋庆龄基金会等 6 家单位、中国医药卫生事业发展基金会、中国教育发展基金会、中国老龄事业发展基金会等 8 家单位、中华健康快车基金会等 5 家单位用于公益救济性的捐赠，符合相关条件的，准予在缴纳个人所得税税前全额扣除。

（4）个人的所得（不含偶然所得）用于对非关联的科研机构和高等学校研究开发新产品、新技术、新工艺所发生的研究开发经费的资助，可以全额在下月（工资、薪金所得）或下次（按次计征的所得）或当年（按年计征的所得）计征个人所得税时，从应纳税所得额中扣除，不足抵扣的，不得结转抵扣。

【**例题 6-6·单选题**】根据个人所得税法律制度的规定，关于综合所得的下列表述中，不正确的是（ ）。

A.纳税人赡养 2 个及以上老人的，不按老人人数加倍扣除

B.子女接受学前教育和学历教育的相关支出按每个子女每年 12 000 元标准定额扣除

C.大病医疗专项附加扣除由纳税人办理汇算清缴时扣除

D.本人或配偶使用商业银行或住房公积金个人住房贷款为本人或其配偶购买住房，发生的住房贷款利息支出，在偿还贷款期间，可以按照每年 12 000 元（每月 1 000 元）标准定额扣除

正确答案：D

答案解析：本人或配偶使用商业银行或住房公积金个人住房贷款为本人或其配偶购买住房，发生的首套住房贷款利息支出，在偿还贷款期间，可以按照每年 12 000 元（每月 1 000 元）标准定额扣除。

【**例题 6-7·多选题**】根据个人所得税法律制度的规定，个体工商户的下列支出中，在计算个人所得税应纳税所得额时，不得扣除的有（ ）。

A.税收滞纳金   B.个人所得税税款

C.业主的工资、薪金支出   D.在生产经营活动中因自然灾害造成的损失

正确答案：ABC

答案解析：个体工商户下列支出不得扣除：①个人所得税税款；②税收滞纳金；③罚金、罚款和被没收财物的损失；④不符合扣除规定的捐赠支出；⑤赞助支出；⑥用于个人和家庭的支出；⑦与取得生产经营收入无关的其他支出；⑧国家税务总局规定不准扣除的支出。个体工商户实际支付给从业人员的、合理的工资、薪金支出，准予扣除，个体工商户业主的工资、薪金支出不得税前扣除。

【**例题 6-8·单选题**】个体工商户张某 2019 年度取得营业收入 200 万元，当年发生业务宣传费 25 万元，上年度结转未扣除的业务宣传费 15 万元。已知业务宣传费不超过当年营业收入 15% 的部分，准予扣除，个体工商户张某在计算当年个人所得税应纳税所得额时，允许扣除的业务宣传费金额为（ ）。

A.30 万元   B.25 万元   C.40 万元   D.15 万元

正确答案：A

答案解析：①个体工商户每一纳税年度发生的与其生产经营活动直接相关的广告费和业务宣传费不超过当年销售（营业）收入 15% 的部分，可以据实扣除；超过部分，准予在以后纳税年度结转扣除；② $200 \times 15\% = 30$（万元）$< 25+15 = 40$（万元），按照限额扣除，即允许扣除的业务宣传费为 30 万元。

【**例题 6-9·多选题**】根据个人所得税法律制度的规定，下列各项中，应按"财产转让所得"税目计征个人所得税的有（ ）。

A.转让机器设备所得   B.提供著作权的使用权所得

C.转让股权所得   D.提供非专利技术使用权所得

正确答案：AC

答案解析：选项 BD 属于特许权使用费所得。

三、个人所得税应纳税额的计算

（一）综合所得应纳税额的计算

1. 居民个人综合所得应纳税额的计算

综合所得应纳税额的计算公式为：

$$应纳税额 = 应纳税所得额 \times 适用税率 - 速算扣除数$$
$$= （每一纳税年度的收入额 - 费用 6 万元 - 专项扣除 - 专项附加扣除 - 依法确定的其他扣除）$$
$$\times 适用税率 - 速算扣除数$$

【例题 6-10 · 计算题】甲公司职员陈某 2019 年全年取得工资、薪金收入 19 0000 元。当地规定的社会保险和住房公积金个人缴存比例为：基本养老保险 8%，基本医疗保险 2%，失业保险 0.5%，住房公积金 12%。陈某缴纳社会保险费核定的缴费工资基数为 10 000 元。陈某正在偿还首套住房贷款及利息，陈某为独生女，其独生子正在读高中 2 年级；陈某父母均已年过 60 岁。陈某夫妻约定由陈某扣除贷款利息和子女教育费。计算陈某 2019 年应缴纳的个人所得税税额。

答案解析：

（1）全年减除费用 60 000（元）。

（2）专项扣除 =10 000×（8%+2%+0.5%+12%）×12=27 000（元）。

（3）专项附加扣除：

①陈某子女教育支出实行定额扣除，每年扣除 12 000（元）。

②陈某首套住房贷款利息支出实行定额扣除，每年扣除 12 000（元）。

③陈某赡养老人支出实行定额扣除，每年扣除 24 000（元）。

专项附加扣除合计 =12 000+12 000+24 000=48 000（元）。

（4）扣除项合计 =60 000+27 000+48 000=135 000（元）。

（5）应纳税所得额 =190 000 - 135 000=55 000（元）。

（6）应纳个人所得税税额 =36 000×10% - 2 520=2 980（元）。

2. 扣缴义务人对居民个人工资、薪金所得，劳务报酬所得，稿酬所得，特许权使用费所得预扣预缴个人所得税的计算

（1）扣缴义务人向居民个人支付工资、薪金所得时，应当按照累计预扣法计算预扣税款，并按月办理全员全额扣缴申报。

预扣预缴税款计算公式为：

$$本期应预扣预缴税额 = （累计预扣预缴应纳税所得额 \times 预扣率 - 速算扣除数） -$$
$$累计减免税额 - 累计已预扣预缴税额$$
$$累计预扣预缴应纳税所得额 = 累计收入 - 累计免税收入 - 累计减除费用 - 累计专项扣除 -$$
$$累计专项附加扣除 - 累计依法确定的其他扣除$$

其中，减除费用按"5 000 元 / 月"累计。

上述公式中，计算工资、薪金所得预扣预缴税额的预扣率、速算扣除数按个人所得税预扣率表（一）（见表 6-10）执行。

表 6-10　个人所得税预扣率表（一）

级数	累计预扣预缴应纳税所得额（含税级距）	预扣率（%）	速算扣除数
1	不超过 36 000 元的	3	0
2	超过 36 000 元至 144 000 元的部分	10	2 520
3	超过 144 000 元至 300 000 元的部分	20	16 920
4	超过 300 000 元至 420 000 元的部分	25	31 920
5	超过 420 000 元至 660 000 元的部分	30	52 920
6	超过 660000 元至 960 000 元的部分	35	85 920
7	超过 960 000 元的部分	45	181 920

【例题 6-11·计算题】浙江某公司员工张某：2019 年 1 月工资 15 000 元；2019 年 2 月工资 45 000 元；2019 年 3 月工资 15 000 元。有一个正在上小学的儿子，子女教育每月扣除 1 000 元；首套住房贷款利息支出每月扣除 1 000 元；父母健在，且张某是独生子女，赡养老人支出每月可以扣除 2 000 元。五险一金每月缴纳 3 000 元。购买符合条件的商业健康保险每月扣除 200 元。张某选择由所在公司扣除专项附加扣除，分别计算张某 1~3 月由单位预扣预缴的个人所得税。

答案解析：

（1）2019 年 1 月累计预扣预缴应纳税所得额 =15 000 – 5 000（累计减除费用）– 3 000（累计专项扣除）– 4 000（累计专项附加扣除）– 200（累计依法确定的其他扣除）=2 800（元）。

2019 年 1 月预扣预缴税额 =2 800×3%=84（元）。

（2）2019 年 2 月累计预扣预缴应纳税所得额 =60 000（累计收入）– 10 000（累计减除费用）– 6 000（累计专项扣除）– 8 000（累计专项附加扣除）– 400（累计依法确定的其他扣除）=35 600（元）。

2019 年 2 月预扣预缴税额 =35 600×3% – 84=1 068 – 84（已预扣预缴税额）=984（元）。

（3）2019 年 3 月累计预扣预缴应纳税所得额 =75 000（累计收入）– 15 000（累计基本减除费用）– 9 000（累计专项扣除）– 12 000（累计专项附加扣除）– 600（累计依法确定的其他扣除）=38 400（元）。

2019 年 3 月预扣预缴税额 =38 400×10% – 2 520 – 1 068（已预缴预扣税额）=252（元）。

（2）扣缴义务人向居民个人支付劳务报酬所得、稿酬所得、特许权使用费所得，按次或者按月预扣预缴个人所得税。属于一次性收入的，以取得该项收入为一次；属于同一项目连续性收入的，以一个月内取得的收入为一次。具体预扣预缴方法如表 6-11 所示。

表 6-11　劳务报酬所得、稿酬所得、特许权使用费所得预扣预缴方法

所得项目	税务处理
1.劳务报酬所得	扣缴义务人支付时，按以下方法按次或按月预扣预缴税款 （1）每次收入不超过 4 000 元的，预扣预缴税额＝（收入－800）× 预扣率－速算扣除数 （2）每次收入 4 000 元以上的，预扣预缴税额＝收入 ×（1－20%）× 预扣率－速算扣除数
2.稿酬所得	扣缴义务人支付时，按以下方法按次或按月预扣预缴税款 （1）每次收入不超过 4 000 元的，预扣预缴税额＝（收入－800）×70%× 预扣率 （2）每次收入 4 000 元以上的，预扣预缴税额＝收入 ×（1－20%）×70%× 预扣率
3.特许权使用费所得	扣缴义务人支付时，按以下方法按次或按月预扣预缴税款 （1）每次收入不超过 4 000 元的，预扣预缴税额＝（收入－800）× 预扣率 （2）每次收入 4 000 元以上的，预扣预缴税额＝收入 ×（1－20%）× 预扣率

表 6-11 中劳务报酬所得预扣预缴税额的预扣率、速算扣除数按个人所得税预扣率表（二）（见表 6-12）执行，稿酬所得、特许权使用费所得适用 20% 的比例预扣率。

表 6-12　个人所得税预扣率表（二）

级数	全"月"（或次）应纳税所得额	预扣率	速算扣除数
1	不超过 20 000 元的	20%	0
2	超过 20 000 元至 50 000 元的部分	30%	2 000
3	超过 50 000 元的部分	40%	7 000

【例题 6-12·计算题】我国居民王某 2019 年 8 月取得以下收入：劳务报酬 3 000 元；出版一部小说，取得稿酬 10 000 元；转让一项专利权，取得转让收入 150 000 元、专利开发支出 10 000 元。计算王某 2019 年 8 月预扣预缴的个人所得税。

答案解析：

（1）劳务报酬。因为 3 000 ＜ 4 000，所以，应纳税所得额＝ 3 000 － 800 ＝ 2 200（元）

应扣缴个人所得税＝ 2 200 × 20% ＝ 440（元）

（2）稿酬。因为 10 000 ＞ 4 000，所以，应纳税所得额＝ 10 000 ×（1－20%）×70% ＝ 5 600（元）

应扣缴个人所得税＝ 5 600 × 20% ＝ 1 120（元）

（3）特许权使用费。因为 150 000 ＞ 4 000，所以，应纳税所得额＝ 150 000 ×（1－20%）＝ 120 000（元）

应扣缴个人所得税＝ 120 000 × 20% ＝ 24 000（元）

王某 2019 年 8 月预扣预缴的个人所得税＝ 440＋1 120＋24 000 ＝ 25 560（元）

3. 扣缴义务人对非居民个人工资、薪金所得，劳务报酬所得，稿酬所得，特许权使用费所得扣缴个人所得税的计算

（1）工资、薪金所得应扣缴个人所得税＝（每月收入额－5000）× 税率－速算扣除数

（2）劳务报酬所得、稿酬所得、特许权使用费所得，以每次收入额为应纳税所得额。应扣缴个人所得税计算如下：

① 劳务报酬所得应扣缴个人所得税＝应纳税所得额 × 税率－速算扣除数＝收入 ×（1－20%）× 税率－速算扣除数

②稿酬所得应纳税额＝应纳税所得额×税率－速算扣除数＝收入×（1－20%）×70%×税率－速算扣除数

③特许权使用费所得应纳税额＝应纳税所得额×税率－速算扣除数＝收入×（1－20%）×税率－速算扣除数

上述公式中的税率、速算扣除数按个人所得税税率表（三）（见表6-13）执行。

表6-13　个人所得税税率表（三）

（非居民个人工资、薪金所得，劳务报酬所得，稿酬所得，特许权使用费所得适用）

级数	应纳税所得额	税率（%）	速算扣除数
1	不超过 3 000 元	3	0
2	超过 3 000 元至 12 000 元的部分	10	210
3	超过 12 000 元至 25 000 元的部分	20	1 410
4	超过 25 000 元至 35 000 元的部分	25	2 660
5	超过 35 000 元至 55 000 元的部分	30	4 410
6	超过 55 000 元至 80 000 元的部分	35	7 160
7	超过 80 000 元的部分	45	15 160

（二）经营所得应纳税额的计算

个体工商户的生产、经营所得应纳税额的计算公式为：

$$应纳税额＝应纳税所得额×适用税率－速算扣除数$$
$$＝（全年收入总额－成本、费用、税金、损失、其他支出及以前年度亏损）×$$
$$适用税率－速算扣除数$$

个人独资企业和合伙企业比照个体工商户经营所得应纳税额的计算。

【例题6-13·计算题】个体工商户王某 2019 年度取得营业收入 200 万元，当年发生业务宣传费 25 万元，上年度结转未扣除的业务宣传费 15 万元。已知业务宣传费不得超过当年营业收入 15% 的部分，准予扣除，计算张某在缴纳当年个人所得税时，允许扣除的业务宣传费。

答案解析：

（1）个体工商户每一纳税年度发生的与其生产经营活动直接相关的广告费和业务宣传费不超过当年销售（营业）收入 15% 的部分，可以据实扣除；超过部分，准予在以后纳税年度结转扣除。

（2）200×15%=30（万元）<25+15=40（万元），按照限额扣除，即允许扣除的业务宣传费金额为 30（万元）。

【例题6-14·计算题】刘某兴办个人独资企业甲，2019 年相关财务资料如下：

（1）向非金融企业借款 250 万元用于生产经营，期限 1 年，利率为 6.4%，利息支出 16 万元均已计入财务费用。

（2）实发合理工资中包括刘某的工资 6 万元，雇员工资 20 万元。

（3）实际发生雇员职工教育经费支出 0.8 万元。

（4）营业外支出中包括行政罚款3万元，合同违约金4万元。

（5）刘某2019年3月以个人名义购入境内上市公司股票，同年9月出售，持有期间取得股息1.9万元；从境内非上市公司取得股息0.7万元。

已知：甲个人独资企业适用查账征收法；银行同期同类贷款利率为4.8%；在计算个人所得税应纳税所得额时，职工教育经费支出不超过工资、薪金总额的2.5%的部分，准予扣除；股息所得个人所得税税率为20%。

计算甲个人独资企业在缴纳2019年度个人所得税时准予扣除的利息支出、准予扣除的雇员职工教育经费支出，计算刘某股息所得应缴纳的个人所得税。

答案解析：

（1）向非金融企业和个人借款的利息支出，不超过按照金融企业同期同类贷款利率计算的数额的部分准予扣除。所以准予扣除的利息支出为4.8%×200万元=9.6（万元）。

（2）发生的职工教育经费支出，不超过工资、薪金总额的2.5%的部分，准予扣除；超过部分，准予在以后纳税年度结转扣除。工资、薪金总额是指允许在当期税前扣除的工资、薪金支出数额。20×2.5%＝0.5（万元）。

（3）个人所得税法规定：个人从公开发行和转让市场取得的上市公司股票，持股期限在1个月以内（含1个月）的，其股息红利所得全额计入应纳税所得额；持股期限在1个月以上至1年（含1年）的，暂减按50%计入应纳税所得额；持股期限超过1年的，暂免征税。上述所得统一适用20%的税率计征个人所得税。如果属于非上市公司或境外公司的，按照税率20%征收。刘某股息应纳个人所得税=1.9×50%×20%+0.7×20%=0.33（万元）。

（三）财产租赁所得应纳税额的计算

个人出租财产取得的财产租赁收入，在计算缴纳个人所得税时，应依次扣除以下费用：

（1）财产租赁过程中缴纳的税费；

（2）由纳税人负担的该出租财产实际开支的修缮费用；

（3）税法规定的费用扣除标准。

财产租赁所得应纳税额的计算公式为：

每次（月）收入不足4 000元的：

$$应纳税额＝[每次（月）收入额－财产租赁过程中缴纳的税费－由纳税人负担的租赁财产实际开支的修缮费用（800元为限）－800元]×20\%$$

每次（月）收入在4 000元以上的：

$$应纳税额＝[每次（月）收入额－财产租赁过程中缴纳的税费－由纳税人负担的租赁财产实际开支的修缮费用（800元为限）]×(1-20\%)×20\%$$

财产租赁所得，以一个月内取得的收入为一次。个人出租房屋的个人所得税应税收入不含增值税，计算房屋出租所得可扣除的税费不包本次出租缴纳的增值税。个人转租房屋的，其向房屋出租方支付的租金及增值税税额，在计算转租所得时予以扣除。

【例题6-15·单选题】2019年2月，赵某出租店面房取得不含增值税租金收入3 900元，房屋租赁过程中缴纳的可以税前扣除的相关税费 120 元，支付出租房屋维修费 1 000 元。赵某当月出租店面房应缴纳个人所得税税额的下列算式中，正确的是（　　）。

  A.（3 900 – 120 – 800 – 800）×20%=436（元）

  B.（3 900 – 120 – 800）×20%=596（元）

  C.（3 900 – 120 – 1 000）×20%=556（元）

  D.（3 900 – 120 – 1 000 – 800）×20%=396（元）

  正确答案：A

  答案解析：房屋租赁期间发生修缮费用准予在税前扣除，但以每月 800 元为限，应纳税额=（3 900 – 120 – 800 – 800）×20%=436（元）。

  【例题 6-16·计算题】中国公民孙某 3 月 1 日起将其位于市区的一套住房按市价出租，每月收取不含税租金 3 950 元。3 月因卫生间漏水发生修缮费用 1 400 元，已取得合法有效的支出凭证，不考虑其他费用扣除，计算孙某 3 月、4 月应缴纳的个人所得税。（已知个人出租自有住房，减按 10% 税率计算缴纳个人所得税）

  答案解析：

  （1）3 月应纳个人所得税税额 =（3 950 – 800 – 800）×10%=235（元）。

  （2）4 月应纳个人所得税税额 =（3 950 – 600 – 800）×10%=255（元）。

  【例题 6-17·计算题】任某于 2019 年 1 月将其自有的面积为 150 ㎡ 的公寓按市场价出租给张某居住。任某每月取得租金收入 4 500 元，全年租金收入 54 000 元。计算任某全年租金收入应缴纳的个人所得税（不考虑其他税费）。

  答案解析：

  （1）每月应纳税额 =4 500×（1 – 20%）×10%=360（元）。

  （2）全年应纳税额 = 360×12=4 320（元）。

  （四）财产转让所得应纳税额的计算

  1. 一般情况下财产转让所得应纳税额的计算

  财产转让所得应纳税额的计算公式为：

$$应纳税额 = 应纳税所得额 × 适用税率$$

$$=（收入总额 – 财产原值 – 合理费用）×20\%$$

  个人转让房屋的个人所得税应税收入不含增值税，其取得房屋时所支付价款中包含的增值税计入财产原值，计算转让所得时可扣除的税费不包括本次转让缴纳的增值税。

  2. 个人销售无偿受赠不动产应纳税额的计算

  受赠人转让受赠房屋的，以其转让受赠房屋的收入减除原捐赠人取得该房屋的实际购置成本以及赠与和转让过程中受赠人支付的相关税费后的余额，为受赠人的应纳税所得额，依法计征个人所得税。受赠人转让受赠房屋价格明显偏低且无正当理由的，税务机关可以依据该房屋的市场评估价格或其他合理方式确定的价格核定其转让收入。

【例题6-18·计算题】李某建房一幢，造价360 000元，支付其他费用50 000元。建成后将房屋出售，售价600 000元，在售房过程中按规定支付交易费等相关税费35 000元，计算李某应纳个人所得税。

答案解析：

（1）应纳税所得额＝财产转让收入－财产原值－合理费用

=600 000－（360 000+50 000）－35 000=155 000（元）。

（2）应纳税额=155 000×20%=31 000（元）。

（五）利息、股息、红利所得应纳税额的计算

利息、股息、红利所得应纳税额的计算公式为：

应纳税额＝应纳税所得额 × 适用税率 ＝每次收入额 ×20%

（六）偶然所得应纳税额的计算

偶然所得应纳税额的计算公式为：

应纳税额＝应纳税所得额 × 适用税率 ＝每次收入额 ×20%

（七）应纳税额计算的其他规定

（1）两个或者两个以上的个人共同取得同一项目收入的，应当对每个人取得的收入分别按照个人所得税法规定减除费用后计算纳税。

（2）居民个人从境内和境外取得的综合所得或者经营所得，应当分别合并计算应纳税额；从境内和境外取得的其他所得应当分别单独计算应纳税额。

（3）个人独资企业、合伙企业及个人从事其他生产、经营活动在境外营业机构的亏损，不得抵减境内营业机构的盈利。

（4）居民个人从中国境外取得的所得，可以从其应纳税额中抵免已在境外缴纳的个人所得税税额，但抵免额不得超过该纳税人境外所得依照个人所得税法规定计算的应纳税额。

已在境外缴纳的个人所得税税额，是指居民个人来源于中国境外的所得，依照该所得来源国家或者地区的法律应当缴纳并且实际已经缴纳的所得税税额；依照个人所得税法规定计算的应纳税额，是居民个人境外所得已缴境外个人所得税的抵免限额。来源于一国（地区）抵免限额为来源于该国的综合所得抵免限额、经营所得抵免限额、其他所得项目抵免限额之和。

来源于一国（地区）综合所得（经营所得，其他所得）的抵免限额＝中国境内、境外综合所得（经营所得，其他所得）依法计算的应纳税总额 × 来源于该国（地区）的综合所得（经营所得，其他所得）收入额 ÷ 中国境内、境外综合所得（经营所得，其他所得）收入总额。

居民个人在中国境外一个国家或者地区实际已经缴纳的个人所得税税额，低于依照前款规定计算出的该国家或者地区抵免限额的，应当在中国缴纳差额部分的税款；超过该国家或者地区抵免限额的，其超过部分不得在本纳税年度的应纳税额中扣除，但是可以在以后纳税年度的该国家或者地区抵免限额的余额中补扣。补扣期限最长不得超过5年。

居民个人申请抵免已在境外缴纳的个人所得税税额，应当提供境外税务机关出具的税款所属年度的有关纳税凭证。

四、应纳税额计算的特殊规定

（一）出租车运营业务征税问题

出租汽车经营单位对出租车驾驶员采取单车承包或承租方式运营，出租车驾驶员从事客货营运取得的收入，按"工资、薪金所得"项目征税。

出租车属于个人所有，但挂靠出租汽车经营单位或企事业单位，驾驶员向挂靠单位缴纳管理费的，或出租汽车经营单位将出租车所有权转移给驾驶员的，出租车驾驶员从事客货运营取得的收入，比照"经营所得"项目征税。

从事个体出租车运营的出租车驾驶员取得的收入，按"经营所得"项目缴纳个人所得税。

（二）企业改组改制过程中个人取得的量化资产征税问题

根据国家有关规定，集体所有制企业在改制为股份合作制企业时，可以将有关资产量化给职工个人。对于企业在改制过程中个人取得量化资产的征税问题，税法做出了如下规定。

（1）对职工个人以股份形式取得的仅作为分红依据，不拥有所有权的企业量化资产，不征收个人所得税。

（2）对职工个人以股份形式取得的拥有所有权的企业量化资产，暂缓征收个人所得税；待个人将股份转让时，就其转让收入额，减除个人取得该股份时实际支付的费用支出和合理转让费用后的余额，按"财产转让所得"项目计征个人所得税。

（3）对职工个人以股份形式取得的企业量化资产参与企业分配而获得的股息、红利，应按"利息、股息、红利所得"项目征收个人所得税。

（三）特殊情形下的房屋或其他财产征税问题

符合以下情形的房屋或其他财产，不论所有权人是否将财产无偿或有偿交付企业使用，均应依法计征个人所得税。

（1）企业出资购买的房屋及其他财产，将所有权登记为投资者个人、投资者家庭成员或企业其他人员的。

（2）企业投资者个人、投资者家庭成员或企业其他人员向企业借款用于购买房屋及其他财产，将所有权登记为投资者、投资者家庭成员或企业其他人员，且借款年度终了后未归还借款的。

（3）对个人独资企业、合伙企业的个人投资者或其家庭成员取得的上述所得，视为企业对个人投资者的利润分配，按照"经营所得"项目计征个人所得税；对除个人独资企业、合伙企业以外其他企业的个人投资者或其家庭成员取得的上述所得，视为企业对个人投资者的红利分配，按照"利息、股息、红利所得"项目计征个人所得税；对企业其他人员取得的上述所得，按照"综合所得"项目计征个人所得税。

任务三 个人所得税的会计核算

一、工资、薪金所得应纳税额的会计核算

工资、薪金所得应缴纳的个人所得税由所在单位代扣代缴。企业在核算工资、薪金时，做如下账务处理。

（1）计提当月的职工工资时：

借：管理（销售）费用或相关资产成本科目

贷：应付职工薪酬——工资

（2）发放工资时，计算应代扣代缴的个人所得税和社保及公积金。

借：应付职工薪酬——工资

贷：其他应付款——社会保险费（代扣个人部分）

——住房公积金（代扣个人部分）

应交税费——应交个人所得税

银行存款

【例题 6-19·核算题】A 公司在 2020 年 1 月计提张三的工资 10 000 元，在当月发放并代扣个人社保 1 000 元和公积金 1 000 元。不考虑个税专项附加扣除的情况，计算 A 公司应扣缴的个人所得税，并完成相应的会计核算。

答案解析：应扣缴张三 1 月的个人所得税 =（10 000 – 5 000 – 1 000 – 1 000）× 3% = 90（元）

（1）1 月计提并发放工资：

借：管理费用——工资 10 000

贷：应付职工薪酬——工资 10 000

同时：

借：应付职工薪酬——工资 10 000

贷：应交税费——应交个人所得税 90

其他应付款——代扣个人社保 1 000

——代扣个人公积金 1 000

银行存款 7 910

（2）2 月申报缴纳个税：

借：应交税费——应交个人所得税 90

贷：银行存款 90

缴纳代扣的社保和公积金

借：其他应付款——代扣个人社保 1 000

——代扣个人公积金 1 000

贷：银行存款 2 000

二、劳务报酬所得、稿酬所得、特许权使用费所得应纳税额的会计核算

劳务报酬所得应缴纳的个人所得税由接受劳务的单位代扣代缴，稿酬所得应缴纳的个人所得税由发放稿酬的出版单位代扣代缴，特许权使用费所得应缴纳的个人所得税由受让特许权的单位代扣代缴。扣缴单位根据计算的代扣代缴个人所得税，借记"管理费用"等相关账户，贷记"应交税费——应交个人所得税"账户。缴纳个人所得税时，借记"应交税费——应交个人所得税"账户，贷记"银行存款"账户。

三、财产租赁所得、财产转让所得、利息股息红利所得偶然所得应纳税额的会计核算

财产租赁所得应缴纳的个人所得税由承租财产的单位代扣代缴，财产转让所得应缴纳的个人所得税由财产受让单位代扣代缴，利息股息红利所得偶然所得应缴纳的个人所得税由支付利息、股息、红利和偶然所得的单位代扣代缴。扣缴单位根据计算的代扣代缴个人所得税，借记"管理费用""固定资产""应付利润"等相关账户，贷记"应交税费——应交个人所得税"账户。缴纳个人所得税时，借记"应交税费——应交个人所得税"账户，贷记"银行存款"账户。

【例题 6-20 · 核算题】刘某为中国公民，2020 年 1 月将自有的一套住房出租给 A 公司使用。租期一年。A 公司每月支付租金 5 800 元，刘某每月需缴纳相关税费 300 元，1 月，该住房发生了修缮费用 1 200 元，由刘某承担。计算 A 公司 1 月应扣缴的个人所得税，并完成相应的会计核算。

答案解析：出租住房，个人所得税减按 10% 征收。

A 公司应缴的个人所得税 =（5 800 - 300 - 800）×（1 - 20%）× 10% = 376（元）。

 借：应付账款   376

  贷：应交税费——应交个人所得税 376

任务四　个人所得税的纳税申报

一、个人所得税征收管理

个人所得税的纳税申报分为全员全额扣缴申报纳税和自行申报纳税。

（一）全员全额扣缴申报纳税

个人所得税以所得人为纳税人，以支付所得的单位或者个人为扣缴义务人。扣缴义务人向个人支付应税款项时，应当依照个人所得税法规定预扣或代扣税款，按时缴库，并专项记载备查。

全员全额扣缴申报，是指扣缴义务人应当在代扣税款的次月 15 日内，向主管税务机关报送其支付所得的所有个人的有关信息、支付所得数额、扣除事项和数额、扣缴税款的具体数额和总额以及其他相关涉税信息资料。

1. 自然人纳税人识别号的确定

（1）自然人纳税人识别号，是自然人纳税人办理各类涉税事项的唯一代码标识。有中国居民身份证号码的，以其中国居民身份证号码作为纳税人识别号；没有中国居民身份证号码的，由税务机关赋予其纳税人识别号。

（2）个人应当凭纳税人识别号实名办税。个人首次取得应税所得或者首次办理纳税申报时，应当向扣缴义务人或者税务机关如实提供纳税人识别号及与纳税有关的信息。个人上述信息发生变化的，应当报告扣缴义务人或者税务机关。

2. 代扣预扣税款的范围

实行个人所得税全员全额扣缴申报的应税所得包括：工资、薪金所得，劳务报酬所得，稿酬所得，特许权使用费所得，利息、股息、红利所得，财产租赁所得，财产转让所得和偶然所得。

3. 代扣代缴期限

扣缴义务人每月或者每次预扣、代扣的税款，应当在次月 15 日内缴入国库，并向税务机关报送《个人所得税扣缴申报表》。

4. 扣缴义务人的义务

（1）扣缴义务人应当按照纳税人提供的信息计算税款、办理扣缴申报，不得擅自更改纳税人提供的信息。扣缴义务人发现纳税人提供的信息与实际情况不符的，可以要求纳税人修改。纳税人拒绝修改的，扣缴义务人应当报告税务机关，税务机关应当及时处理。

纳税人发现扣缴义务人提供或者扣缴申报的个人信息、支付所得、扣缴税款等信息与实际情况不符的，有权要求扣缴义务人修改。扣缴义务人拒绝修改的，纳税人应当报告税务机关，税务机关应当及时处理。

（2）支付工资、薪金所得的扣缴义务人应当于年度终了后 2 个月内，向纳税人提供其个人所得和已扣缴税款等信息。纳税人年度中间需要提供上述信息的，扣缴义务人应当提供。

纳税人取得除工资、薪金所得以外的其他所得，扣缴义务人应当在扣缴税款后，及时向纳税人提供其个人所得和已扣缴税款等信息。

（二）自行申报纳税

1. 有下列情形之一的，纳税人应当依法办理纳税申报

（1）取得综合所得需要办理汇算清缴。

（2）取得应税所得没有扣缴义务人。

（3）取得应税所得，扣缴义务人未扣缴税款。

（4）取得境外所得。

（5）因移居境外注销中国户籍。

（6）非居民个人在中国境内从两处以上取得工资、薪金所得。

（7）国务院规定的其他情形。

2. 取得综合所得需要办理汇算清缴的纳税申报

（1）取得综合所得且符合下列情形之一的纳税人，应当依法办理汇算清缴：

① 在两处或者两处以上取得综合所得，且综合所得年收入额减去专项扣除的余额超过 6 万元。

② 取得劳务报酬所得、稿酬所得、特许权使用费所得中一项或者多项所得，且综合所得年收入额减去专项扣除的余额超过 6 万元。

③ 纳税年度内预缴的税额低于应纳税额的。

④ 纳税人申请退税。

（2）需要办理汇算清缴的纳税人，应当在取得所得的次年 3 月 1 日至 6 月 30 日内，向任职、受雇单位所在地主管税务机关办理纳税申报，并报送《个人所得税年度自行纳税申报表》。

纳税人有两处以上任职、受雇单位的，选择向其中一处任职、受雇单位所在地主管税务机关办理纳税申报；纳税人没有任职、受雇单位的，向户籍所在地或经常居住地主管税务机关办理纳税申报。

【例题 6-21·多选题】根据《中华人民共和国个人所得税法》规定，下列情况纳税人应当按照规定自行到主管税务机关办理纳税申报的有（　　）。

A. 郑某 2019 年取得工资、薪金所得 90 000 元，稿酬所得 30 000 元，专项扣除 30 000 元

B. 朱某除每月从集团公司总部取得 20 000 元工资外，还从外派的子公司取得 6 000 元工资，专项扣除全年合计 10 000 元

C. 魏某所在公司于 2018 年在美国上市，给予其 1 万股股票期权，2019 年吴某将其所持有的公司股票在美国纽交所出售

D. 钱某取得中奖收入 20 000 元，扣缴义务人未扣缴税款

正确答案：ABCD

答案解析：选项 A、B 属于取得综合所得需要办理汇算清缴的情形；选项 C 属于取得境外所得的情形；选项 D 属于取得应税所得，扣缴义务人未扣缴税款的情形。因此，选项 ABCD 均需要办理纳税申报。

3. 取得经营所得的纳税申报

个体工商户业主、个人独资企业投资者、合伙企业个人合伙人、承包承租经营者个人以及其他从事生产、经营活动的个人取得经营所得，按年计算个人所得税，由纳税人在月度或季度终了后 15 日内，向经营管理所在地主管税务机关办理预缴纳税申报。在取得所得的次年 3 月 31 日前，向经营管理所在地主管税务机关办理汇算清缴。

从两处以上取得经营所得的，选择向其中一处经营管理所在地主管税务机关办理年度汇总申报。

4. 取得应税所得，扣缴义务人未扣缴税款的纳税申报

纳税人取得应税所得，扣缴义务人未扣缴税款的，应当区别以下情形办理纳税申报：

（1）居民个人取得综合所得的，且符合前述 2 所述情形的，应当依法办理汇算清缴。

（2）非居民个人取得工资、薪金所得，劳务报酬所得，稿酬所得，特许权使用费所得的，应当在取得所得的次年 6 月 30 日前，向扣缴义务人所在地主管税务机关办理纳税申报。

有两个以上扣缴义务人均未扣缴税款的，选择向其中一处扣缴义务人所在地主管税务机关办理纳税申报。

非居民个人在次年 6 月 30 日前离境（临时离境除外）的，应当在离境前办理纳税申报。

（3）纳税人取得利息、股息、红利所得，财产租赁所得，财产转让所得和偶然所得的，应当在取得所得的次年 6 月 30 日前，按相关规定向主管税务机关办理纳税申报。税务机关通知限期缴纳的，纳税人应当按照期限缴纳税款。

纳税人取得应税所得没有扣缴义务人的，应当在取得所得的次月 15 日内向税务机关报送纳税申报表，并缴纳税款。

5. 取得境外所得的纳税申报

居民个人从中国境外取得所得的，应当在取得所得的次年 3 月 1 日至 6 月 30 日内，向中国境内任职、受雇单位所在地主管税务机关办理纳税申报。

在中国境内没有任职、受雇单位的，向户籍所在地或中国境内经常居住地主管税务机关办理纳税申报；户籍所在地与中国境内经常居住地不一致的，选择其中一地主管税务机关办理纳税申报。

6. 因移居境外注销中国户籍的纳税申报

纳税人因移居境外注销中国户籍的，应当在申请注销中国户籍前，向户籍所在地主管税务机关办理纳税申报，进行税款清算。

7. 非居民个人在中国境内从两处以上取得工资、薪金所得的纳税申报

非居民个人在中国境内从两处以上取得工资、薪金所得的，应当在取得所得的次月15日内，向其中一处任职、受雇单位所在地主管税务机关办理纳税申报。

纳税人可以采用远程办税端、邮寄等方式申报，也可以直接到主管税务机关申报。

二、个人所得税的纳税申报

（一）综合所得预扣预缴申报

综合所得个人所得税预扣预缴申报，是指扣缴义务人在向居民个人支付综合所得时，根据已采集的个人身份信息，结合当期收入、扣除等情况，在支付所得的月度终了之日起15日内，向主管税务机关报送《个人所得税扣缴申报表》（见表6-14）和主管税务机关要求报送的其他有关材料，进行综合所得个人所得税预扣预缴申报。

表6-14　个人所得税扣缴申报表

税款所属期：　　年　月　日至　　年　月　日　　　　　　　　　　　　　　　　　　　　　　　　　金额单位：人民币元（列至角分）

扣缴义务人名称：

序号	姓名	身份证件类型	身份证件号码	纳税人识别号	是否为非居民个人	所得项目	本月（次）情况															累计情况										减按计税比例	准予扣除的捐赠额	税款计算							备注
							收入额计算				专项扣除				其他扣除						累计收入额	累计减除费用	累计专项扣除	累计专项附加扣除					累计其他扣除			应纳税所得额	税率/预扣率	速算扣除数	应纳税额	减免税额	已缴税额	应补/退税额	
							收入	免税收入	减除费用		基本养老保险费	基本医疗保险费	失业保险费	住房公积金	年金	商业健康保险	税延养老保险	财产原值	允许扣除的税费	其他				子女教育	赡养老人	住房贷款利息	住房租金	继续教育											
1	2	3	4	5	6	7	8	9	10	11	12	13	14	15	16	17	18	19	20	21	22	23	24	25	26	27	28	29	30	31	32	33	34	35	36	37	38	39	40
1																																							
合计																																							

谨声明：本表是根据国家税收法律法规及相关规定填报的，是真实的、可靠的、完整的。

扣缴义务人（签章）：　　　　　　　　　　　　年　月　日

经办人签字：

经办人身份证件号码：

代理机构签章：

代理机构统一社会信用代码：

受理人：

受理税务机关（章）：

受理日期：　　年　月　日

扣缴义务人纳税人识别号（统一社会信用代码）：□□□□□□□□□□□□□□□□□□

代理机构统一社会信用代码：

国家税务总局监制

1. 预扣预缴申报流程

打开"自然人税收管理系统扣缴客户端",在首页功能菜单下单击【综合所得申报】,进入"综合所得预扣预缴表"页面(见图6-1),页面上方为申报主流程导航栏,根据【1 收入及减除填写】【2 税款计算】【3 附表填写】【4 申报表报送】四步流程完成综合所得预扣预缴申报。

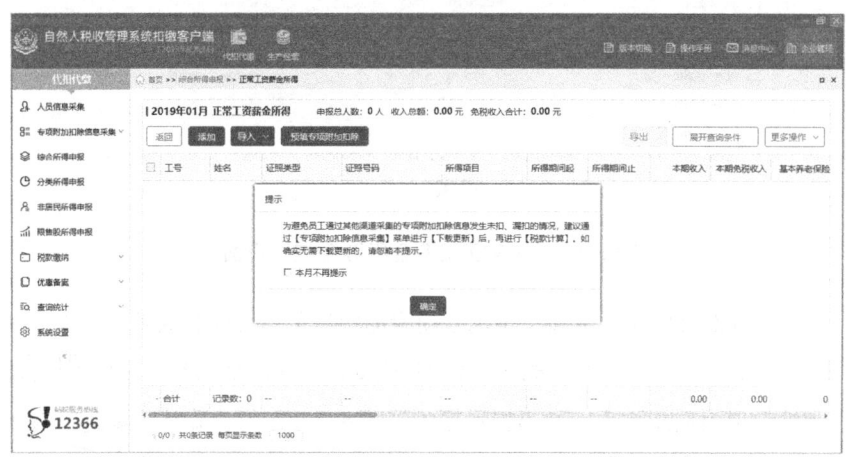

图 6-1　"综合所得预扣预缴表"页面

(1)收入及减除填写。单击界面下方综合所得申报表名称或【填写】进入表单,即可进行数据的录入,各项表单的填写方式,都可选择使用单个添加,或下载模板批量导入。

单击【正常工资薪金所得】,进入"正常工资薪金所得"页面(见图6-2)。此时,系统校验当前是否为"未申报"状态,如果是则弹出信息提示框。

图 6-2　"正常工资薪金所得"页面

单击【导入】→【模板下载】下载标准模板,录入数据后,单击【导入数据】→【标准模板导入】选择模板文件批量导入数据(见图6-3)。

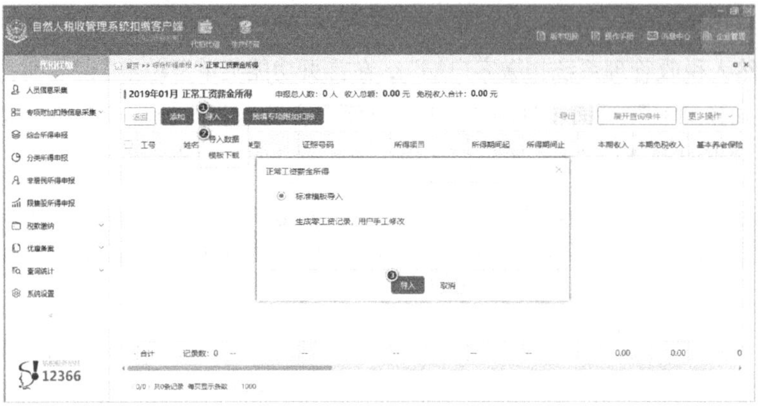

图 6-3 导入数据

单击【添加】，弹出"正常工资薪金所得 新增"页面（见图 6-4），进行单个数据录入。

图 6-4 "正常工资薪金所得 新增"页面

单击"正常工资薪金所得"界面【预填专项附加扣除】，自动获取填充报送成功人员的可扣除额度，也可手动录入。根据政策要求，住房租金支出、住房贷款利息支出不允许同时扣除。

单击【预填专项附加扣除】，弹出提示框（见图 6-5），勾选确认需要进行自动预填，选择预填人员范围后单击【确认】，系统可自动将采集的专项附加扣除信息下载到对应纳税人名下，自动填入申报表。

其他综合所得项目"全年一次性奖金收入""年金领取""解除劳动合同一次性补偿金""劳务报酬所得（保险营销员、证券经纪人）""劳务报酬所得（一般劳务、其他劳务）""稿酬所得""特许权使用费所得""提前退休一次性补贴""个人股权激励收入"的数据采集方式基本一致。

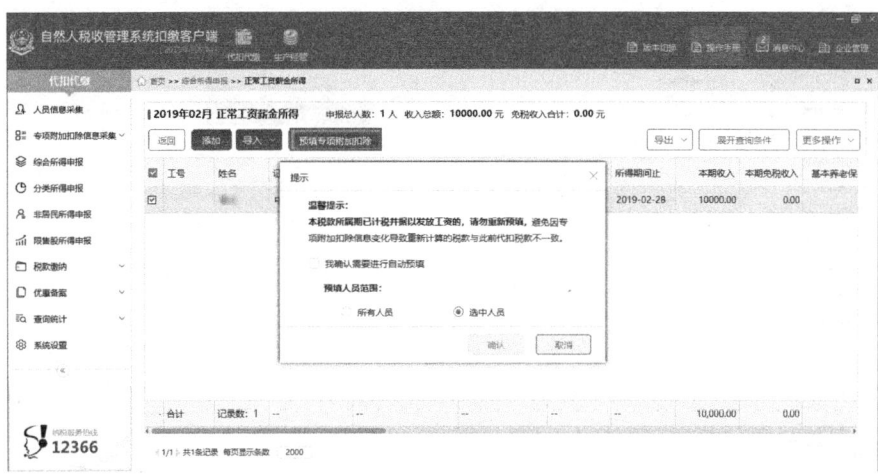

图 6-5 提示信息

（2）税款计算。单击【2税款计算】，系统自动对"1收入及减除填写"模块中填写的数据进行计税，其中工资薪金所得项目会下载本纳税年度上期累计数据，再与当期填写的数据合并累计计税（见图6-6）。

图 6-6 税款计算

（3）附表填写。在收入及减除中填写了减免税额、商业健康保险、税延养老保险的情况下，需要在相应附表里完善减免信息，如减免事项、减免性质、减免税额等（见图6-7）。

（4）申报表报送。申报表填写和税款计算完成后，单击【申报表报送】进入报表申报页面。该页面可完成综合所得预扣预缴的正常申报、更正申报以及作废申报操作。当月第一次申报发送时，进入"申报表报送"页面，默认申报类型为正常申报，申报状态为未申报，显示【发送申报】（见图6-8）。

图 6-7　填写减免信息

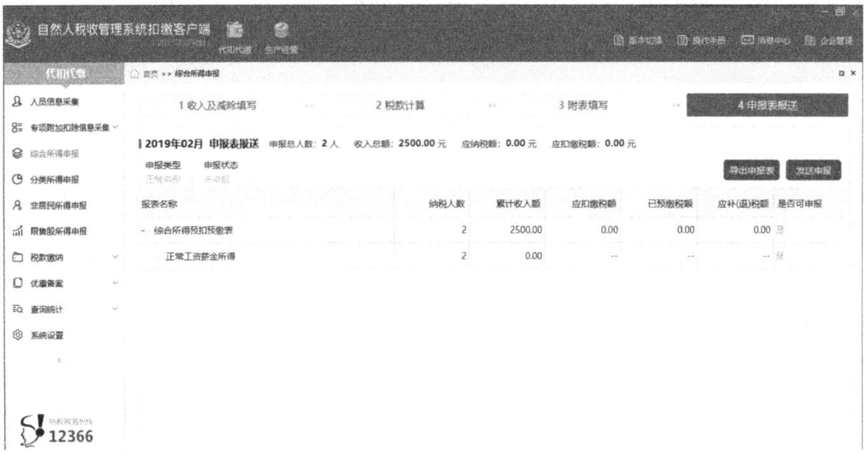

图 6-8　"申报表报送"页面

2. 综合所得个人所得税预扣预缴申报表的填写

A公司为个人所得税扣缴义务人，纳税人识别号330100688842120×××，2020年3月为本公司员工刘某扣缴个人所得税。该职工有关情况如下：

1. 身份证号：330621198504263×××

2. 收入情况：2020年1—3月，每月应发工资均为25 000元。

3. 每月"三险一金"等专项扣除3 750元，其中：基本养老保险2 000元，基本医疗保险500元，失业保险125元，住房公积金1 125元。

4. 专项附加扣除：每月享受子女教育、赡养老人两项专项附加扣除各1 000元，没有减免收入及减免税额等情况。

要求：填写A公司个人所得税扣缴申报表（见表6-15）。

表 6-15 个人所得税扣缴申报表

税款所属期：2020 年 3 月 1 日至 2020 年 3 月 31 日
扣缴义务人名称：A 公司

金额单位：人民币元（列至角分）

序号(1)	姓名(2)	身份证件类型(3)	身份证件号码(4)	纳税人识别号(5)	是否为非居民个人(6)	所得项目(7)	收入(8)	免税收入(9)	减除费用(10/11)	基本养老保险费(12)	基本医疗保险费(13)	失业保险费(14)	住房公积金(15)	年金(16)	商业健康保险(17)	税延养老保险(18)	允许扣除的财产原值(19)	允许扣除的税费(20)	其他(21)	累计收入额(22)	累计减除费用(23)	累计专项扣除(24)	子女教育(25)	赡养老人(26)	住房贷款利息(27)	住房租金(28)	继续教育(29)	累计其他扣除(30)	减按计税比例(31)	准予扣除的捐赠额(32)	应纳税所得额(33)	税率/预扣率(34)	速算扣除数(35)	应纳税额(36)	减免税额(37)	已缴税额(38)	应补/退税额(39)	备注(40)
1	刘某	身份证	……	……	否	工资薪金	25 000		5 000	2000	500	125	1125							75 000	15 000	11 250	3 000	3 000	0	0	0				42 750	10%	2 520	1 755		855	900	
合计																																						

谨声明：本表是根据国家税收法律法规及相关规定填报的，是真实的、可靠的、完整的。

经办人签字：

经办人身份证件号码：

代理机构签章：

代理机构统一社会信用代码：

扣缴义务人（签章）：

受理人：

受理税务机关（章）：

受理日期：年 月 日

年 月 日

国家税务总局监制

（二）分类所得代扣代缴申报

财产租赁所得，财产转让所得，利息、股息、红利所得，偶然所得实行分类所得扣缴申报。

1. 分类所得代扣代缴申报流程

在扣缴客户端首页功能菜单下单击【分类所得申报】，进入"一般分类所得代扣代缴申报"页面（见图 6-9），页面上方为申报主流程导航栏，根据【1 收入及减除填写】【2 附表填写】【3 申报表报送】三步流程完成分类所得代扣代缴申报。

图 6-9　"一般分类所得代扣代缴申报"页面

（1）收入及减除填写。单击界面下方一般分类所得申报表名称或【填写】进入表单，即可进行数据的录入。根据纳税人的分类所得情况填写股息、利息、红利所得申报表，其他财产租赁所得申报表，财产拍卖所得及回流文物拍卖所得申报表，股权转让所得申报表，其他财产转让所得申报表，偶然所得申报表。

（2）附表填写。减免事项附表用于补充减免税额对应的具体减免事项等信息，整体业务与综合所得预扣预缴填写操作基本一致（见图 6-10 ~ 图 6-12）。

图 6-10　附表填写

图 6-11　"减免事项附表"页面

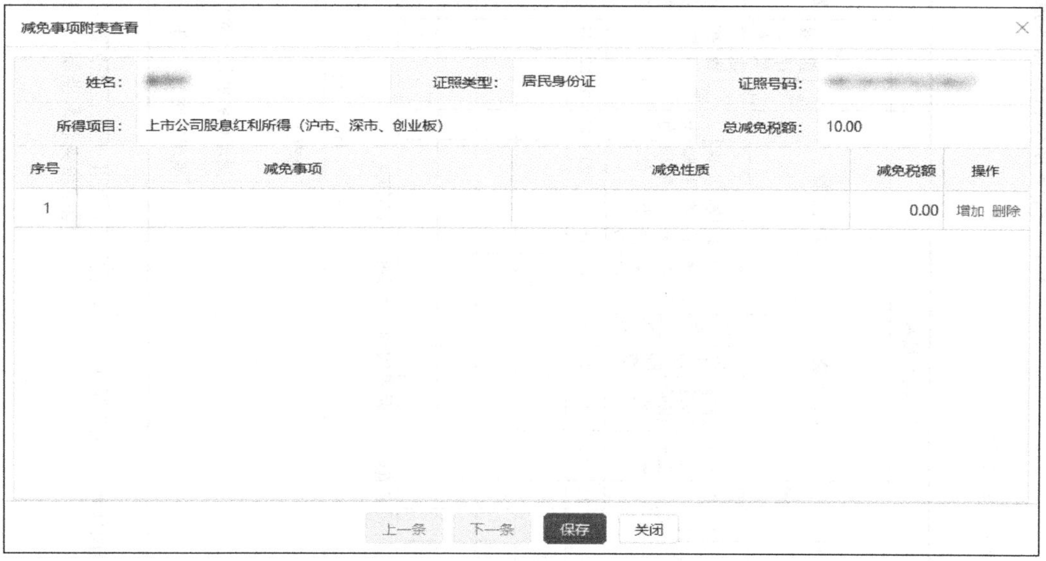

图 6-12　减免事项附表查看

2. 分类所得代扣代缴申报表的填写。

公民王某（身份证号 330621197809135×××）2020 年 7 月在业余时间为甲公司（330100786542165×××）提供翻译服务，取得收入 18 000 元，由甲公司代扣代缴个人所得税。

要求：填写甲公司个人所得税扣缴申报表（见表 6-16）。

表 6-16　个人所得税扣缴申报表

税款所属期：2020 年 7 月 1 日至 2020 年 7 月 31 日
扣缴义务人名称：甲公司

序号	姓名	身份证件类型	身份证件号码	纳税人识别号	是否为非居民个人	所得项目	收入(8)	费用(9)	免税收入(10)	减除费用(11)	基本养老保险费(12)	基本医疗保险费(13)	失业保险费(14)	住房公积金(15)	商业健康保险(16)	税延养老保险(17)	财产原值(18)	允许扣除的税费(19)	其他(20)	累计收入额(21)	累计减除费用(22)	累计专项扣除(23)	子女教育(24/25)	赡养老人(26)	住房贷款利息(27)	住房租金(28)	继续教育(29)	累计其他扣除(30)	减按计税比例(31)	准予扣除的捐赠额(32)	应纳税所得额(33)	税率/预扣率(34)	速算扣除数(35)	应纳税额(36)	减免税额(37)	已缴税额(38)	应补/退税额(39)	备注(40)
	2	3	4	5	6	7	8	9	10	11	12	13	14	15	16	17	18	19	20	21	22	23	24 25	26	27	28	29	30	31	32	33	34	35	36	37	38	39	40
1	王某	身份证	……	……	否	劳务报酬	18 000	3 600																							14 400	20%		2 880			2 880	
合计																																		2 880			2 880	

（列首跨栏：收入额计算、减除费用、专项扣除、其他扣除——本月（次）情况；累计情况；累计专项附加扣除；税款计算）

谨声明：本表是根据国家税收法律法规及相关规定填报的，是真实的、可靠的、完整的。

经办人签字：

经办人身份证件号码：

代理机构签章：

代理机构统一社会信用代码：

受理人：

受理税务机关（章）：

受理日期：　　年　　月　　日

扣缴义务人（签章）：

扣缴义务人纳税人识别号（统一社会信用代码）：□□□□□□□□□□□□□□□□□□

金额单位：人民币元（列至角分）

国家税务总局监制

课后习题

一、单项选择题

1. 根据个人所得税法律制度的规定，下列各项中，不属于劳务报酬所得的是（ ）。

    A. 个人举办展览活动的所得

    B. 个人雕刻业务所得

    C. 个人担任公司董事长所取得的收入

    D. 个人应邀为大学做学术报告取得的收入

2. 根据个人所得税法律制度的规定，下列各项中，属于工资、薪金所得项目的是（ ）。

    A. 劳动分红　　　　　B. 托儿补助费

    C. 独生子女补贴　　　D. 误餐补助

3. 根据个人所得税法律制度的规定，下列不属于个人所得税免税项目的是（ ）。

    A. 个人办理代扣代缴手续，按规定取得的扣缴手续费

    B. 军人的转业费、复员费

    C. 被拆迁人取得的拆迁补偿款

    D. 获得县级体育比赛一等奖奖金

4. 根据个人所得税法律制度的规定，我国个人所得税的征收方式主要是（ ）。

    A. 代扣代缴　　　　B. 委托代征

    C. 自行纳税申报　　D. 代扣代缴和自行纳税申报

5. 某个人独资企业某年的销售收入为 5 000 万元，实际支出的业务招待费为 40 万元，根据个人所得税法律的规定，在计算应纳税所得额时允许扣除的业务招待费是（ ）万元。

    A. 18　　B. 24　　C. 25　　D. 30

6. 根据最新税法的相关规定，个人所得税综合所得的计算适用（ ）。

    A. 适用 3%~45% 的超额累进税率

    B. 适用 5%~35% 的超额累进税率

    C. 20% 的比例税率

    D. 适用 5%~45% 的超率累进税率

7. 郑某 3 月购买福利彩票获得奖金 9 000 元，领奖时发生交通费 50 元、食宿费 20 元 (均由郑某承担)。已知偶然所得适用的个人所得税税率为 20%。郑某中奖收入应缴纳的个人所得税税额是（ ）。

    A. 0 元

    B. 9 000 × 20%=1 800 元

    C.（9 000−50）× 20%=1 790 元

    D.（9 000−50−20）× 20%=1 786 元

8. 下列关于财产租赁所得应纳税额计算的相关说法中，不正确的是（ ）。

    A. 个人出租房屋的个人所得税应税收入不含增值税

    B. 计算房屋出租所得可扣除的税费中不包括本次出租缴纳的增值税

    C. 个人转租房屋的，其向房屋出租方支付的租金，在计算转租所得时予以扣除

    D. 个人转租房屋的，其向房屋出租方支付的增值税税额，在计算转租所得时不得扣除

9. 下列不适用 20% 税率的个人所得税项目有（ ）。

    A. 财产租赁所得　　　B. 财产转让所得

    C. 出租居民住房所得　D. 偶然所得

10. 下列不属于专项扣除是（ ）。

    A. 住房公积金　　　　B. 失业保险金

    C. 商业养老保险金　　D. 基本养老保险金

二、多项选择题

1. 根据个人所得税法律制度的规定，下列各项中，应计算缴纳个人所得税的有（ ）。

    A. 职工个人以股份形式取得的不拥有所有权的企业量化资产

    B. 职工个人以股份形式取得的拥有所有权的企业量化资产

    C. 职工个人以股份形式取得的拥有所有权的企业量化资产，转让时所获得的收入

    D. 职工个人以股份形式取得的以量化资产参与企业分配而获得的股息

2. 下列各项中，属于个人所得税劳务报酬所得的有（   ）。

A. 装潢收入   B. 雕刻收入

C. 代办服务收入   D. 咨询服务收入

3. 下列选项中，不论支付地点是否在中国境内，个人所得税中均为来源于中国境内的所得的有（   ）。

A. 转让中国境内的不动产取得的所得

B. 将财产出租给承租人在中国境内使用而取得的所得

C. 从中国境内的上市公司取得的股息、红利所得

D. 许可专利特许权在中国境内使用而取得的所得

4. 根据现行个人所得税法律制度的规定，下列各项中，免征或者暂免征收个人所得税的有（   ）。

A. 个人为他人提供担保取得的所得

B. 个人取得的保险赔款

C. 国家发行的金融债券利息

D. 外籍个人以现金形式取得的住房补贴和伙食补贴

5. 根据个人所得税法律制度的规定，下列关于个人所得税征收管理的说法中错误的有（   ）。

A. 居民个人取得综合所得，按年计算个人所得税；需要办理汇算清缴的，应当在取得所得的次年 3 个月内办理汇算清缴

B. 扣缴义务人每月扣缴的税款，税务机关应根据扣缴义务人所扣缴的税款，付给 2% 手续费

C. 纳税人从两处或两处以上取得工资薪金的，可选择并固定在其中一地税务机关申报纳税

D. 个体工商户生产、经营所得其纳税期限实行按年计算，分月预缴，由纳税义务人在次月 15 日内预缴，年度终了后 5 个月内汇算清缴，多退少补

6. 根据个人所得税法律制度的规定，个人通过非营利性的社会团体和国家机关进行的下列公益性捐赠支出中，准予在缴纳个人所得税前的所得额中全额扣除的有（   ）。

A. 向贫困地区的捐赠

B. 向农村义务教育的捐赠

C. 向公益性青少年活动场所的捐赠

D. 向红十字事业的捐赠

7. 根据《个人所得税法》的规定，下列所得中，属于综合所得的有（   ）。

A. 财产租赁所得   B. 特许权使用费所得

C. 工资、薪金所得   D. 承包经营所得

8. 根据个人所得税法律制度的规定，个人所得税的纳税义务人包括（   ）。

A. 个体工商户   B. 合伙企业合伙人

C. 有限责任公司   D. 在中国境内有所得的外籍个人

9. 根据个人所得税法律制度的规定，下列选项按照特许权使用费所得缴纳个人所得税的有（   ）。

A. 个人提供专利权所得

B. 个人提供著作权所得

C. 个人出版图书的所得

D. 个人转让专利权的所得

10. 下列关于住房租金专项附加扣除的说法，正确的有（   ）。

A. 纳税人本人及配偶在主要工作城市均没有自有住房的，可以享受住房租金的扣除政策

B. 住房租金的扣除标准，根据城市类型不同，分为 1 500/1 000/8 00 元三档

C. 夫妻双方主要工作城市相同的，只能由一方扣除住房租金支出

D. 纳税人应当留存住房租赁合同、协议等有关资料备查

三、判断题

1. 个人因公务用车和通讯制度改革而取得的公务用车、通信补贴收入，扣除一定标准的公务费用后，按照"工资、薪金所得"项目计征个人所得税。（   ）

2. 个人所得税的征税对象是个人取得的应税所得。（   ）

3. 对账册健全的个体工商户，其个人所得税纳税期限实行按年计算、分月预缴，并在次月 15 日内申报预缴，年终后 5 个月汇算清缴。（　　）

4. 居民纳税人，应就其来源于中国境内和境外的所得，依照个人所得税法律制度的规定向中国政府履行全面纳税义务，缴纳个人所得税。（　　）

5. 居民个人取得综合所得，按月计算个人所得税；有扣缴义务人的，由扣缴义务人按月或者按次预扣预缴税款。（　　）

四、计算题

1. 方某 2019 年全年取得工资收入 80 000 元。当地规定的社会保险和住房公积金个人缴存比例为：基本养老保险 8%，基本医疗保险 2%，失业保险 0.5%，住房公积金 12%，王某缴纳社会保险费核定的缴费工资基数为 6 000 元，无其他专项附加扣除项目。已知全年应纳税所得额不超过 36 000 元的，适用 3% 税率。假设不考虑其他因素，要求计算方某 2019 年应缴纳的个人所得税。

2. 某个体工商户 2019 年的营业收入为 600 万元，销售成本 200 万；实际支出广告费和业务宣传费为 100 万元，根据个人所得税法律的规定，要求计算允许扣除的广告费和业务宣传费。

3. 钱某从 2019 年 4 月 1 日出租用于居住的住房，每月取得出租住房的租金收入为 3 000 元；7 月份发生房屋的维修费 1 600 元，不考虑其他税费。要求计算钱某 2019 年出租房屋应缴纳的个人所得税。

4. 某单位工程师李某 2019 年的收入情况如下：

（1）每月工资收入为 7 300 元。

（2）向某家公司转让专有技术一项，获得特许权使用费 6 000 元。

（3）为某企业进行产品设计，取得报酬 50 000 元。

（4）因汽车失窃，获得保险公司赔偿 80 000 元。

已知：当地规定的社会保险和住房公积金个人缴存比例为：基本养老保险 8%，基本医疗保险 2%，失业保险 0.5%，住房公积金 12%。李某缴纳社会保险费核定的缴费工资基数为 6 000 元。李某为独生子女，其父母均已年过 60 岁；女儿就读于高中三年级，儿子就读于小学 4 年级。

要求：

（1）计算全年允许减除的专项附加扣除。

（2）计算应计入收入额的特许权使用费。

（3）计算全年允许减除的专项扣除。

（4）计算李某全年共应缴纳的个人所得税。

项目七
城市维护建设税和教育费附加纳税实务

学习目标

知识目标：

- 理解并能阐述城市维护建设税、教育费附加的税制要素。
- 掌握城市维护建设税、教育费附加的计算方法。
- 掌握城市维护建设税、教育费附加的会计核算方法。
- 掌握城市维护建设税、教育费附加纳税申报表的填写方法。

能力目标：

- 独立填写城市维护建设税、教育费附加纳税申报表。
- 能解释城市维护建设税、教育费附加纳税申报表各项目。

项目关键词

- 附加税　附加费

任务一　城市维护建设税和教育费附加认知

一、城市维护建设税、教育费附加的概念与特点

（一）概念

城市维护建设税是以纳税人实际缴纳的增值税、消费税税额为计税依据所征收的一种税，主要目的是筹集城镇设施建设和维护资金。

教育费附加是以各单位和个人实际缴纳的增值税、消费税的税额为计征依据而征收的一种费用，其目的是加快发展教育事业，扩大教育经费资金来源。

（二）特点

（1）城市维护建设税税款专款专用，所征税款要求保证用于城市公用事业和公共设施的维护和建设；教育费附加专款专用，所征费用要求保证用于教育事业发展。

（2）城市维护建设税属于一种附加税，是以纳税人实际缴纳的增值税、消费税税额（简称"两税"）为计税依据，随"两税"同时征收，其本身没有特定的课税对象；教育费附加属于一种附加费，是以纳税人实际缴纳的增值税、消费税税额为计征依据，随"两税"同时征收，其本身没有特定的计费对象。城市维护建设税和教育费附加的征管方法均完全比照"两税"的有关规定办理。

（3）城市维护根据城镇规模设计不同的比例税率。

二、城市维护建设税、教育费附加的纳税人与征税范围

城市维护建设税和教育费附加是对从事经营活动，缴纳增值税、消费税的单位和个人征收的一种税和费。

城市维护建设税和教育费附加的纳税人，是指在中华人民共和国境内缴纳增值税、消费税的单位和个人，包括各类企业（含外商投资企业、外国企业）、行政单位、事业单位、军事单位、社会团体及其他单位，以及个体工商户和其他个人（含外籍个人）。

城市维护建设税和教育费附加的扣缴义务人为负有增值税、消费税扣缴义务的单位和个人。

【例题7-1·单选题】企业缴纳的下列税额中，应作为城市维护建设税计税依据的是（　　）。

A. 消费税税额　　　　　　　　　　　　B. 房产税税额

C. 城镇土地使用税税额　　　　　　　　D. 关税税额

正确答案：A

答案解析：城市维护建设税的计税依据是实际缴纳的增值税和消费税税额。

三、城市维护建设税、教育费附加的税率与征收率

（一）税率

1. 税率的具体规定

城市维护建设税实行差别比例税率。按照纳税人所在地区的不同，设置了两档比例税率，即：①纳税人所在地在市区的，税率为7%；②纳税人所在地不在市区的，税率为5%。

2. 适用税率的确定

由受托方代扣代缴、代收代缴增值税、消费税的单位和个人，其代扣代缴、代收代缴的城市维护建设税按受托方所在地适用税率执行。

流动经营等无固定纳税地点的单位和个人，在经营地缴纳增值税、消费税的，其城市维护建设税的缴纳按经营地适用税率执行。

（二）征收率

教育费附加征收比率为3%，地方教育附加征收比率为2%。

 任务二 城市维护建设税、教育费附加的计算

一、城市维护建设税、教育费附加的计税依据

城市维护建设税和教育费附加的计税依据是纳税人实际缴纳的增值税、消费税额。纳税人违反"两税"有关规定而加收的滞纳金和罚款，是税务机关对纳税人违法行为的经济制裁，不作为城市维护建设税和教育费附加的计税依据，但纳税人在被查补"两税"和被处以罚款时，应同时对其偷漏的城市维护建设税和教育费附加进行补税、征收滞纳金和罚款。

城市维护建设税和教育费附加以"两税"税额为计税依据并同时征收，如果要免征或者减征"两税"，也就要同时免征或者减征城市维护建设税和教育费附加。但对出口产品退还增值税、消费税的，不退还已缴纳的城市维护建设税和教育费附加。

当期免抵的增值税税额应纳入城市维护建设税和教育费附加的计税依据。

二、城市维护建设税、教育费附加的计算

城市维护建设税和教育费附加的应纳税额是由纳税人实际缴纳的"两税"税额决定的，其计算公式为：

应纳城市维护建设税 =（实际缴纳增值税 + 实际缴纳消费税）× 适用税率

应纳教育费附加 =（实际缴纳增值税 + 实际缴纳消费税）× 征收率

【例题7-2·单选题】位于市区的甲汽车轮胎厂，2019年5月实际缴纳增值税和消费税362万元，其中包括由位于县城的乙企业代收代缴的消费税30万元、进口环节增值税和消费税50万元、被税务机关查补的增值税12万元。补交增值税同时缴纳的滞纳金和罚款共计8万元。甲厂本月应向所在市区税务机关缴纳的城市维护建设税为（   ）万元。

A. 18.9　　　　　　　B. 19.74　　　　　　　C. 20.3　　　　　　　D. 25.34

正确答案：B

答案解析：应纳城市维护建设税＝（362-30-50）×7%=19.74（万元）。

 任务三　城市维护建设税、教育费附加的会计核算

一、城市维护建设税、教育费附加账户的设置

企业在进行城市维护建设税会计核算时，应当在"应交税费"账户下设置"应交城市维护建设税"明细账户，用来核算企业应交城市维护建设税的发生和缴纳情况。该账户的贷方反映企业按税法规定计算出的应当缴纳的城市维护建设税，借方反映企业实际向税务机关缴纳的城市维护建设税，余额在贷方反映企业应交而未交的城市维护建设税。

企业在进行教育费附加会计核算时，应当在"应交税费"账户下设置"应交教育费附加"明细账户，用来核算企业应交教育费附加的发生和缴纳情况。该账户的贷方反映企业按税法规定计算出的应当缴纳的教育费附加，借方反映企业实际向税务机关缴纳的教育费附加，余额在贷方反映企业应交而未交的教育费附加。

二、城市维护建设税、教育费附加的会计核算

（一）城市维护建设税的会计核算

1. 计提应纳税额时

借：税金及附加

　　贷：应交税费——应交城市维护建设税

2. 实际缴纳税款时

借：应交税费——应交城市维护建设税

　　贷：银行存款

（二）教育费附加的会计核算

1. 计提应纳税费时

借：税金及附加

　　贷：应交税费——应交教育费附加

2. 实际缴纳税费时

借：应交税费——应交教育费附加

　　贷：银行存款

【**例题** 7-3·核算题】某市 A 企业为增值税一般纳税人。2019 年 6 月发生以下业务：进口原材料一批，向海关缴纳进口环节增值税 10 万元；在国内销售甲产品实际缴纳增值税 30 万元、消

费税 50 万元，消费税滞纳金 1 万元；出口乙产品一批，按规定退回增值税 5 万元。要求计算城市维护建设税、教育费附加，并完成会计核算。（已知城市维护建设税税率为 7%，教育费附加征收比率为 3%）

答案解析：

6 月应纳城市维护建设税 =（30+50）× 7%=5.6（万元）

6 月应纳教育费附加 =（30+50）× 3%=2.4（万元）

借：税金及附加　　　　　　　　　　　　　 80 000
　　　贷：应交税费——应交城市维护建设税　　　　　　 56 000
　　　　　　　　——应交教育费附加　　　　　　　　 24 000
借：应交税费——应交城市维护建设税　　　 56 000
　　　　　　——应交教育费附加　　　　　 24 000
　　　贷：银行存款　　　　　　　　　　　　　　　　 80 000

 任务四　城市维护建设税、教育费附加的纳税申报

一、城市维护建设税的征收管理

（一）纳税义务发生时间

城市维护建设税和教育费附加的纳税义务发生时间为缴纳增值税、消费税的当日，扣缴义务发生时间为扣缴增值税、消费税的当日。

（二）纳税地点

城市维护建设税纳税地点为实际缴纳增值税、消费税的地点。扣缴义务人应当向其机构所在地或者居住地的主管税务机关申报缴纳其扣缴的税款。有特殊情况的，按下列原则和办法确定纳税地点：

代扣代缴、代收代缴增值税、消费税的单位和个人，同时也是城市维护建设税的代扣代缴、代收代缴义务人，其纳税地点为代扣代收地。

对流动经营等无固定纳税地点的单位和个人，应随同增值税、消费税在经营地纳税。

（三）纳税期限

城市维护建设税按月或者按季计征。不能按固定期限计征的，可以按次计征。

实行按月或者按季计征的，纳税人应当于月度或者季度终了之日起 15 日内申报并缴纳税款。实行按次计征的，纳税人应当于纳税义务发生之日起 15 日内申报并缴纳税款。

扣缴义务人解缴税款的期限，依照上述规定执行。

二、城市维护建设税、教育费附加的纳税申报

（一）纳税申报材料

纳税人必须提交纸质或电子《城市维护建设税 教育费附加 地方教育附加申报表》（见表 7-1）。

（二）纳税申报办理流程

1. 上门办理

纳税人到办税服务厅提交资料，资料齐全、符合法定形式、填写内容完整的，即时办结，携带资料不齐全的进行补正。对审核不符合条件的，税务机关不予受理并当场告知原因。

2. 网上办理

纳税人登录门户网站→"我要办税"→"网上税务局"→"申报纳税"，办理城市维护建设税、教育费附加和地方教育附加申报。纳税申报流程如图 7-1 所示。

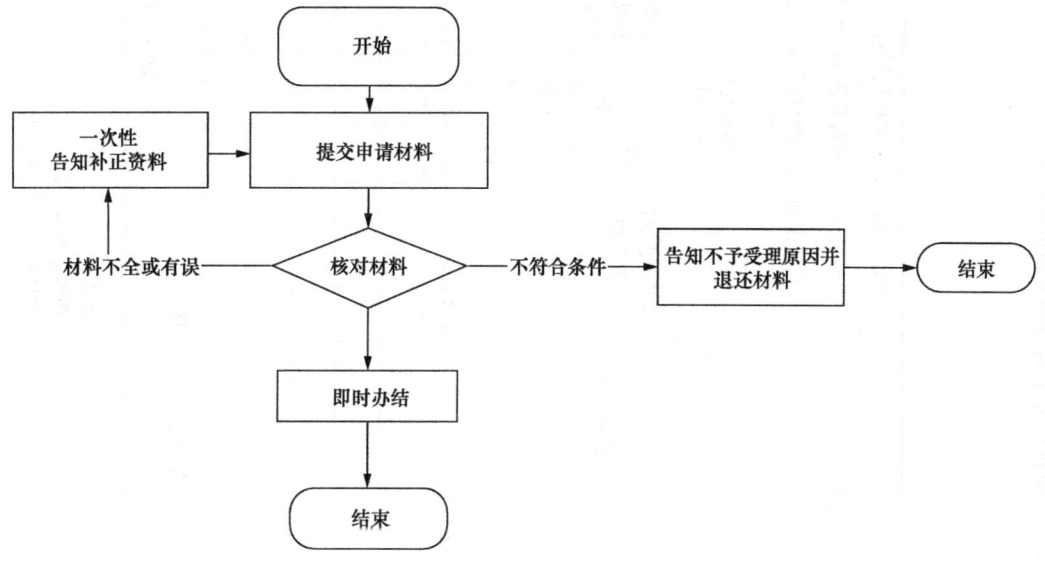

图 7-1　纳税申报流程

（三）纳税申报表填写实训

某公司为增值税一般纳税人，城市维护建设税率为 7%，教育费附加征收比率为 3%，地方教育附加征收比率为 2%。城市维护建设税和教育费附加于次月 7 日申报缴纳。公司于 2020 年 3 月发生下列经济业务：

1. 3 月 5 日，进口一批原材料，以银行存款向海关缴纳进口环节的增值税税额为 12 万元，消费税额为 4 万元；

2. 3 月 8 日，在国内销售甲产品缴纳增值税税额 60 万元，另因违反增值税法而被税务机关处以罚款 3 万元；

3. 3 月 17 日，对外提供增值税应税劳务缴纳增值税税额 10 万元，另外查补上月的增值税税额 2 万元；

4. 3 月 21 日，销售产品缴纳消费税额 20 万元，另外还缴纳了消费税滞纳金 2 万元；

5. 3 月 25 日，出口产品一批，收到税务机关退回的增值税税额 1 万元，消费税额 3 万元；

6. 3 月 28 日，代扣代缴增值税税额 9 万元，消费税税额 4 万元。

要求：填写城市维护建设税、教育费附加、地方教育附加申报表（见表 7-1）。

表7-1 城市维护建设税 教育费附加 地方教育附加申报表

税款所属期限：自20××年××月××日至20××年××月××日
纳税人识别号（统一社会信用代码）：□□□□□□□□□□□□□□□□□□
纳税人名称：

金额单位：人民币元（列至角分）

本期是否适用增值税小规模纳税人减征政策 □是 □否

（减免性质代码：城市维护建设税：07049901，减免性质代码_教育费附加：99049901，减免性质代码_地方教育附加：61049901，统一社会信用代码）

减征比例_城市维护建设税（%）
减征比例_教育费附加（%）
减征比例_地方教育附加（%）

税（费）种	计税（费）依据					税率（征收率）	本期应纳税（费）额	本期减免税（费）额		本期增值税小规模纳税人减征额	本期已缴税（费）额	本期应补（退）税（费）额
	增值税		消费税	营业税	合计							
	一般增值税	免抵税额						减免性质代码	减免税（费）额			
	1	2	3	4	5=1+2+3+4	6	7=5×6	8	9	10	11	12=7-9-10-11
城市维护建设税												
教育费附加												
地方教育附加												
……												
合计						一						

谨声明：本纳税申报表是根据国家税收法律法规及相关规定填报的，是真实的、可靠的、完整的。
纳税人（签章）：

经办人：
经办人身份证号：
代理机构签章：
代理机构统一社会信用代码：

受理人：
受理税务机关（章）：
受理日期：年月日

20××年××月××日

课后习题

一、单项选择题

1. 根据城市维护建设税法律制度的规定，下列表述中，不正确的是（　　）。

   A. 纳税人因违反增值税、消费税的有关规定而加收的滞纳金和罚款，不作为城市维护建设税的计税依据

   B. 纳税人在被查补增值税、消费税和被处以罚款时，应同时对其城市维护建设税进行补税、征收滞纳金和罚款

   C. 海关对进口产品代征的增值税、消费税，不征收城市维护建设税

   D. 对出口产品退还增值税、消费税的，也要同时退还已经缴纳的城市维护建设税

2. 根据城市维护建设税法律制度的规定，下列表述不正确的是（　　）。

   A. 城市维护建设税纳税义务发生时间基本上与增值税、消费税纳税义务发生时间一致

   B. 城市维护建设税的纳税期限应比照增值税、消费税的纳税期限，由税务机关根据应纳税额大小分别核定

   C. 代扣代缴增值税、消费税的单位和个人，以经营地为城市维护建设税的纳税地点

   D. 城市维护建设税不能按照固定期限缴纳的，可以按次纳税

3. 根据城市维护建设税法律制度的规定，城建税采用的税率形式是（　　）。

   A. 比例税率　　　　B. 定额税率

   C. 超额累进税率　　D. 超率累进税率

4. 根据城市维护建设税法律制度的规定，下列关于城市维护建设税税收优惠的表述中，不正确的是（　　）。

   A. 对增值税实行先征后返的，除另有规定外，可以退还随增值税附征的城市维护建设税

   B. 海关对进口产品代征的增值税，不征收城市维护建设税

   C. 对增值税实行先征后退的，除另有规定外，不予退还随增值税附征的城市维护建设税

   D. 对增值税实行即征即退的，除另有规定外，不予退还随增值税附征的城市维护建设税

5. 根据城市维护建设税法律制度的规定，关于纳税期限的表述不正确的是（　　）。

   A. 城市维护建设税按月或按季计征

   B. 实行按月计征的，纳税人应当于月度终了之日起 15 日内申报并缴纳税款

   C. 不能按固定期限计征的，可以按次计征

   D. 实行按次计征的，纳税人应当于纳税义务发生之日起 10 日内申报并缴纳税款

二、多项选择题

1. 下列各项中，不属于城建税的计税依据的有（　　）。

   A. 实际缴纳增值税、消费税的税额

   B. 纳税人偷逃增值税、消费税被查补的税款

   C. 纳税人偷逃增值税、消费税被处的罚款

   D. 纳税人滞纳增值税、消费税而加收的滞纳金

2. 根据现行规定，下列属于城建税的纳税人的有（　　）。

   A. 事业单位　　　　B. 私营企业

   C. 个体工商户　　　D. 外国企业

3. 下列关于城市维护建设税的说法中正确的有（　　）。

   A. 由受托方代征、代扣增值税、消费税的单位和个人，其代征、代扣的城市维护建设税适用受托方所在地的税率

   B. 流动经营等无固定纳税地点的单位和个人，在经营地缴纳增值税、消费税的，其城市维护建设税的缴纳按经营地使用税率执行

   C. 对出口产品退还增值税、消费税的，应同时退还已缴纳的城市维护建设税

   D. 对由于减免增值税、消费税而发生退税的，不予退还已征收的城市维护建设税

4. 下列对于城市维护建设税的减免税规定，表述正确的有（　　）。

A. 城市维护建设税属于增值税、消费税的一种附加税，原则上不单独规定税收减免条款

B. 对出口产品退还增值税、消费税的，一并退还已缴纳的城市维护建设税

C. 海关对进口产品代征的增值税、消费税，不征收城市维护建设税

D. 对增值税、消费税实行先征后返、先征后退、即征即退办法的，除另有规定外，对随增值税、消费税附征的城市维护建设税，一律不予退（返）还

5. 下列各项中，不属于城市维护建设税的计税依据的有（　　）。

A. 实际缴纳增值税税额

B. 跨境销售服务、无形资产增值税免抵税额

C. 进口货物缴纳的增值税、消费税税额

D. 应当缴纳的增值税、消费税税额

三、判断题

1. 城市维护建设税的计税依据是纳税人当期应缴的增值税、消费税税额。（　　）

2. 城市维护建设税的纳税人，是指实际缴纳增值税、消费税的单位和个人。现行法律规定，对外商投资企业、外国企业及外籍个人不征收城市维护建设税。（　　）

3. 对海关进口产品征收的增值税、消费税，以征收的进口增值税和消费税为依据征收城市维护建设税。（　　）

4. 由受托方代扣代缴、代收代缴增值税、消费税的单位和个人，其代扣代缴、代收代缴的城市维护建设税按受托方所在地适用税率执行。（　　）

5. 对实行增值税期末留抵退税的纳税人，允许其从城市维护建设税的计税依据中扣除退还的增值税税额。（　　）

四、计算题

1. 某企业某年9月缴纳了增值税18万元，消费税30万元，所得税12万元，土地增值税10万元。如果按7%的城市维护建设税税率计算，要求计算该企业应缴纳的城市维护建设税。

2. 某城市甲企业11月销售应税货物缴纳增值税34万元、消费税12万元，出售房产缴纳增值税10万元、土地增值税4万元。已知该企业所在地适用的城市维护建设税税率为7%。要求计算该企业7月应缴纳的城市维护建设税。

项目八
资源税和环境保护税纳税实务

学习目标

知识目标：

- 理解资源税、环境保护税的税制要素。
- 掌握资源税、环境保护税的计算方法。
- 掌握资源税、环境保护税的会计核算方法。
- 掌握资源税、环境保护税纳税申报表的填写方法。

能力目标：

- 独立填写资源税、环境保护税纳税申报表。
- 能解释资源税、环境保护税纳税申报表各项目。

项目关键词

- 资源　环境保护

任务一 资源税纳税实务

一、资源税概念与特点

根据《中华人民共和国资源税暂行条例》（以下简称《资源税暂行条例》）规定，资源税是对在我国境内从事应税矿产品开采或生产盐的单位和个人征收的一种税。资源税只在特定的环节征收。

二、资源税纳税人与征税范围

（一）纳税人

资源税的纳税人，是指在中华人民共和国领域及管辖海域开采《资源税暂行条例》规定的矿产品或者生产盐（简称开采或者生产应税产品）的单位和个人。

收购未税矿产品的单位为资源税的扣缴义务人。收购未税矿产品的单位，是指独立矿山、联合企业和其他单位。其他单位包括收购未税矿产品的个体工商户在内。

（二）征税范围

我国目前资源税的征税范围具体包括：

（1）原油。开采的天然原油征税，人造石油不征税。

（2）天然气。开采的天然气和与原油同时开采的天然气征税。

（3）煤炭。包括原煤和以未税原煤加工的洗选煤。

（4）其他非金属矿。包括：石墨、硅藻土、高岭土、萤石、石灰石、硫铁矿、磷矿、氯化钾、硫酸钾、井矿盐、湖盐、提取地下卤水晒制的盐、煤层（成）气。

（5）金属矿。包括：铁矿、金矿、铜矿、铝土矿、铅锌矿、镍矿、锡矿及其他金属矿产品等。

（6）海盐。

纳税人开采或者生产应税产品，自用于连续生产应税产品的，不缴纳资源税；以应税产品投资、分配、抵债、赠予、以物易物等视同销售，应按规定计算缴纳资源税。

【例题 8-1·多选题】下列各项中，属于资源税纳税义务的人有（　　）。

A. 进口盐的外贸企业　　　　　　　　　B. 开采原煤的私营企业

C. 生产盐的外商投资企业　　　　　　　D. 开采天然原油的外商投资企业

正确答案： BCD

答案解析： 在中国领域及管辖海域开采应税矿产品或者生产盐的单位和个人为资源税纳税人，所以进口盐的外贸企业不是资源税纳税人。

【例题 8-2·多选题】下列各项中，不征收资源税的有（　　）。

A. 提取地下卤水晒制的盐　　　　　　B. 人造原油

C. 洗煤、选煤　　　　　　　　　　　D. 以未税原煤加工的洗选煤

正确答案：BC

答案解析：原油不包括人造石油；已税的洗煤、选煤不再征收资源税。

三、资源税税目与税率

（一）税目

现行资源税税目包括原油、天然气、煤炭等非金属矿和金矿、铁矿等金属矿，以及海盐等资源品目。各税目的征税对象包括原矿、精矿（或原矿加工品，下同）、金锭、氯化钠初级产品，具体按照《资源税税目税率幅度表》相关规定执行。

对未列举名称的其他矿产品，省级人民政府可对本地区主要矿产品按矿种设定税目，对其余矿产品，按类别设定税目，并按其销售的主要形态（如原矿、精矿）确定征税对象。

纳税人在开采主矿产品的过程中伴采的其他应税矿产品，凡未单独规定适用税额的，一律按主矿产品或视同主矿产品税目征收资源税。

（二）税率

资源税采用比例税率和定额税率两种形式。对《资源税税目税率幅度表》中列举名称的27 种资源品目和未列举名称的其他金属矿实行从价计征。对经营分散、多为现金交易且难以控管的黏土、砂石，实行从量定额计征。对未列举名称的其他非金属矿产品，按照从价计征为主、从量计征为辅的原则，由省级人民政府确定计征方式。资源税的税目、征税对象、税率依照《资源税税目税率幅度表》（见表 8-1）及财政部有关规定执行。

表 8-1　资源税税目税率幅度表

税目		征税对象	税率幅度
一、原油		原油	5%～10%
二、天然气		原矿	5%～10%
三、煤炭		原煤或洗选煤	2%～10%
四、其他非金属矿	石墨	精矿	3%～10%
	硅藻土	精矿	1%～6%
	高岭土	原矿	1%～6%
	萤石	精矿	1%～6%
	石灰石	原矿	1%～6%
	硫铁矿	精矿	1%～6%
	磷矿	原矿	3%～8%
	氯化钾	精矿	3%～8%

税目		征税对象	税率幅度
四、其他非金属矿	硫酸钾	精矿	6%～12%
	井矿盐	氯化钠初级产品	1%～6%
	湖盐	氯化钠初级产品	1%～6%
	提取地下卤水晒制的盐	氯化钠初级产品	3%～15%
	煤层（成）气	原矿	1%～2%
	黏土、砂石	原矿	每吨或立方米0.1～5元
	未列举名称的其他非金属矿产品	原矿或精矿	从量税率每吨或立方米不超过30元；从价税率不超过20%
五、金属矿	稀土	精矿	7.5%～27%
	钨	精矿	6.5%
	钼	精矿	11%
	铁矿	精矿	1%～6%
	金矿	金锭	1%～4%
	铜矿	精矿	2%～8%
	铝土矿	原矿	3%～9%
	铅锌矿	精矿	2%～6%
	镍矿	精矿	2%～6%
	锡矿	精矿	2%～6%
	未列举名称的其他金属矿产品	原矿或精矿	税率不超过20%
六、海盐		氯化钠初级产品	1%～5%

注：① 海盐是指海水晒制的盐，不包括提取地下卤水晒制的盐。② 自2018年4月1日至2021年3月31日，对页岩气资源税（按6%的规定税率）减征30%。

对《资源税税目税率幅度表》中列举名称的资源品目，由省级人民政府在规定的税率幅度内提出具体适用税率建议，报财政部、国家税务总局确定核准。对未列举名称的其他金属和非金属矿产品由省级人民政府根据实际情况确定具体税目和适用税率，报财政部、国家税务总局备案。

纳税人开采或者生产不同税目应税产品的，应当分别核算不同税目应税产品的销售额或者销售数量；未分别核算或者不能准确提供不同税目应税产品的销售额或者销售数量的，从高适用税率纳税。

独立矿山、联合企业收购未税矿产品的单位，按照本单位应税产品税额标准，依据收购的数量代扣代缴资源税。其他收购单位收购的未税矿产品，按税务机关核定的应税产品税额标准，依据收购的数量代扣代缴资源税。

【例题8-3·单选题】2019年5月，某采矿联合企业到异地收购未税镍矿石。在计算代扣代缴资源税时，该矿石适用的税率是（　　）。

A. 税务机关核定的单位税额　　　　　B. 镍矿石收购地适用的单位税额

C. 镍矿石原产地适用的单位税额　　　D. 该联合企业适用的镍矿石单位税额

正确答案：D

答案解析： 独立矿山、联合企业收购未税矿产品的单位，按照本单位应税产品税额、税率标准，依据收购的数量代扣代缴资源税。根据规定，选项 D 符合题意。

四、资源税应纳税额的计算

资源税以纳税人开采或者生产应税矿产品的销售额或者销售数量为计税依据，各税目的征税对象包括原矿、精矿（或原矿加工品）、金锭、氯化钠初级产品。

资源税的应纳税额，按照从价定率或者从量定额的办法，分别以应税产品的销售额乘以纳税人具体适用的比例税率或者以应税产品的销售数量乘以纳税人具体适用的定额税率计算。

（一）从价定率应纳税额的计算

从价定率征收应纳税额的计算公式为：

$$应纳税额＝销售额 \times 适用的比例税率$$

1. 销售额的认定

销售额是纳税人销售应税产品向购买方收取的全部价款和价外费用，不包括增值税销项税额和运杂费用。

运杂费用是指应税产品从坑口或洗选（加工）地到车站、码头或购买方指定地点的运输费用、建设基金以及随运销产生的装卸、仓储、港杂费用。运杂费用应与销售额分别核算，且取得相关运杂费用发票或者其他合法有效凭据。凡未取得相应凭据或不能与销售额分别核算的，应当一并计征资源税。

2. 原矿销售额与精矿销售额的换算或折算

（1）对同一种应税产品，征税对象为精矿的，纳税人销售原矿时，应将原矿销售额换算为精矿销售额缴纳资源税；征税对象为原矿的，纳税人销售自采原矿加工的精矿，应将精矿销售额折算为原矿销售额缴纳资源税。

换算比或折算率原则上应通过原矿售价、精矿售价和选矿比计算，也可通过原矿销售额、加工环节平均成本和利润计算。

纳税人销售其自采原矿的，可采用成本法或市场法将原矿销售额换算为精矿销售额计算缴纳资源税。其中成本法公式为：

$$精矿销售额＝原矿销售额＋原矿加工为精矿的成本 \times （1＋成本利润率）$$

市场法公式为：

$$精矿销售额＝原矿销售额 \times 换算比$$

$$换算比＝同类精矿单位价格 \div （原矿单位价格 \times 选矿比）$$

$$选矿比＝加工精矿耗用的原矿数量 \div 精矿数量$$

（2）金矿以标准金锭为征税对象，纳税人销售金原矿、金精矿的，应比照上述规定将其销售额换算为金锭销售额缴纳资源税。

3. 特殊情形的销售额的确定

（1）纳税人开采应税矿产品由其关联单位对外销售的，按其关联单位的销售额征收资源税。

（2）纳税人既有对外销售应税产品，又有将应税产品用于除连续生产应税产品以外的其他方面的（包括用于非生产项目和生产非应税产品），则自用的这部分应税产品按纳税人对外销售应税产品的平均价格计算销售额征收资源税。

（3）纳税人将其开采的应税产品直接出口的，按其离岸价格（不含增值税）计算销售额征收资源税。

（4）纳税人申报的应税矿产品销售额明显偏低且无正当理由的，有视同销售应税产品行为而无销售价格的，应按下列顺序确定销售额：

① 按纳税人最近时期同类产品的平均销售价格确定；

② 按其他纳税人最近时期同类产品的平均销售价格确定；

③ 按组成计税价格确定。

$$组成计税价格＝成本 \times（1+ 成本利润率）\div（1-资源税税率）$$

（5）纳税人用已纳资源税的应税产品进一步加工应税产品销售的，不再缴纳资源税。

4. 视同销售的情形

计税销售额或者销售数量，包括应税产品实际销售和视同销售两部分。应当征收资源税的视同销售的自产自用产品，包括用于非生产项目和生产非应税产品两类。视同销售具体包括以下情形：

（1）纳税人以自采原矿直接加工为非应税产品的，视同原矿销售；

（2）纳税人以自采原矿洗选（加工）后的精矿连续生产非应税产品的，视同精矿销售；

（3）以应税产品投资、分配、抵债、赠予、以物易物等，视同应税产品销售。

【例题 8-4·计算题】某油田 2019 年 6 月销售原油 10 000 吨，开具增值税专用发票销售额 5 000 万元、增值税税额 650 万元，按《资源税税目税率幅度表》的规定，其适用的税率为 8%。请计算该油田 6 月应缴纳的资源税。

答案解析： 应纳税额＝5 000×8%＝400（万元）

（二）从量定额应纳税额的计算

从量定额征收应纳税额的计算公式为：

$$应纳税额＝销售数量 \times 适用的定额税率$$

$$扣缴义务人代扣代缴应纳税额＝收购未税矿产品的数量 \times 适用的定额税率$$

销售数量按以下方法确定。

（1）纳税人开采或者生产应税产品销售的，以实际销售数量为销售数量。

（2）纳税人开采或者生产应税产品自用的，以移送时的自用数量为销售数量。自产自用包括生产自用和非生产自用。

（3）纳税人不能准确提供应税产品销售数量或移送使用数量的，以应税产品的产量或按主管税务机关确定的折算比换算成的数量为计征资源税的销售数量。

纳税人将其开采的矿产品原矿自用于连续生产精矿产品，无法提供移送使用原矿数量的，可将其精矿按选矿比折算成原矿数量，以此作为销售数量。

【例题 8-5·计算题】 某砂石开采企业 2019 年 7 月销售砂石 4 000 立方米，资源税税率为 2 元 / 立方米。请计算该企业 7 月应纳的资源税。

答案解析： 应纳税额 $= 4\,000 \times 2 = 8\,000$（元）

【例题 8-6·多选题】 下列各项中，属于资源税计税依据的有（   ）。

A. 纳税人开采销售原油时的原油数量

B. 纳税人销售矿产品时向对方收取的价外费用

C. 纳税人加工固体盐时使用的自产液体盐的数量

D. 纳税人销售天然气时向购买方收取的销售额及其储备费

正确答案： BD

答案解析： 选项 A，纳税人开采销售原油以销售额和价外费用作为资源税计税依据；选项 C，纳税人以自产的液体盐加工固体盐，按固体盐税额征税，以加工的固体盐数量为课税数量。

【例题 8-7·计算题】 某煤炭开采企业为增值税一般纳税人，2019 年 8 月发生如下业务：

①开采原煤 40 万吨，其中 20 万吨销售给电力公司，不含税售价为 0.07 万元 / 吨（该售价为该企业销售原煤的平均售价）；

②向某能源公司销售甲型洗选煤 6 万吨，含税售价为 0.113 万元 / 吨，另收取洗选煤厂到购买方的运输费 113 万元，洗选煤的综合回收率为 80%；

③将乙型洗选煤 8 万吨用于连续生产焦炭，乙型洗选煤无市场同类可比售价，其成本为 0.08 万元 / 吨，成本利润率为 10%（已知原煤的资源税税率为 8%）。

要求：根据上述资料，按照下列序号回答问题，如有计算需计算出合计数。

（1）计算业务①应缴纳的资源税。

（2）计算业务②中洗选煤的折算率。

（3）计算业务②应缴纳的资源税。

（4）计算业务③应缴纳的资源税。

答案解析：

（1）业务①应缴纳的资源税 $= 200\,000 \times 0.07 \times 8\% = 1\,120$（万元）。

（2）业务②洗选煤折算率 = 原煤平均销售额 ÷（洗选煤平均销售额 × 综合回收率）$\times 100\% = 0.07 \div [0.113 \div (1+13\%) \times 80\%] \times 100\% = 87.5\%$。

（3）业务②应缴纳的资源税 = 60 000 × 0.116 ÷（1+16%）× 87.5% × 8% = 420（万元）。

（4）业务③应缴纳的资源税 = 80 000 × 0.08 ×（1+10%）÷（1 − 8%）× 87.5% × 8%

= 535.65（万元）。

洗选煤销售额是指纳税人销售洗选煤向购买方收取的全部价款和价外费用，包括洗选煤副产品的销售额，不包括收取的增值税销项税额以及从洗选煤厂到车站、码头或购买方指定地点的运输费用。

纳税人以自采原煤直接或者经洗选加工后连续生产焦炭、煤气、煤化工、电力及其他煤炭深加工产品的，视同销售，在原煤或者洗选煤移送环节缴纳资源税。

五、资源税的会计核算

（一）会计账户的设置

为了反映和监督资源税税额的计算和缴纳过程，纳税人应设置"应交税费——应交资源税"账户，贷方记本期应缴纳的资源税税额，借方登记企业实际缴纳或抵扣的资源税税额，贷方余额表示企业应交而未交的资源税税额。

纳税人按规定上交税款或补交税款时，借记"应交税费——应交资源税"账户，贷记"银行存款"账户。纳税人收到退回的多交税款时，借记"银行存款"账户，贷记"应交税费——应交资源税"账户。

（二）会计核算

1. 销售应纳资源税产品的会计核算

企业按规定计算出对外销售应税产品应缴纳的资源税时，借记"税金及附加"账户，贷记"应交税费——应交资源税"账户；上交税款时，借记"应交税费——应交资源税"账户，贷记"银行存款"账户。

【例题 8-8·核算题】某煤矿 2019 年 6 月开采原煤 220 000 吨，其中当月销售 190 000 吨，每吨不含增值税售价为 248 元。原煤适用的资源税税率为 6%。要求完成计提和缴纳资源税的会计核算。

答案解析：应纳资源税税额 = 190 000 × 248 × 6% = 2 827 200（元）

（1）计提资源税时：

借：税金及附加　　　　　　　　　　　　2 827 200

　　贷：应交税费——应交资源税　　　　　　　　　2 827 200

（2）实际缴纳时：

借：应交税费——应交资源税　　　　　　2 827 200

　　贷：银行存款　　　　　　　　　　　　　　　　2 827 200

2. 自产自用应纳资源税产品的会计核算

企业按规定计算出自产自用应税产品应缴纳的资源税时，借记"生产成本""制造费用""在建工程"管理费用"等账户，贷记"应交税费——应交资源税"账户；上交税款时，借记"应交税费——应交资源税"账户，贷记"银行存款"账户。

【例题 8-9·核算题】某油田 2019 年 7 月将自产原油 5 万吨用于生产柴油，已知原油的不含增值税售价为每吨 3 120 元，原油每吨成本 1 300 元。该原油适用的资源税税率为 6%。要求完成该油田计提和缴纳资源税的会计核算。

答案解析：应纳资源税税额＝50 000×3 120×6%＝9 360 000（元）

（1）计提资源税时：

借：生产成本　　　　　　　　　　　　　9 360 000

　　贷：应交税费——应交资源税　　　　　　　　9 360 000

（2）实际缴纳时：

借：应交税费——应交资源税　　　　　　9 360 000

　　贷：银行存款　　　　　　　　　　　　　　　9 360 000

3. 收购未税矿产品的会计核算

按照《资源税暂行条例》规定，收购未税矿产品的单位为资源税的扣缴义务人。企业应按收购未税矿产品实际支付的收购款，借记"材料采购""原材料"等账户，贷记"银行存款"等账户；按代扣代缴的资源税，借记"材料采购""原材料"等账户，贷记"应交税费——应交资源税"账户；上交资源税时，借记"应交税费——应交资源税"账户，贷记"银行存款"账户。

【例题 8-10·核算题】某钢铁厂 2019 年 8 月收购未税铁矿石 5 000 吨，每吨不含增值税的价格为 95 元（含资源税）。该铁矿石适用的资源税税率为 5%。款项以银行存款付讫。要求完成钢铁厂代扣、代缴资源税的会计核算。

答案解析：扣缴的资源税＝5 000×95×5%＝23 750（元）

（1）收购未税矿产品时：

借：材料采购　　　　　　　　　　　　　475 000

　　应交税费——应交增值税（进项税额）　61 750

　　贷：银行存款　　　　　　　　　　　　　　　513 000

　　　　应交税费——应交资源税　　　　　　　　23 750

（2）实际缴纳时：

借：应交税费——应交资源税　　　　　　23 750

　　贷：银行存款　　　　　　　　　　　　　　　23 750

4. 外购液体盐加工固体盐的会计核算

企业在购入液体盐时，按允许抵扣的资源税税额，借记"应交税费——应交资源税"账户，按外购价款扣除允许抵扣资源税后的数额，借记"材料采购"等账户，按应支付的全部价款，贷记"银行存款""应付账款""应付票据"等账户；企业加工成固体盐后，在销售时，借记"银行存款"等账户，贷记"主营业务收入"等账户，按计算出的销售固体盐应缴纳的资源税税额，借记"税金及附加"账户，贷记"应交税费——应交资源税"账户；将销售固体盐应纳资源税扣抵液体盐已纳资源税后的差额上交时，借记"应交税费——应交资源税"账户，贷记"银行存款"账户。

【例题 8-11·核算题】 某盐场 2019 年 8 月购进液体盐 8 万吨用于加工成固体盐，支付价款 720 万元，增值税税额 93.6 万元；本月销售固体盐获得不含增值税价款 960 万元，款项均已收到。已知液体盐适用的资源税税率为 2%，固体盐适用的资源税税率为 4%。要求完成该盐场的会计核算。

答案解析： 允许抵扣的资源税＝ 7 200 000×2% ＝ 144 000（元）

（1）购入液体盐时：

借：材料采购   7 056 000

    应交税费——应交增值税（进项税额）   936 000

           —应交资源税   144 000

    贷：银行存款   8 136 000

（2）销售固体盐时：

借：银行存款   10 848 000

    贷：主营业务收入   9 600 000

        应交税费——应交增值税（销项税额）   1 248 000

（3）计提销售固体盐应缴纳的资源税时：

应纳资源税税额＝ 9 600 000×4% ＝ 384 000（元）

借：税金及附加   384 000

    贷：应交税费——应交资源税   384 000

（4）实际缴纳资源税时：

实际上交资源税＝ 384 000 – 144 000＝240 000（元）

借：应交税费——应交资源税   240 000

    贷：银行存款   240 000

六、资源税的纳税申报

（一）征收管理

1. 纳税义务发生时间

（1）纳税人采取分期收款结算方式的，其纳税义务发生时间为销售合同规定的收款日期的当天。

（2）纳税人采取预收货款结算方式的，其纳税义务发生时间为发出应税产品的当天。

（3）纳税人采取其他结算方式的，其纳税义务发生时间为收讫销售款或者取得索取销售款凭据的当天。

（4）纳税人自产自用应税产品的，其纳税义务发生时间为移送使用应税产品的当天。

（5）扣缴义务人代扣代缴税款的纳税义务发生时间为支付首笔货款或者开具支付货款凭据的当天。

2. 纳税期限

资源税的纳税期限为 1 日、3 日、5 日、10 日、15 日或者 1 个月。不能按固定期限计算纳税的，可以按次计算纳税。

纳税人以 1 个月为一期纳税的，自期满之日起 10 日内申报纳税；以 1 日、3 日、5 日、10 日或者 15 日为一期纳税的，自期满之日起 5 日内预缴税款，于次月 1 日起 10 日内申报纳税并结清上月税款。

3. 纳税环节

（1）资源税在应税产品的销售或自用环节计算缴纳。纳税人以自采原矿加工精矿产品的，在原矿移送使用时不缴纳资源税，在精矿销售或自用时缴纳资源税。

（2）纳税人以自采原矿直接加工为非应税产品或者以自采原矿加工的精矿连续生产非应税产品的，在原矿或者精矿移送环节计算缴纳资源税。

（3）以应税产品投资、分配、抵债、赠予、以物易物等，在应税产品所有权转移时计算缴纳资源税。

（4）纳税人以自采原矿加工金锭的，在金锭销售或自用时缴纳资源税。

纳税人销售自采原矿或者自采原矿加工的金精矿、粗金，在原矿或者金精矿、粗金销售时缴纳资源税，在移送使用时不缴纳资源税。

4. 纳税地点

（1）纳税人开采或者生产资源税应税产品，应当依法向开采地或者生产主管税务机关申报缴纳资源税。

（2）如果纳税人应纳的资源税属于跨省开采，其下属生产单位与核算单位不在同一省、自治区、直辖市的，对其开采或者生产的应税产品，一律在开采地或者生产地纳税。

（3）扣缴义务人代扣代缴的资源税，应当向收购地缴纳。

5. 税收优惠

（1）开采原油过程中用于加热、修井的原油，免税。

（2）油田范围内运输稠油过程中用于加热的原油、天然气，免征资源税。

（3）纳税人开采或者生产应税产品过程中，因意外事故或者自然灾害等原因遭受重大损失的，由省、自治区、直辖市人民政府酌情决定减税或者免税。

（4）纳税人开采销售共伴生矿，共伴生矿与主矿产品销售额分开核算的，对共伴生矿暂不计征资源税；没有分开核算的，共伴生矿按主矿产品的税目和适用税率计征资源税。

（5）有比例减征优惠。资源税减征比例及适用范围如表 8-2 所示。

表 8-2　资源税减征比例及适用范围

减征比例	适用范围
20%	低丰度油气田
30%	1.三次采油；2.深水油气田；3.实际开采年限在 15 年以上的衰竭期矿山开采的矿产资源；4.自 2018 年 4 月 1 日至 2021 年 3 月 31 日，对页岩气资源税（按 6% 的规定税率）减征 30%
40%	1.稠油、高凝油和高含硫天然气；2.铁矿石
50%	依法在建筑物下、铁路下、水体下通过充填开采方式采出的矿产资源

纳税人开采的原油、天然气同时符合上述两项及两项以上减税规定的，只能选择其中一项执行，不能叠加适用。

（二）申报纳税

在中华人民共和国领域及管辖海域开采应税矿产品或者生产盐的单位和个人，应按照法律法规的规定办理资源税申报。纳税人可以通过办税服务厅（场所）办理，也可以通过电子税务局办理。

资源税纳税申报表由《资源税纳税申报表》（见表 8-3）和《资源税纳税申报表附表（一）（原矿类税目适用）》《资源税纳税申报表附表（二）（精矿类税目适用）》《资源税纳税申报表附表（三）（减免税明细）》组成。

1.报送资料

（1）开采以原矿为征税对象的应税产品的纳税人，报送资料如表 8-4 所示。

表 8-4　报送资料（一）

序号	材料名称	数量
1	《资源税纳税申报表》	2 份
2	《资源税纳税申报表附表（一）（原矿类税目适用）》	2 份
3 享受资源税优惠的纳税人，还应报送	《资源税纳税申报表附表（三）（减免税明细）》	2 份

（2）开采以精矿为征税对象的应税产品的纳税人，报送资料如表 8-5 所示。

表 8-5　报送资料（二）

序号	材料名称	数量
1	《资源税纳税申报表》	2 份
2	《资源税纳税申报表附表（二）（精矿类税目适用）》	2 份
3 享受资源税优惠的纳税人，还应报送	《资源税纳税申报表附表（三）（减免税明细）》	2 份

表8-3　资源税纳税申报表

税款所属时间：自2019年6月1日至2019年6月30日　　　　　　　　　　　　　　　　　　金额单位：人民币元

纳税人识别号（统一社会信用代码）：3218845678830××××××

纳税人名称：正衡资源有限公司

本期是否适用增值税小规模纳税人减征政策（减免性质代码：0604990□□）：　是□　否□

税目	子目	折算率或换算比	计量单位	计税销售量	计税销售额	适用税率	本期应纳税额	本期减免税额	减征比例（%）本期增值税小规模纳税人减征额	本期已缴税额	本期应补（退）税额
1	2	3	4	5	6	7	8①=6×7 8②=5×7	9	10	11	12=8-9-10-11
煤炭			吨	4 750	1 662 500	5%	83 125				83 125
天然气			千立方米	6 200	4 650 000	6%	279 000	9 000			270 000
原油			吨	1 423	11 384 000	6%	683 040	1 440			681 600
其他非金属矿	固体盐		吨	800	800 000	4%	32 000			21 000	11 000
合　计		—	—		18 496 500	—	1 077 165	10 440		21 000	1 045 725

谨声明：本纳税申报表是根据国家税收法律法规及相关规定填报的，是真实的、可靠的、完整的。

纳税人（签章）：　　　　　年　月　日

经办人：

经办人身份证号：

代理机构签章：

代理机构统一社会信用代码：

受理人：

受理税务机关（章）：

受理日期：　　年　月　日

（3）经营中外合作油气田和中国海洋石油总公司海上自营油气田的纳税人，报送资料如表 8-6 所示。

表 8-6　报送资料（三）

材料名称	数量
《中外合作及海上自营油气田资源税纳税申报表》	2 份

2. 申报纳税实例

正衡资源有限公司（纳税人识别号 3218845678830××××× ）主要从事自然资源的开采、冶炼和销售业务，具体开采的资源包括：盐、天然气、煤、石油及其他金属矿产品等。2019 年 6 月发生如下经济业务。

（1）6 月 2 日，该公司所属的盐场购进液体盐 1 000 吨，每吨价格为 300 元（含资源税），用于继续加工生产成固体盐，以银行存款支付全部款项。当月月初库存外购液体盐 4 000 吨，月末库存外购液体盐 1 500 吨。

（2）6 月 3 日，该公司所属的非金属矿开采分公司独立开采天然气 8 000 千立方米，生产成本为 320 万元；开采原煤 6 000 吨，生产成本为 120 万元（不含天然气成本），采煤过程中生产天然气 400 千立方米，生产成本为 16 万元（其中 200 千立方米用于职工食堂）。

（3）6 月 10 日，销售原煤 3 000 吨，单价为 350 元/吨，销售天然气 6 200 千立方米（含采煤过程中生产的天然气 200 千立方米，成本为 8 万元），单价为 750 元/千立方米，收到价款存入银行。

（4）6 月 15 日，以开采的原煤直接加工洗煤 600 吨（综合回收率为 80%），洗煤已全部对外销售，另对外销售 1 000 吨原煤，取得不含税销售额 35 万元，收到价款存入银行。

（5）6 月 20 日，开采原油 1 500 吨，生产成本为 0.4 万元/吨，自产自用 23 吨（其中用于加热修井 3 吨，全部计入管理费用），对外销售 1 400 吨，每吨价格为 0.8 万元，收到价款存入银行。

（6）6 月 25 日，对外销售本月生产的固体盐 800 吨，每吨价格为 1 000 元（不含增值税）。

已知液体盐资源税税率为 2%，固体盐资源税税率为 4%，原煤资源税税率为 5%，天然气资源税税率为 6%，原油资源税税率为 6%。

要求计算该公司本月应纳的资源税，并填写《资源税纳税申报表》。

答案解析：

（1）外购液体盐的资源税 ＝ 1 000 × 300 × 2% ＝ 6 000（元）。

当月耗用的液体盐可以抵扣的资源税 ＝ （1 000＋4 000 – 1 500）× 300 × 2% ＝ 21 000（元）

（2）销售原煤应纳资源税 ＝ 3 000 × 350 × 5% ＝ 52 500（元）。

（3）销售天然气应纳资源税＝（6 200－200）×750×6%＝270 000（元）。

（4）洗煤所用原煤数量＝600÷80%=750（吨）。

$$销售洗煤应纳资源税＝750×350×5%＝13 125（元）$$

$$销售原煤应纳资源税＝1 000×350×5%＝17 500（元）$$

（5）自产自用和销售原油应纳资源税＝（1 400+23－3）×8 000×6%＝681 600（元）。

（6）销售固体盐应纳资源税＝800×1 000×4%＝32 000（元）。

应纳资源税＝52 500+270 000+13 125+17 500+681 600+32 000－21 000＝1 045 725（元）

填写《资源税纳税申报表》（见表8-3）。

 # 任务二　环境保护税纳税实务

环境保护税是为了保护和改善环境，减少污染物排放，推进生态文明建设而征收的一种税。环境保护税的法律规范是于2016年12月25日通过的《中华人民共和国环境保护法》（以下简称《环境保护税法》）。

一、环境保护税纳税人与征税范围

（一）纳税人

环境保护税的纳税人是在中华人民共和国领域和管辖的其他海域，直接向环境排放应税污染物的企业事业单位和其他生产经营者。

（二）征税范围

环境保护税的征税范围是《环境保护税法》所附《环境保护税税目税额表》《应税污染物和当量值表》规定的大气污染物、水污染物、固体废物和噪声等应税污染物。

有下列情形之一的，不属于直接向环境排放污染物，不缴纳相应污染物的环境保护税：

（1）企业事业单位和其他生产经营者向依法设立的污水集中处理、生活垃圾集中处理场所排放应税污染物的。

（2）企业事业单位和其他生产经营者在符合国家和地方环境保护标准的设施、场所贮存或者处置固体废物的。

（3）达到省级人民政府确定的规模标准并且有污染物排放口的畜禽养殖场，应当依法缴纳环境保护税，但依法对畜禽养殖废弃物进行综合利用和无害化处理的。

二、环境保护税税目与税率

环境保护税实行定额税率。税目、税额依照《环境保护税税目税额表》执行（见表8-7）。

表 8-7　环境保护税税目税额表

税目		计税单位	税额	备注
大气污染物		每污染当量	1.2 ~ 12 元	
水污染物		每污染当量	1.4 ~ 14 元	
固体废物	煤矸石	每吨	5 元	
	尾矿	每吨	15 元	
	危险废物	每吨	1 000 元	
	冶炼渣、粉煤灰、炉渣、其他固体废物（含半固态、液态废物）	每吨	25 元	
噪声	工业噪声	超标 1 ~ 3 分贝	每月 350 元	1. 一个单位边界上有多处噪声超标，根据最高一处超标声级计算应纳税额；当沿边界长度超过 100 米有两个以上噪声超标，按照两个单位计算应纳税额 2. 一个单位有不同地点作业场所的，应当分别计算应纳税额，合并计征 3. 昼、夜均超标的环境噪声，昼、夜分别计算应纳税额，累计计征 4. 声源一个月内超标不足 15 天的，减半计算应纳税额 5. 夜间频繁突发和夜间偶然突发厂界超标噪声，按等效声级和峰值噪声两种指标中超标分贝值高的一项计算应纳税额
		超标 4 ~ 6 分贝	每月 700 元	
		超标 7 ~ 9 分贝	每月 1 400 元	
		超标 10 ~ 12 分贝	每月 2 800 元	
		超标 13 ~ 15 分贝	每月 5 600 元	
		超标 16 分贝以上	每月 11 200 元	

注：噪声超标分贝数不是整数值的，按四舍五入取整。

【例题 8-12·多选题】下列各项中，属于环境保护税征税范围的有（　　）。

A. 煤矸石　　　　　B. 氮氧化物　　　　　C. 二氧化硫　　　　　D. 建筑噪声

正确答案：ABC

答案解析： 环境保护税应税污染物，是指《环境保护税法》所附《环境保护税税目税额表》《应税污染物和当量值表》所规定的大气污染物、水污染物、固体废物和噪声。其中，噪声主要是对工业噪声征税，目前未将建筑施工噪声纳入征收范围。

三、环境保护税应纳税额的计算

（一）应税大气污染物应纳税额的计算

应税大气污染物应纳税额的计税依据是污染当量数，其应纳税额计算公式为：

$$应纳税额 = 污染当量数 \times 适用税额$$

应税大气污染物污染当量数 = 该污染物的排放量 ÷ 该污染物的污染当量值

每一排放口或者没有排放口的应税大气污染物，按照污染当量数从大到小排序，对前三项污染物征收环境保护税。

【例题 8-13·计算题】某企业 2019 年 6 月向大气直接排放二氧化硫、氟化物各 100 千克、一氧化碳 200 千克、氯化氢 80 千克，假设当地大气污染物每污染当量税额为 1.2 元，该企业只有一个排放口，计算该企业当月应纳环境保护税税额。

答案解析：

$$二氧化硫污染当量数＝100÷0.95＝105.26$$
$$氟化物污染当量数＝100÷0.87＝114.94$$
$$一氧化碳污染当量数＝200÷16.7＝11.98$$
$$氯化氢污染当量数＝80÷10.75＝7.44$$
$$氟化物污染当量数（114.94）＞二氧化硫污染当量数（105.26）＞$$
$$一氧化碳污染当量数（11.98）＞氯化氢污染当量数（7.44）$$

该企业只有一个排放口，排序选取计税前三项污染物为：氟化物、二氧化硫、一氧化碳；

$$应纳税额＝（114.94＋105.26＋11.98）×1.2＝278.62（元）$$

（二）应税水污染物应纳税额的计算

应税水污染物应纳税额的计税依据是污染当量数，其应纳税额计算公式为：

$$应纳税额＝污染当量数×适用税额$$
$$应税水污染物的污染当量数＝该污染物的排放量÷该污染物的污染当量值$$

每一排放口的应税水污染物，区分第一类水污染物和其他类水污染物，按照污染当量数从大到小排序，对第一类水污染物按照前五项征收环境保护税，对其他类水污染物按照前三项征收环境保护税。

【例题 8-14·计算题】某化工厂是环境保护税纳税人，该厂仅有 1 个污水排放口且直接向河流排放污水，已安装使用符合国家规定和监测规范的污染物自动监测设备。检测数据显示，该排放口 2019 年 6 月共排放污水 5 万吨（折合 5 万立方米），应税污染物为六价铬，浓度为六价铬 0.5mg/L。计算该化工厂 6 月应缴纳的环境保护税（该厂所在省的水污染物税率为 2.7 元 / 污染当量，六价铬的污染当量值为 0.02/ 千克）。

答案解析：

（1）六价铬污染当量数＝排放总量×浓度值÷当量值

$$＝50\ 000\ 000×0.5÷1\ 000\ 000÷0.02＝1\ 250。$$

（2）应纳税额＝1 250×2.7＝3 375（元）。

（三）应税固体废物应纳税额的计算

应税固体废物应纳税额的计税依据是固体废物的排放量，其应纳税额计算公式为：

$$应纳税额＝固体废物排放量×适用税额$$

固体废物排放量＝当期固体废物的产生量－当期固体废物的综合利用量－当期固体废物的贮存量－当期固体废物的处置量

若非法倾倒应税固体废物或进行虚假纳税申报，以其当期应税固体废物的产生量作为固体废物的排放量。

【例题 8-15·计算题】某企业 2019 年 7 月产生尾矿 1 200 吨，其中综合利用的尾矿 400 吨（符合国家相关规定），在符合国家和地方环境保护标准的设施贮存 350 吨。计算该企业当月尾矿应缴纳的环境保护税。已知尾矿单位税额为 15 元 / 吨。

答案解析：环境保护税应纳税额＝（1 200 - 400 - 350）×15 ＝ 6 750（元）

（四）应税噪声应纳税额的计算

应税噪声应纳税额的计税依据是超过国家规定标准的分贝数，其应纳税额计算公式为：

$$应纳税额＝超过国家规定标准的分贝数对应的具体税额$$

超过国家规定标准的分贝数是指实际产生的工业噪声与国家规定的工业噪声排放标准限值之间的差值。

【例题 8-16·计算题】某工业企业只有一个生产场所，只在昼间生产，边界处声环境功能区类型为 1 类，生产时产生噪声为 62 分贝，《工业企业厂界环境噪声排放标准》规定 1 类功能区昼间的噪声排放限值为 55 分贝，当月超标天数为 18 天。计算该企业当月噪声污染应缴纳的环境保护税。

答案解析：超标分贝数：62 - 55 ＝ 7（分贝），根据《环境保护税税目税额表》，可得出该企业当月噪声污染应缴纳环境保护税 1 400 元。

四、环境保护税的会计核算

《环境保护税法》规定环境保护税按月计算，按季申报缴纳，不能按固定期限计算缴纳的，可以按次申报缴纳。根据是否能按固定期限缴纳税款，环境保护税会计处理的方式分为：定期和不定期两种方式。定期缴纳税款的，计提的时候依照其他税种的处理计入"应交税费"，在"应交税费"下单独设置"应交环境保护税"二级明细科目，不定期的可以在缴纳时直接计入"银行存款"具体会计处理如下。

（一）环境保护税定期计算申报的会计处理

计算出环境保护税时，借记"税金及附加"账户，贷记"应交税费——应交环境保护税"账户，实际缴纳税款时，借记"应交税费——应交环境保护税"账户，贷记"银行存款"账户。

（二）环境保护税不定期计算申报的会计处理

环境保护税按次申报缴纳时，直接借记"税金及附加"账户，贷记"银行存款"账户。

五、环境保护税的纳税申报

（一）环境保护税征收管理

（1）环境保护主管部门应当将排污单位的排污许可、污染物排放数据、环境违法和受行政处罚情况等环境保护相关信息，定期交送税务机关。税务机关应当将纳税人的纳税申报、税款入库、减免税额、欠缴税款以及风险疑点等环境保护税涉税信息，定期交送环境保护主管部门。

（2）纳税义务发生时间为纳税人排放应税污染物的当日。纳税人应当向应税污染物排放地的税务机关申报缴纳环境保护税。

（3）环境保护税按月计算，按季申报缴纳。不能按固定期限计算缴纳的，可以按次申报缴纳。

（4）纳税人按季申报缴纳的，应当自季度终了之日起15日内，向税务机关办理纳税申报并缴纳税款。纳税人按次申报缴纳的，应当自纳税义务发生之日起15日内，向税务机关办理纳税申报并缴纳税款。

（5）税收减免。暂免征税项目如下。

① 农业生产（不包括规模化养殖）排放应税污染物的。

② 机动车、铁路机车、非道路移动机械、船舶和航空器等流动污染源排放应税污染物的。

③ 依法设立的城乡污水集中处理、生活垃圾集中处理场所排放相应应税污染物，不超过国家和地方规定的排放标准的。

④ 纳税人综合利用的固体废物，符合国家和地方环境保护标准的。

⑤ 国务院批准免税的其他情形。

减征税额项目如下。

① 纳税人排放应税大气污染物或者水污染物的浓度值低于国家和地方规定的污染物排放标准30%的，减按75%征收环境保护税。

② 纳税人排放应税大气污染物或者水污染物的浓度值低于国家和地方规定的污染物排放标准50%的，减按50%征收环境保护税。

③ 依法设立的生活垃圾焚烧发电厂、生活垃圾填埋场、生活垃圾堆肥厂，属于生活垃圾集中处理场所，其排放应税污染物不超过国家和地方规定的排放标准的，依法予以免征环境保护税。纳税人任何一个排放口排放应税大气污染物、水污染物的浓度值，以及没有排放口排放应税大气污染物的浓度值，超过国家和地方规定的污染物排放标准的，依法不予减征环境保护税。

（二）环境保护税纳税申报

1.报送资料

（1）首次申报或基础信息发生变化时，报送资料如表8-8所示。

表 8-8　报送资料（一）

材料名称		数量	备注
《环境保护税基础信息采集表》		2 份	
以下为条件报送资料			
适用于采集应税大气、水污染物相关基础信息	《大气、水污染物基础信息采集表》	2 份	
适用于采集应税固体废物相关基础信息	《固体废物基础信息采集表》	2 份	
适用于采集应税噪声相关基础信息	《噪声基础信息采集表》	2 份	
适用于采集纳税人产排污系数等相关基础信息	《产排污系数基础信息采集表》	2 份	

（2）通过自动监测、监测机构监测、排污系数和物料衡算法计算污染物排放量的纳税人，报送资料如表 8-9 所示。

表 8-9　报送资料（二）

材料名称		数量	备注
《环境保护税纳税申报表（A 类）》		2 份	
以下为条件报送资料			
适用于对大气污染物按月明细计算排放量	《环境保护税按月计算报表（大气污染物适用）》	2 份	
适用于对水污染物按月明细计算排放量	《环境保护税按月计算报表（水污染物适用）》	2 份	
适用于对固体废物按月明细计算排放量	《环境保护税按月计算报表（固体废物适用）》	2 份	
适用于对工业噪声按月明细计算排放量	《环境保护税按月计算报表（噪声适用）》	2 份	
适用于享受减免税优惠纳税人的减免税明细计算申报	《环境保护税减免税明细计算报表》	2 份	

（3）除适用 A 类申报之外的其他纳税人，包括按次申报的纳税人，报送资料如表 8-10 所示。

表 8-10　报送资料（三）

材料名称	数量	备注
《环境保护税纳税申报表（B 类）》	2 份	除按次申报外，纳税人应按月填写 B 类表，按季申报

2. 纳税申报实训

洪兴火力发电厂是环境保护税纳税人，该厂仅有 1 个废气排放口，已安装使用符合国家规定和监测规范的污染物自动监测设备，监测大气应税污染物二氧化硫。检测数据显示，2019 年 3 月，该排放口共排放大气污染物 1 000 万立方米，其中含应税污染物浓度分别为：二氧化硫 120mg/m³；氮氧化物 40 mg/m³（监测机构监测）。洪兴火力发电厂 3 月污染当量计算表如表 8-11 所示（该厂所在省的大气污染物税率为 1.2 元/污染当量）。

表 8-11　洪兴火力发电厂 3 月污染当量计算表

3 月排放总量（m³）	名称	浓度值（mg/m³）	当量值（kg）	污染当量	排序
10 000 000	二氧化硫	120	0.95	1 263.157 895	1
	氮氧化物	40	0.95	421.052 632	2
	前二项合计			1 684.210 527	

2019 年 8 月 26 日第十三届全国人民代表大会常务委员会第十二次会议通过《中华人民共和国资源税法》。本法自 2020 年 9 月 1 日起施行。1993 年 12 月 25 日国务院发布的《中华人民共和国资源税暂行条例》同时废止。

课后习题

一、单项选择题

1. 根据资源税法律制度的规定，下列单位和个人的生产经营行为不缴纳资源税的是（　　）。
   A. 冶炼企业进口铁矿石 B. 个体经营者开采煤矿
   C. 军事单位开采石油　D. 中外合作开采天然气

2. 对实际开采年限在 15 年以上的衰竭期矿山开采的矿产资源，资源税减征（　　）。
   A.20%　　　　B.30%　　　C.40%　　　D.50%

3. 下列关于环境保护税的征收管理，说法错误的是（　　）。
   A. 环境保护税的纳税义务发生时间为纳税人排放应税污染物的当日
   B. 环境保护税按月计算，按年申报缴纳
   C. 环境保护税可以按次申报缴纳
   D. 纳税人应当向应税污染物排放地的税务机关申报缴纳环境保护税

4. 纳税人排放应税大气污染物或者水污染物的浓度值低于国家和地方规定的污染物排放标准 50% 的，减按（　　）征收环境保护税。
   A. 0　　　 B. 30%　　 C. 0.5　　 D. 0.75

5. 下列关于资源税征税范围和税目的说法中，正确的是（　　）。
   A. 人造石油和天然石油均属于征税范围
   B. 金属矿中的铝土矿以精矿为征税对象

C. 金矿的法定征税对象为金锭
D. 与原油同时开采的天然气不属于征税范围

二、多项选择题

1. 下列企业直接排放的污染物中，属于环境保护税征税范围的有（　　）。
   A. 大气污染物　　　　B. 水污染物
   C. 固体废物　　　　　D. 噪声

2. 下列污染物按照污染物排放量折合的污染当量数确定环境保护税计税依据的有（　　）。
   A. 大气污染物　　　　B. 水污染物
   C. 固体废物　　　　　D. 噪声

3. 下列关于环境保护税征收管理的说法中，正确的有（　　）。
   A. 纳税义务发生时间为排放应税污染物的当日
   B. 纳税人应当按月申报缴纳
   C. 不能按固定期限计算缴纳的，可以按次申报缴纳
   D. 纳税人应当向企业注册登记地税务机关申报缴纳

4. 根据资源税法律制度的规定，下列各项中，属于资源税纳税人的有（　　）。
   A. 开采原煤的国有企业
   B. 进口铁矿石的私营企业
   C. 生产盐的个体经营者

D. 开采天然原油的外商投资企业

6. 下列关于资源税纳税地点的表述，正确的有（　　）。

A. 资源税纳税人应向开采或生产所在地主管税务机关纳税

B. 跨省开采的，其下属生产单位与核算单位不在同一省、自治区、直辖市的，在开采地纳税

C. 扣缴义务人应向收购地主管税务机关缴纳代扣代缴的资源税

D. 纳税人在本省、自治区、直辖市范围内开采或者生产应税产品，其纳税地点需要调整的，由所在地省、自治区、直辖市税务机关决定

三、判断题

1. 环境保护税的纳税人为在中华人民共和国领域和中华人民共和国管辖的其他海域，直接向环境排放应税污染物的企业事业单位和其他生产经营者。（　　）

2. 规模化养鸡场排放固体污染物免征环境保护税。（　　）

3. 应税大气污染物和水污染物的具体适用税额的确定和调整，由省、自治区、直辖市人民政府统筹考虑本地区环境承载能力、污染物排放现状和经济社会生态发展目标要求，在《环境保护税税目税额表》规定的税额幅度内提出，报全国人民代表大会常务委员会决定，并报国务院备案。（　　）

4. 一个单位边界上有多处噪声超标，根据最高一处超标声级计算应纳税额；当沿边界长度超过 50 米有两个以上噪声超标，按照两个单位计算应纳税额。（　　）

5. 环境保护税实行定额税率。（　　）

四、计算题

1. 某煤矿 2020 年 1 月共开采原煤 6 500 吨，对外销售 2 000 吨，取得不含税销售额 20 万元，剩余 4 500 吨全部移送生产洗选煤，本月销售洗选煤 1 500 吨，取得不含税销售额 25 万元，已知，该企业开采煤炭适用的资源税税率为 4%，当地政府规定的折算率为 80%，要求计算该企业本月应纳资源税。

2. 甲建筑公司，2020 年因施工作业导致产生的工业噪声超标 16 分贝以上，其中 5 月超标天数为 12 天，6 月超标天数为 22 天，已知工业噪声超标 16 分贝以上每月税额为 11 200 元，要求计算甲建筑公司应纳环境保护税。

项目九
城镇土地使用税和房产税纳税实务

学习目标

知识目标：

- 理解并能阐述城镇土地使用税、房产税的税制要素。
- 掌握城镇土地使用税、房产税的计算方法。
- 掌握城镇土地使用税、房产税的会计核算方法。
- 掌握城镇土地使用税、房产税税纳税申报表的填写方法。

能力目标：

- 独立填写城镇土地使用税、房产税纳税申报表。
- 能解释城镇土地使用税、房产税纳税申报表各项目。

项目关键词

- 使用权　所有权　从价计征　从租计征

任务一　城镇土地使用税纳税实务

一、城镇土地使用税的概念

城镇土地使用税是国家在城市、县城、建制镇和工矿区范围内，对使用土地的单位和个人，以其实际占用的土地面积为计税依据，按照规定的税额计算征收的一种税。

二、城镇土地使用税的纳税人与征税范围

（一）纳税人

城镇土地使用税的纳税人，是指在税法规定的征税范围内使用土地的单位和个人。

城镇土地使用税的纳税人，根据用地者的不同情况分别确定为：

（1）城镇土地使用税由拥有土地使用权的单位或个人缴纳；

（2）拥有土地使用权的纳税人不在土地所在地的，由代管人或实际使用人缴纳；

（3）土地使用权未确定或权属纠纷未解决的，由实际使用人纳税；

（4）土地使用权共有的，共有各方均为纳税人，由共有各方分别纳税。

土地使用权共有的，以共有各方实际使用土地的面积占总面积的比例，分别计算缴纳城镇土地使用税。

（二）征税范围

城镇土地使用税的征税范围是税法规定的纳税区域内的土地。凡在城市、县城、建制镇、工矿区范围内的土地，不论是属于国家所有的土地，还是集体所有的土地，都属于城镇土地使用税的征税范围。

城市，是指国务院批准设立的市，征税范围包括市区和郊区。县城，是指县人民政府所在地，征税范围为县人民政府所在地的城镇。建制镇，是经省级人民政府批准设立的建制镇，征税范围为镇人民政府所在地的地区，但不包括镇政府所在地所辖行政村。工矿区，是指工商业比较发达，人口比较集中，符合国务院规定的建制镇标准，但尚未设立建制镇的大中型工矿企业所在地。

建立在城市、县城、建制镇和工矿区以外的工矿企业则不需要缴纳城镇土地使用税。

【例题9-1·单选题】根据城镇土地使用税法律制度的规定，下列土地中，不属于城镇土地使用税征税范围的是（　　）。

A. 城市土地　　　　B. 县城土地　　　　C. 农村土地　　　　D. 建制镇土地

正确答案：C

答案解析：本题考核城镇土地使用税的征税范围。城镇土地使用税是国家在城市、县城、建制镇和工矿区范围内，对使用土地的单位和个人，以其实际占用的土地面积为计税依据，按

照规定的税额计算征收的一种税。不包括农村土地。

【例题9-2·多选题】根据城镇土地使用税法律制度的规定，以下属于城镇土地使用税的纳税人的有（　　）。

A. 出租土地使用权的单位　　　　　　B. 拥有土地使用权的个人

C. 土地使用权共有方　　　　　　　　D. 承租土地使用权的单位

正确答案：ABC

答案解析：本题考核城镇土地使用税纳税人。根据规定，拥有土地使用权的单位和个人是纳税人。所以不选D。

三、城镇土地使用税税率

城镇土地使用税采用定额税率，按大、中、小城市和县城、建制镇、工矿区分别规定每平方米城镇土地使用税年应纳税额。大、中、小城市以公安部门登记在册的非农业正式户口人数为依据，按照国务院颁布的《城市规划条例》中规定的标准划分。人口在50万以上的为大城市；人口在20万～50万的为中等城市；人口在20万以下的为小城市。城镇土地使用税税率表如表9-1所示。

表9-1　城镇土地使用税税率表

级别	人口（人）	每平方米税额（元）
大城市	50万以上	1.5～30
中等城市	20万～50万	1.2～24
小城市	20万以下	0.9～18
县城、建制镇、工矿区		0.6～12

各省、自治区、直辖市人民政府可根据市政建设情况和经济繁荣程度在规定税额幅度内，确定所辖地区的适用税额幅度。经济落后地区，土地使用税的适用税额标准可适当降低，但降低额不得超过上述规定最低税额的30%。经济发达地区的适用税额标准可以适当提高，但须报财政部批准。

四、城镇土地使用税应纳税额的计算

（一）计税依据

城镇土地使用税的计税依据是纳税人实际占用的土地面积。土地面积以平方米为计量标准。具体按以下办法确定。

（1）由省、自治区、直辖市人民政府确定的单位组织测定土地面积的，以测定的面积为准。

（2）尚未组织测量，但纳税人持有政府部门核发的土地使用证书的，以证书确认的土地面积为准。

（3）尚未核发土地使用证书的，应由纳税人申报土地面积，据以纳税，待核发土地使用证以后再作调整。

（4）对在城镇土地使用税征税范围内单独建造的地下建筑用地，按规定征收城镇土地使用税。其中，已取得地下土地使用权证的，按土地使用权证确认的土地面积计算应征税款；未取得地下土地使用权证或地下土地使用权证上未标明土地面积的，按地下建筑垂直投影面积计算应征税款。

对上述地下建筑用地暂按应征税款的50%征收城镇土地使用税。

（二）应纳税额的计算

城镇土地使用税应纳税额的计算公式为：

$$年应纳税额＝实际占用土地面积（平方米）×适用税额$$

【例题9-3·单选题】某城市的一家公司，实际占地23 000平方米。由于经营规模扩大，年初该公司又受让了一块尚未办理土地使用证的土地3 000平方米，公司按其当年开发使用的2 000平方米土地面积进行申报纳税，以上土地均适用每平方米2元的城镇土地使用税税率。该公司当年应缴纳城镇土地使用税为（　　）元。

    A. 46 000   B. 48 000   C. 50 000   D. 52 000

正确答案： C

答案解析： 应纳税额＝（23 000+2 000）×2＝50 000（元）。

【例题9-4·单选题】某企业2019年度拥有位于市郊的一宗地块，其地上面积为1万平方米，单独建造的地下建筑面积为6 000平方米（已取得地下土地使用权证）。该市规定的城镇土地使用税税率为2元/平方米。则该企业2019年度就此地块应缴纳的城镇土地使用税为（　　）万元。

    A. 0.8   B. 2   C. 2.6   D. 3.2

正确答案： C

答案解析： 应纳城镇土地使用税＝1×2+0.6×2×50%＝2.6（万元）。

【例题9-5·单选题】甲企业位于某经济落后地区，2019年12月取得一宗土地的使用权（未取得土地使用证书），2020年1月已按1 500平方米申报缴纳城镇土地使用税。2020年4月该企业取得了政府部门核发的土地使用证书，上面注明的土地面积为2 000平方米。当地政府规定的固定税额为每平方米1.2元，并另按照国家规定的最高比例降低税额标准。该企业2020年应该补缴的城镇土地使用税为（　　）元。

    A. 0   B. 420   C. 945   D. 1 260

正确答案： B

答案解析： 经济落后地区，土地使用税的适用税额标准可适当降低，但降低额不得超过规定最低税额的30%。应补缴的城镇土地使用税＝（2 000−1 500）×1.2×（1−30%）＝420（元）。

五、城镇土地使用税的会计核算

（一）会计账户的设置

为了反映和监督城镇土地使用税的计算和缴纳过程，纳税人应设置"应交税费——应交城镇土地使用税"账户，贷方记本期应缴纳的城镇土地使用税税额，借方登记企业实际缴纳的城镇土地使用税税额，贷方余额表示企业应交而未交的城镇土地使用税税额。

（二）会计核算

纳税人按规定计提应缴纳的城镇土地使用税时，借记"税金及附加"账户，贷记"应交税费——应交城镇土地使用税"账户。纳税人按规定上交税款时，借记"应交税费——应交城镇土地使用税"账户，贷记"银行存款"账户。纳税人收到退回的多交税款时，借记"银行存款"账户，贷记"应交税费——应交城镇土地使用税"账户。

【例题 9-6·核算题】某企业实际占用的土地面积为 18 000 平方米，该土地每平方米年应纳税额为 6 元，当地的城镇土地使用税每半年缴纳一次。要求完成计提和缴纳城镇土地使用税的会计核算。

答案解析：

$$每次应纳城镇土地使用税税额＝18\,000×6÷2＝54\,000（元）$$

（1）计提城镇土地使用税时：

借：税金及附加　　　　　　　　　　　　54 000

　　贷：应交税费——应交城镇土地使用税　　　　　　54 000

（2）缴纳城镇土地使用税时：

借：应交税费——应交城镇土地使用税　　54 000

　　贷：银行存款　　　　　　　　　　　　　　　　54 000

六、城镇土地使用税的纳税申报

（一）征收管理

1. 纳税义务发生时间

（1）纳税人购置新建商品房，自房屋交付使用次月起纳税。

（2）纳税人购置存量房地产，自房产证签发次月起纳税。

（3）纳税人出租、出借房产，自出租、出借次月起纳税。

（4）以出让或转让方式有偿取得土地使用权的，应由受让方从合同约定交付土地时间的次月起缴纳；合同未约定交付时间的，由受让方从合同签订的次月起缴纳。

（5）纳税人新征用的耕地，自批准征用之日起满一年时开始纳税。

（6）纳税人新征用的非耕地，自批准征用次月起纳税。

（7）终止城镇土地使用税纳税义务的，应纳税款的计算截止到发生改变的当月月末。

2. 纳税期限

城镇土地使用税按年计算、分期缴纳，具体纳税期限由省、自治区、直辖市人民政府确定。

3. 纳税地点

城镇土地使用税在土地所在地缴纳。

纳税人使用的土地不属于同一省、自治区、直辖市管辖的，由纳税人分别向土地所在地税务机关缴纳城镇土地使用税；在同一省、自治区、直辖市管辖范围内，纳税人跨地区使用的土地，其纳税地点由各省、自治区、直辖市税务局确定。

4. 税收优惠

（1）法定免缴土地使用税的优惠。

① 国家机关、人民团体、军队自用的土地。

② 由国家财政部门拨付事业经费的单位自用的土地，如学校的教学楼、操场、食堂等占用的土地。

③ 直接用于农、林、牧、渔业的生产用地，不包括农副产品加工场地和生活办公用地。

④ 经批准开山填海整治的土地和改造的废弃土地，从使用月份起免缴城镇土地使用税5～10年

⑤ 对非营利性医疗机构、疾病控制机构和妇幼保健机构等卫生机构自用的土地，免征城镇土地使用税。

⑥ 企业办的学校、医院、托儿所、幼儿园，其用地能与企业其他用地明确区分的，免征城镇土地使用税。

⑦ 免税单位无偿使用纳税单位的土地（如公安、海关等单位使用铁路、民航等单位的土地），免征城镇土地使用税。纳税单位无偿使用免税单位的土地，纳税单位应照章纳税。纳税单位与免税单位共同使用共有使用权土地上的多层建筑，对纳税单位可按其占用的建筑面积占建筑总面积的比例计征城镇土地使用税。

⑧ 企业的铁路专用线、公路等用地，在厂区以外、与社会公用地段未加隔离的，厂区以外的公共绿化用地和向社会开放的公园用地暂免征收。

⑨ 自2019年1月1日至2021年12月31日，对专门经营农产品的农产品批发市场、农贸市场使用（包括自有和承租，下同）的房产、土地，暂免征收城镇土地使用税。对同时经营其他产品的农产品批发市场和农贸市场使用的房产、土地，按其他产品与农产品交易场地面积的比例确定征免房产税和城镇土地使用税。到2019年12月31日止（含当日），对物流企业自有的（包括自用和出租）大宗商品仓储设施用地和物流企业承租用于大宗商品仓储设施的土地，减按所属土地等级适用税额标准的50%计征城镇土地使用税。

⑩ 自2018年10月1日至2020年12月31日，对按照去产能和调结构政策要求停产停业、关闭的企业，自停产停业次月起，免征城镇土地使用税。企业享受免税政策的期限累计不得超

过 2 年。自 2019 年 1 月 1 日至 2021 年 12 月 31 日，对国家级、省级科技企业孵化器、大学科技园和国家备案众创空间自用以及无偿或通过出租等方式提供给在孵对象使用的土地，免征城镇土地使用税。

（2）省、自治区、直辖市税务局确定减免土地使用税的优惠。

① 个人所有的居住房屋及院落用地。

② 房产管理部门在房租调整改革前经租的居民住房用地。

③ 免税单位职工家属的宿舍用地。

④ 集体和个人办的各类学校、医院、托儿所、幼儿园用地。

【例题 9-7·多选题】下列关于城镇土地使用税纳税义务发生时间的表述中，正确的有（　　）。

A. 纳税人新征用的非耕地，自批准征用次月起缴纳城镇土地使用税

B. 纳税人出租房产，自合同约定应付租金日期的次月起缴纳城镇土地使用税

C. 纳税人购置新建商品房，自房屋交付使用之次月起缴纳城镇土地使用税

D. 纳税人新征用的耕地，自批准征用之日起满 6 个月时开始缴纳城镇土地使用税

正确答案：AC

答案解析：纳税人出租、出借房产，自交付出租、出借房产之次月起，缴纳城镇土地使用税。纳税人新征用的耕地，自批准征用之日起满一年时开始缴纳土地使用税。

【例题 9-8·单选题】位于某县城的一化工厂，2019 年 1 月企业土地使用证书记载占用土地的面积为 82 000 平方米，8 月新征用耕地 10 000 平方米，已缴纳耕地占用税，适用城镇土地使用税税率为 10 元／平方米。该化工厂 2019 年应缴纳城镇土地使用税（　　）元。

A. 720 000　　　　　B. 800 000　　　　　C. 820 000　　　　　D. 900 000

正确答案：C

答案解析：纳税人新征用的耕地，自批准征用之日起满一年时开始缴纳城镇土地使用税。应缴纳城镇土地使用税＝ 82 000×10 ＝ 820 000（元）。

【例题 9-9·单选题】某市肉制品加工企业 2019 年占地 61 000 平方米，其中办公占地 6 000 平方米，生猪养殖基地占地 29 000 平方米，肉制品加工车间占地 16 000 平方米，企业内部道路及绿化占地 10 000 平方米。企业所在地城镇土地使用税单位税额每平方米 0.8 元。该企业全年应缴纳城镇土地使用税（　　）元。

A. 16 800　　　　　B. 25 600　　　　　C. 39 200　　　　　D. 480 00

正确答案：B

答案解析：应纳土地使用税＝（60 000 － 29 000）×0.8 ＝ 24 800（元）。

（二）申报纳税

国家税务总局公告 2019 年第 32 号规定，自 2019 年 10 月 1 日起，将城镇土地使用税和房产税的纳税申报表、减免税明细申报表、税源明细表分别合并为《城镇土地使用税 房产税纳税申报表》《城镇土地使用税 房产税减免税明细申报表》《城镇土地使用税 房产税税源明细表》。

在城市、县城、建制镇、工矿区范围内的城镇土地使用税纳税人，应当依照省、自治区、直辖市人民政府规定的缴纳期限内办理城镇土地使用税申报。

1. 报送资料

纳税人申报纳税时应报送资料如表 9-2 所示。

表 9-2 报送资料

材料名称		数量	备注
《城镇土地使用税 房产税纳税申报表》（见表 9-3）		2 份	
以下为条件报送资料			
首次申报或土地信息发生变更时，还应提供相关材料	《城镇土地使用税 房产税税源明细表》	2 份	
	不动产权证或购地合同、发票等证明土地使用权属的材料原件及复印件	1 份	
存在减免税情形的，还应报送	《城镇土地使用税 房产税减免税明细申报表》	1 份	

2. 申报纳税实例

华能电子设备有限公司为增值税一般纳税人（纳税人识别号 32046577684908××××，公司法定代表人李××，身份证号 33021119780515××××）。2019 年实际占地面积 78 000 平方米，该公司所在地段的土地等级是 3 级，适用的城镇土地使用税税额为每平方米 3 元。已知公司所在地区城镇土地使用税实行按年征收，一次申报缴纳，申报缴纳期限为税款所属年度的次年 1 月 1 日至 1 月 31 日。

要求计算该公司 2019 年应缴纳的城镇土地使用税，并填写《城镇土地使用税 房产税纳税申报表》（见表 9-3）。

表 9-3 城镇土地使用税 房产税纳税申报表

税款所属期：自 2019 年 1 月 1 日至 2019 年 3 月 31 日
纳税人识别号（统一社会信用代码）：3 2 0 4 6 5 7 7 6 8 4 9 0 8 × × × ×
纳税人名称：华能电子设备有限公司　　　　　金额单位：人民币元　　　　　面积单位：平方米

一、城镇土地使用税											
本期是否适用增值税小规模纳税人减征政策（减免性质代码 10049901）			☐是 ☑否	本期适用增值税小规模纳税人减征政策起始时间			年　月		减征比例（%）		
	本期适用增值税小规模纳税人减征政策终止时间			年　月							
序号	土地编号	宗地号	土地等级	税额标准	土地总面积	所属期起	所属期止	本期应纳税额	本期减免税额	本期增值税小规模纳税人减征额	本期已缴税额	本期应补（退）税额
1	*										
2	*										
3	*										
合计	*	*	*	*		*	*				

续　表

<table>
<tr><td colspan="12" align="center">二、房产税</td></tr>
<tr>
<td colspan="2">本期是否适用增值税小规模纳税人减征政策
（减免性质代码 08049901）</td>
<td colspan="2">□是
□否</td>
<td colspan="4">本期适用增值税小规模纳税人减征政策起始时间</td>
<td colspan="2" align="center">年　月</td>
<td colspan="2" rowspan="2">减征比例(%)</td>
</tr>
<tr>
<td></td>
<td colspan="3">本期适用增值税小规模纳税人减征政策终止时间</td>
<td colspan="4" align="center">年　月</td>
<td colspan="2"></td>
</tr>
<tr><td colspan="12" align="center">（一）从价计征房产税</td></tr>
<tr>
<td>序号</td>
<td>房产编号</td>
<td>房产原值</td>
<td>其中：出租房产原值</td>
<td>计税比例</td>
<td>税率</td>
<td>所属期起</td>
<td>所属期止</td>
<td>本期应纳税额</td>
<td>本期减免税额</td>
<td>本期增值税小规模纳税人减征额</td>
<td>本期已缴税额</td>
<td>本期应补(退)税额</td>
</tr>
<tr>
<td>1</td><td>*</td><td>30 800 000</td><td></td><td>70%</td><td>1.2%</td><td>2019.1.1</td><td>2019.3.31</td><td>64 680</td><td></td><td></td><td></td><td>64 680</td>
</tr>
<tr><td>2</td><td>*</td><td></td><td></td><td></td><td></td><td></td><td></td><td></td><td></td><td></td><td></td><td></td></tr>
<tr><td>3</td><td>*</td><td></td><td></td><td></td><td></td><td></td><td></td><td></td><td></td><td></td><td></td><td></td></tr>
<tr><td>合计</td><td>*</td><td>*</td><td>*</td><td>*</td><td>*</td><td>*</td><td>*</td><td>64 680</td><td></td><td></td><td></td><td>64 680</td></tr>
</table>

（二）从租计征房产税

<table>
<tr>
<td>序号</td>
<td>本期申报租金收入</td>
<td>税率</td>
<td>本期应纳税额</td>
<td>本期减免税额</td>
<td>本期增值税小规模纳税人减征额</td>
<td>本期已缴税额</td>
<td>本期应补（退）税额</td>
</tr>
<tr><td>1</td><td>1 400 000</td><td>12%</td><td>168 000</td><td></td><td></td><td></td><td>168 000</td></tr>
<tr><td>2</td><td></td><td></td><td></td><td></td><td></td><td></td><td></td></tr>
<tr><td>3</td><td></td><td></td><td></td><td></td><td></td><td></td><td></td></tr>
<tr><td>合计</td><td>*</td><td>*</td><td></td><td></td><td></td><td></td><td>168 000</td></tr>
</table>

声明：此表是根据国家税收法律法规及相关规定填写的，本人（单位）对填报内容（及附带资料）的真实性、可靠性、完整性负责。

纳税人（签章）：　　　　年 月 日

<table>
<tr>
<td>经办人：
经办人身份证号：
代理机构签章：
代理机构统一社会信用代码：</td>
<td>受理人：
受理税务机关（章）：
受理日期：　年 月 日</td>
</tr>
</table>

任务二　房产税纳税实务

一、房产税概念

房产税是以房产为征税对象，按照房产的计税价值或房产租金收入向房产所有人或经营管理人等征收的一种税。

房产是指有屋面和围护结构（有墙或两边有柱），能够遮风避雨，可供人们在其中生产、学习、工作、娱乐、居住或贮藏物资的场所。

二、房产税纳税人与征税范围

（一）纳税人

房产税的纳税人，是指在我国城市、县城、建制镇和工矿区（不包括农村）内拥有房屋产权的单位和个人，具体包括产权所有人、承典人、房产代管人或者使用人。

（1）产权属于国家所有的，其经营管理的单位为纳税人。

（2）产权属于集体和个人的，集体单位和个人为纳税人。

（3）产权出典的，"承典人"为纳税人。

（4）产权所有人、承典人均不在房产所在地的，房产代管人或者使用人为纳税人。

（5）产权未确定以及租典纠纷未解决的，房产代管人或者使用人为纳税人。

（6）纳税单位和个人"无租使用"房产管理部门、免税单位及纳税单位的房产，由使用人代为缴纳房产税。

（二）征税范围

房产税的征税范围为城市、县城、建制镇和工矿区的房屋，不包括农村的房屋。

独立于房屋之外的建筑物，如围墙、烟囱、水塔、菜窖、室外游泳池等不属于房产税的征税范围。

房地产开发企业建造的商品房，在出售前不征收房产税；但对出售前已使用或出租、出借的商品房应按规定征收房产税。

【例题9-10·单选题】下列各项中，符合房产税纳税人规定的是（ ）。

A.房屋产权属于集体的由使用人缴纳　　　　B.房屋产权出典的由出典人缴纳

C.产权纠纷未解决的由代管人或使用人缴纳　D.产权属于国家所有的不缴纳

正确答案：C

答案解析：选项A，产权属于集体的由集体单位缴纳；选项B房屋产权出典的由承典人缴纳；选项D产权属于国家所有的由经营管理单位缴纳。

【例题9-11·多选题】下列情形中，应由房产代管人或者使用人缴纳房产税的有（ ）。

A.房屋产权未确定的　　　　　　　　　　B.房屋租典纠纷未解决的

C.房屋承典人不在房屋所在地的　　　　　　D.房屋产权所有人不在房屋所在地的

正确答案：ABCD

答案解析：产权所有人、承典人不在房屋所在地的，或者产权未确定及租典纠纷未解决的，由房产代管人或使用人纳税。

【例题9-12·单选题】下列房屋及建筑物中，属于房产税征税范围的是（ ）。

A.农村的居住用房　　　　　　B.建在室外的露天游泳池

C.个人拥有的市区经营性用房　　D.房地产开发企业尚未使用或出租而待售的商品房

正确答案：C

答案解析：选项 A，房产税的征税范围不包括农村；选项 B，房产税以房产为征税对象，对于建在室外的露天游泳池，不属于房产；选项 D，房地产开发企业建造的商品房，在出售前，不征收房产税。

【**例题 9-13 · 多选题**】根据房产税法律制度的规定，下列各项中，属于房产税征税范围的有（　　）。

A. 建制镇工业企业的厂房

B. 农村的村民住宅

C. 市区商场的地下车库

D. 县城商业企业的办公楼

正确答案：ACD

答案解析：房产税的征税范围为城市、县城、建制镇和工矿区的房屋（不包括农村）。

三、房产税税率

我国现行房产税采用比例税率。从价计征和从租计征实行不同标准的比例税率。

（1）从价计征的，税率为 1.2%。

（2）从租计征的，税率为 12%。

自 2008 年 3 月 1 日起，对个人出租住房，不区分用途，按 4% 的税率征收房产税。

四、房产税应纳税额的计算

（一）从价计征应纳税额的计算

房产税按房产计税价值征税的，称为从价计征。从价计征应纳税额的计算公式为：

$$应纳税额＝应税房产原值 \times（1－扣除比例）\times 1.2\% / 12 \times 应税月份$$

（1）房产原值是纳税人按会计制度规定，在"固定资产"账簿中记载的房屋原价，包括应当缴纳房产税，但未在该账户中记载的房产。

（2）对按照房产原值计税的房产，无论会计上如何核算，房产原值均应包含地价，包括为取得土地使用权支付的价款、开发土地发生的成本费用等。宗地容积率低于 0.5 的，按房产建筑面积的 2 倍计算土地面积并据此确定计入房产原值的地价。

（3）纳税人对原有房屋进行改建、扩建的，要相应地增加房屋原值。

（4）房产原值应包括与房屋不能分割的各种附属设备或一般不单独计算价值的配套设施，如暖气、照明、通风设备、电力、电讯、给排水、电梯等，无论会计核算中是否单独记账与核算，均应并入原值计税。

对于更换房屋附属设备和配套设施的，在将其价值计入房产原值时，可扣减原来相应设备和设施的价值；对附属设备和配套设施中易损坏、需要经常更换的零配件，更新后不再计入房产原值。

【**例题 9-14 · 单选题**】某企业 2019 年 3 月投资 1 500 万元取得 5 万平方米的土地使用权，用于建造面积为 3 万平方米的厂房，建筑成本和费用为 2 000 万元，2019 年年底竣工验收并投入使用。对该厂房征收房产税时所确定的房产原值是（　　）万元。

A. 2 900 B. 3 500 C. 5 000 D. 3 800

正确答案：B

答案解析：宗地容积率大于0.5（3÷5＝0.6），按地价全额计入房产原值，因此所确定的房产税的房产原值＝1 500+2 000＝3 500（万元）。

【例题 9-15·单选题】甲企业 2019 年年初拥有厂房原值 2 000 万元，仓库原值 500 万元。2019 年 5 月 23 日，甲企业将仓库以 960 万元的价格转让给乙企业，当地政府规定房产税减除比例为 30%。甲企业当年应缴纳房产税（　　）万元。

A. 17.65 B. 18.2 C. 18.55 D. 20.3

正确答案：C

答案解析：应缴纳房产税＝2 000×（1－30%）×1.2%＋500×（1－30%）×1.2%×5/12＝18.55（万元）。

【例题 9-16·单选题】某公司 2019 年以 5 500 万元购得一处高档会所，然后加以改建，支出 600 万元新建一露天泳池，支出 450 万元新增中央空调系统，拆除 180 万元的照明设施，再支付 480 万元安装智能照明和楼宇声控系统，会所于 2019 年年底改建完毕并对外营业。当地规定计算房产余值扣除比例为 30%，2020 年该会所应缴纳房产税（　　）万元。

A. 42 B. 52.5 C. 50.4 D. 54.6

正确答案：B

答案解析：2020 年应纳房产税＝（5 500＋480－180＋480）×（1－30%）×1.2%＝52.5（万元）。

（二）从租计征应纳税额的计算

房产税按租金收入计征的，称为从租计征。从租计征应纳税额的计算公式为：

$$应纳税额＝租金收入 ×12\%（4\%）$$

（1）租金收入为不含增值税收入。

（2）房产的租金收入包括货币收入和实物收入。如果是以劳务或者其他形式为报酬抵付房租收入的，应根据当地同类房产的租金水平，确定一个标准租金额从租计征。

（3）对出租房产，租赁双方签订的租赁合同约定有免收租金期限的，免收租金期间由产权所有人按照房产原值缴纳房产税。

【例题 9-17·单选题】甲公司 2019 年年初房产原值为 8 000 万元，3 月与乙公司签订租赁合同，约定自 2019 年 4 月起将原值 500 万元房产租赁给乙公司，租期 3 年，月租金 2 万元（不含税），2019 年 4～6 月为免租使用期间。甲公司所在地计算房产税余值减除比例为 30%，甲公司 2019 年度应缴纳的房产税为（　　）万元。

A. 65.49　　　　　B. 66.21　　　　　C. 66.54　　　　　D. 67.26

正确答案：C

答案解析：从价计征房产税＝8 000×（1－30%）×1.2%　×1/2－7 500×（1－30%）×1.2%　×1/2＝33.6－31.5＝65.1（万元）；从租计征房产税＝2×6×12%＝1.44（万元）。

五、房产税的会计核算

（一）会计账户的设置

企业在进行房产税的会计核算时，应当在"应交税费"账户下设"应交房产税"明细账户。此账户的贷方反映企业应缴纳的房产税，借方反映企业实际向税务机关缴纳的房产税，贷方余额，反映企业应缴而未缴的房产税。

（二）会计核算

纳税人按规定计提应缴纳的房产税时，借记"税金及附加"账户，贷记"应交税费——应交房产税"账户；实际缴纳时，借记"应交税费——应交房产税"账户，贷记"银行存款"账户。

【例题 9-18·核算题】

盛大机械有限公司为增值税一般纳税人（纳税人识别号 320466789012458903）。2019 年有自有房屋 18 栋，其中 13 栋用于生产经营，房产原值共 3 080 万元。当地政府规定，按房产原值扣除 30% 的余值计算、缴纳房产税；另外 5 栋用于对外出租，年租金收入 560 万元。假定按季度缴纳房产税。要求完成计提和缴纳房产税的会计核算。

答案解析：

经营用房产全年应缴纳的房产税税额＝3 080×（1－30%）×1.2%＝25.872（万元）

出租房产全年应缴纳的房产税税额＝560×12%＝67.2（万元）

每季缴纳房产税税额＝（25.872＋67.2）÷4＝23.268（万元）

（1）计提每季度应缴纳的房产税时：

借：税金及附加　　　　　　　　　　232 680

　　贷：应交税费——应交房产税　　　　　　232 680

（2）缴纳房产税时：

借：应交税费——应交房产税　　　　232 680

　　贷：银行存款　　　　　　　　　　　　232 680

六、房产税的纳税申报

（一）征收管理

1.纳税义务发生时间

（1）纳税人将原有房产用于生产经营，从生产经营之月起，缴纳房产税。

（2）纳税人自行新建房屋用于生产经营，从建成之次月起，缴纳房产税。

（3）纳税人委托施工企业建设的房屋，从办理验收手续之次月起，缴纳房产税。

（4）纳税人购置新建商品房，自房屋交付使用之次月起，缴纳房产税。

（5）纳税人购置存量房，自办理房屋权属转移、变更登记手续，房地产权属登记机关签发房屋权属证书之次月起，缴纳房产税。

（6）纳税人出租、出借房产，自交付出租、出借本企业房产之次月起，缴纳房产税。

（7）房地产开发企业自用、出租、出借本企业建造的商品房，自房屋使用或交付之次月起，缴纳房产税。

（8）纳税人因房产的实物或权利状态发生变化而依法终止房产税纳税义务的，其应纳税款的计算截至房产的实物或权利状态发生变化的当月末。

2. 纳税地点

房产税在房产所在地缴纳。房产不在同一地方的纳税人，应按房产的坐落地点分别向房产所在地的税务机关申报纳税。

3. 纳税期限

房产税实行按年计算、分期缴纳的征收方法，具体纳税期限由省、自治区、直辖市人民政府确定。

4. 税收优惠

（1）国家机关、人民团体、军队自用的房产免征房产税。但上述免税单位的出租房产以及非自身业务使用的生产、营业用房，不属于免税范围。

（2）由国家财政部门拨付事业经费（全额或差额）的单位所有的、本身业务范围内使用的房产免征房产税；单位所属的附属工厂、商店、招待所等不属于单位公务、业务的用房，应照章纳税。

由国家财政部门拨付事业经费的单位，其经费来源实行自收自支后，从事业单位实行自收自支的年度起，免征房产税 3 年。

（3）宗教寺庙、公园、名胜古迹自用的房产免征房产税。宗教寺庙、公园、名胜古迹附设的营业单位所使用的房产及出租的房产，不属于免税范围，应照章征税。

（4）个人所有非营业用的房产免征房产税。对个人拥有的营业用房或者出租的房产，不属于免税房产，应照章征税。

（5）经财政部批准免税的其他房产：

① 毁损不堪居住的房屋和危险房屋，经有关部门鉴定，在停止使用后，可免征房产税。

② 纳税人因房屋大修导致连续停用半年以上的，在房屋大修期间免征房产税，免征税额由纳税人在申报缴纳房产税时自行计算扣除，并在申报表附表或备注栏中作相应说明。

③ 在基建工地为基建工地服务的各种工棚、材料棚、休息棚和办公室、食堂、茶炉房、汽车房等临时性房屋，施工期间一律免征房产税。但工程结束后，施工企业将这种临时性房屋交还或估价转让给基建单位的，应从基建单位接收的次月起，照章纳税。

（6）对高校学生公寓免征房产税。

（7）对非营利性医疗机构、疾病控制机构和妇幼保健机构等卫生机构自用的房产，免征房产税。

（8）老年服务机构自用的房产免征房产税。老年服务机构是指专门为老年人提供生活照料、文化、护理、健身等多方面服务的福利性、非营利性的机构。

（9）对公共租赁住房免征房产税。公共租赁住房经营单位应单独核算公共租赁住房租金收入，未单独核算的，不得享受免征房产税优惠政策。

对廉租住房经营管理单位按照政府规定价格、向规定保障对象出租廉租住房的租金收入，免征房产税。

对个人出租住房，不区分用途，按 4% 的税率征收房产税；对企事业单位、社会团体以及其他组织按市场价格向个人出租用于居住的住房，减按 4% 的税率征收房产税。

（10）国家机关、军队、人民团体、财政补助事业单位、居民委员会、村民委员会拥有的体育场馆，用于体育活动的房产，免征房产税。经费自理事业单位、体育社会团体、体育基金会、体育类民办非企业单位拥有并运营管理的体育场馆，符合相关条件的，其用于体育活动的房产，免征房产税。企业拥有并运营管理的大型体育场馆，其用于体育活动的房产，减半征收房产税。

享受上述税收优惠体育场馆的运动场地，用于体育活动的天数不得低于全年自然天数的 70%。

（11）自 2019 年 1 月 1 日至 2021 年 12 月 31 日，对专门经营农产品的农产品批发市场、农贸市场使用（包括自有和承租，下同）的房产、土地，暂免征收房产税。对同时经营其他产品的农产品批发市场和农贸市场使用的房产、土地，按其他产品与农产品交易场地面积的比例确定征免房产税。

（12）自 2019 年 1 月 1 日至 2021 年 12 月 31 日，对国家级、省级科技企业孵化器，大学科技园和国家备案众创空间自用以及无偿或通过出租等方式提供给在孵对象使用的房产、土地，免征房产税。

（二）申报纳税

产权所有人、经营管理单位、承典人、房产代管人或者使用人，依照税收法律、法规、规章及其他有关规定，在规定的纳税期限内，填报《城镇土地使用税 房产税纳税申报表》等相关资料向税务机关进行纳税申报。

1. 报送资料

纳税人申报纳税时应报送资料如表 9-4 所示。

表9-4　报送资料

材料名称		数量	备注
《城镇土地使用税 房产税纳税申报表》（见表9-5）		2份	
以下为条件报送资料			
首次申报或税源信息发生变化时，应提供相关材料	《城镇土地使用税 房产税税源明细表》	2份	
	不动产权证或购地合同、发票等证明土地使用权属的材料原件及复印件	1份	
存在减免税情形的，还应提供相关材料	《城镇土地使用税 房产税减免税明细申报表》	1份	

2. 申报纳税实例

引用【例题9-18·核算题】资料。

解析：盛大机械有限公司2019年第一季度房产税的纳税申报见表9-5。

经营用房产全年应缴纳的房产税税额＝3 080×（1－30%）×1.2%＝25.872（万元）

出租房产全年应缴纳的房产税税额＝560×12%＝67.2（万元）

每季缴纳房产税税额＝（25.872＋67.2）÷4＝23.268（万元）

表9-5　城镇土地使用税 房产税纳税申报表

税款所属期：自2019年1月1日至2019年3月31日

纳税人识别号（统一社会信用代码）：3 2 0 4 6 6 7 8 9 0 1 2 4 5 9 9 0 3

纳税人名称：　盛大机械有限公司　　　　　　　　　金额单位：人民币元

面积单位：平方米

一、城镇土地使用税												
本期是否适用增值税小规模纳税人减征政策（减免性质代码10049901）		□是 ☑否	本期适用增值税小规模纳税人减征政策起始时间			年　月		减征比例（%）				
			本期适用增值税小规模纳税人减征政策终止时间			年　月						
序号	土地编号	宗地号	土地等级	税额标准	土地总面积	所属期起	所属期止	本期应纳税额	本期减免税额	本期增值税小规模纳税人减征额	本期已缴税额	本期应补（退）税额
1	*											
2	*											
3	*											
合计	*	*	*	*		*	*					
二、房产税												
本期是否适用增值税小规模纳税人减征政策（减免性质代码08049901）		□是 □否	本期适用增值税小规模纳税人减征政策起始时间			年　月		减征比例（%）				
			本期适用增值税小规模纳税人减征政策终止时间			年　月						

续　表

（一）从价计征房产税											
序号	房产编号	房产原值	其中：出租房产原值	计税比例	税率	所属期起	所属期止	本期应纳税额	本期减免税额	本期增值税小规模纳税人减征额	本期已缴税额	本期应补（退）税额
1	*	30 800 000		70%	1.2%	2019.1.1	2019.3.31	64 680				64 680
2	*											
3	*											
合计	*	*	*	*	*	*	*	64 680				64 680

（二）从租计征房产税							
序号	本期申报租金收入	税率	本期应纳税额	本期减免税额	本期增值税小规模纳税人减征额	本期已缴税额	本期应补（退）税额
1	1 400 000	12%	168 000				168 000
2							
3							
合计	*	*					168 000

声明：此表是根据国家税收法律法规及相关规定填写的，本人（单位）对填报内容（及附带资料）的真实性、可靠性、完整性负责。

纳税人（签章）：　　　　年 月 日

经办人： 经办人身份证号： 代理机构签章： 代理机构统一社会信用代码：	受理人： 受理税务机关（章）： 受理日期：　年 月 日

课后习题

一、单项选择题

1. 根据城镇土地使用税法律制度的规定，下列各项中，不属于城镇土地使用税计税依据的确定方法的是（　　）。

A. 省级人民政府确定的单位组织测定土地面积为准

B. 尚未组织测定，以政府部门核发的土地使用证书确定的土地面积为准

C. 尚未核发土地使用证书的，可以暂不缴纳土地使用税，待核发土地使用证书后再缴纳

D. 尚未核发土地使用证书的，由纳税人据实申报土地面积，待核发土地使用证书后再作调整

2. 下列各项中，应缴纳城镇土地使用税的是（　　）。

A. 军队用于出租的土地

B. 寺庙内宗教人员的宿舍用地

C. 财政拨付事业经费单位的员工食堂用地

D. 市人民政府办公用地

3. 城镇土地使用税采用的税率形式是（　　）。

A. 全省统一的定额税率

B. 各纳税区域统一的比例税率

C. 规定幅度税额的定额税率

D. 规定幅度税额的比例税率

4. 根据城镇土地使用税法律制度的规定，下列城市用地中，不属于免税项目的是（　　）。

A. 公园自用土地　　　B. 广场公共用地

C. 军队出租用地　　　D. 机场飞行区用地

5. 根据房产税法律制度的规定，下列关于房产税纳税义务发生时间的表述中，正确的是（　　）。

A. 纳税人购置存量房，自支付购买价款之次月起，缴纳房产税

B. 纳税人将原有房产用于生产经营，从生产经营之月起，缴纳房产税

C. 纳税人出租、出借房产，自交付出租、出借本企业房产之月起，缴纳房产税

D. 房地产开发企业自用、出租、出借本企业建造的商品房，自房屋使用或交付之月起，缴纳房产税

6. 下列关于房产税的说法，表述不正确的是（　　）。

A. 房地产开发企业建造的商品房，在出售前，一般不征收房产税

B. 纳税单位无租使用免税单位的房产，应由使用人代为缴纳房产税

C. 居民住宅区内业主共有的经营性房产，由实际经营（包括自营和出租）的代管人或使用人缴纳房产税

D. 产权所有人、承典人不在房产所在地的，免交房产税

7. 甲企业以房产进行投资联营，共担风险，并参与被投资企业的利润分红，则房产税的计税依据为（　　）。

A. 取得的分红　　　B. 房产市值

C. 房产原值　　　　D. 房产余值

8. 根据房产税法律制度的规定，下列各项中，需缴纳房产税的是（　　）。

A. 行政机关所属的招待所使用的房产

B. 某森林公园用于公共游览参观的建筑

C. 施工期间施工企业在基建工地搭建的临时办公用房

D. 邮政部门坐落在城市、县城、建制镇、工矿区以外的房产

9. 根据房产税法律制度的规定，下列关于房产税征收管理的表述中，不正确的是（　　）。

A. 纳税人委托施工企业建设的房屋，从办理验收手续之次月起，缴纳房产税

B. 纳税人自行新建房屋用于生产经营，从建成之次月起，缴纳房产税

C. 纳税人购置新建商品房，自房屋交付使用之次月起，缴纳房产税

D. 纳税人将原有房产用于生产经营，从生产经营之次月起，缴纳房产税

10. 根据房产税法律制度的规定，下列各项中，不予免征房产税的是（　　）。

A. 农产品批发市场附设的饮食部

B. 名胜古迹管理单位自用的办公用房

C. 老年服务机构自用的房产

D. 公共租赁住房

二、多项选择题

1. 根据城镇土地使用税法律制度的相关规定，下列各项中属于城镇土地使用税的征收范围有（　　）。

A. 集体所有的建制镇土地

B. 集体所有的城市土地

C. 集体所有的农村土地

D. 国家所有的工矿区土地

2. 下列关于城镇土地使用税的说法中正确的有（　　）。

A. 城镇土地使用税以建筑面积为计税依据，而不以使用面积为计税依据

B. 国家机关自用的土地免征城镇土地使用税

C. 公园、名胜古迹内的索道公司经营用地，免征城镇土地使用税

D. 纳税人占用耕地，已缴纳了耕地占用税的，从批准征用之日起满1年后征收城镇土地使用税

3. 根据城镇土地使用税法律制度的规定，下列说法正确的有（　　）。

A. 城镇土地使用税采用固定税额

B. 非农业正式户口人数在50万以上的为大城市

C. 城镇土地使用税每个幅度税额的差距为25倍

D. 各省级人民政府在法定税额幅度内确定所辖地区的适用税额幅度

4. 根据城镇土地使用税的有关规定，下列表述正确的有（　　）。

A. 城镇土地使用税由拥有土地使用权的单位或个人缴纳

B. 土地使用权未确定或权属纠纷未解决的，由双方到税务机关协商确定

C. 土地使用权共有的，由共有各方分别纳税

D. 对外商投资企业和外国企业暂不征收城镇土地使用税

5. 根据城镇土地使用税法律制度的规定，下列各项中，免征城镇土地使用税的有（　　）。

A. 直接用于农、林、牧、渔业的生产用地

B. 市政街道、广场、绿化地带等公共用地

C. 名胜古迹自用的土地

D. 国家机关、人民团体、军队自用的土地

6. 下列关于房产税的说法中错误的有（　　）。

A. 房产税的征税范围为城市、县城、建制镇、农村和工矿区的房屋

B. 给排水管道、电梯、暖气设备、中央空调属于以房屋为载体不可移动的附属设施，应计入房屋原值，计征房产税

C. 从价计征的房产税，以房产原值为计税依据

D. 房产税在房产所在地缴纳

7. 根据房产税法律制度的规定，下列各项不属于房产税征税对象的有（　　）。

A. 工厂围墙　　　　B. 宾馆的室外游泳池

C. 水塔　　　　　　D. 企业职工宿舍

8. 根据《房产税暂行条例》的规定，下列关于房产税纳税人的表述中，正确的有（　　）。

A. 房产产权出典的，出典人为房产税的纳税人

B. 房产产权属于个人所有的，个人为房产税的纳税人

C. 房产产权属于集体所有的，集体单位为房产税的纳税人

D. 房产产权属于国家所有的，其经营管理单位为房产税的纳税人

9. 根据房产税法律制度的规定，下列各项中，属于房产税征税范围的有（　　）。

A. 市区酒店的室外游泳池

B. 农村的村民住宅

C. 工矿区企业的厂房

D. 县政府的办公楼

10. 根据《房产税暂行条例》的规定，下列各项中，不符合房产税纳税义务发生时间规定的有（　　）。

A. 纳税人将原有房产用于生产经营，从生产经营之次月起，缴纳房产税

B. 纳税人自行新建房屋用于生产经营，从建成之次月起，缴纳房产税

C. 纳税人委托施工企业建设的房屋，从办理验收手续之月起，缴纳房产税

D. 纳税人购置新建商品房，自房屋交付使用之次月起，缴纳房产税

三、判断题

1. 根据规定，以出让或转让方式有偿取得土地使用权的，应由受让方从合同约定交付土地时间的当月起缴纳城镇土地使用税；合同未约定交付土地时间的，由受让方从合同签订的次月起缴纳城镇土地使用税。（　　）

2. 外商投资企业和外国企业用地不征收城镇土地使用税。（　　）

3. 公园内的索道公司经营用地，不缴纳城镇土地使用税。（　　）

4. 对个人出租住房，不区分用途，按4%的税率征收房产税。（　　）

5. 根据规定，我国现行房产税采用比例税率和定额税率两种形式。（　　）

四、计算题

1. 某企业某年初实际占地面积为2 000平方米，当年4月底该企业为扩大生产，根据有关部门的批准，新征用非耕地3 000平方米。该企业所处地段适用年税额5元/平方米。要求计算该企业当年应缴纳城镇土地使用税。

2. 某火电厂总共占地面积 80 万平方米，其中围墙内占地 40 万平方米，围墙外灰场占地面积 3 万平方米，厂区及办公楼占地面积 37 万平方米，已知该火电厂所在地适用的城镇土地使用税为每平方米年税额 1.5 元。要求计算该火电厂该年应缴纳的城镇土地使用税。

3. 某企业某年度生产经营用房原值 12 000 万元；幼儿园用房原值 400 万元；出租房屋原值 600 万元，年租金 80 万元。已知房产原值减除比例为 30%；房产税税率从价计征的为 1.2%，从租计征的为 12%，要求计算该企业当年应缴纳房产税。

4. 何某在市区拥有三套房产，一套自住，房产原值 100 万；一套按照市场价格出租给李某居住，房产原值 60 万元，每月租金 5 000 元；还有一套出租给甲公司办公使用，房产原值 150 万元，每月租金 15 000 元；上述租赁房产的期限均为 2019 年全年。当地规定的房产税扣除比例为 30%。要求计算何某 2019 年应缴纳的房产税。

项目十
契税和土地增值税纳税实务

学习目标

知识目标：

- 理解并能阐述契税、土地增值税的税制要素。
- 掌握契税、土地增值税的计算方法。
- 掌握契税、土地增值税的会计核算方法。
- 掌握契税、土地增值税纳税申报表的填写方法。

能力目标：

- 独立填写契税、土地增值税纳税申报表。
- 能解释契税、土地增值税纳税申报表各项目。

项目关键词

- 权属承受人缴税　一次性计税　土地增值额　超率累进税率

任务一　契税纳税实务

一、契税的概念

契税，是指国家在土地、房屋权属转移时，按照当事人双方签订的合同（契约），以及所确定价格的一定比例，向"权属承受人"征收的一种税。

二、契税的纳税人与征税范围

（一）纳税人

契税的纳税人，是指在我国境内承受土地、房屋权属转移的单位和个人。

契税由权属的承受人缴纳。这里所说的"承受"，是指以受让、购买、受赠、交换等方式取得土地、房屋权属的行为。单位，是指企业单位、事业单位、国家机关、军事单位和社会团体以及其他组织；个人，是指个体经营者和其他个人。

（二）征税范围

契税以在我国境内转移土地、房屋权属的行为作为征税对象。契税的征税范围主要包括：

（1）国有土地使用权出让。国有土地使用权出让，是指土地使用者向国家交付土地使用权出让费用，国家将国有土地使用权在一定年限内让与土地使用者的行为。出让费用包括土地出让金等。

（2）国有土地使用权转让。国有土地使用权转让，是指土地使用者以出售、赠与、交换等方式将土地使用权转移给其他单位和个人的行为。土地使用权的转让不包括农村集体土地承包经营权的转移。

（3）房屋买卖。房屋买卖，是指房屋所有者将其房屋出售，由房屋承受者交付货币、实物等经济利益的行为。

（4）房屋赠与。房屋赠与，是指房屋所有者将其房屋无偿转让给受赠者的行为。

（5）房屋交换。房屋交换，是指房屋所有者之间相互交换房屋的行为。

（6）以土地、房屋权属抵债。

（7）以土地、房屋权属作价投资、入股。

（8）以获奖方式承受土地、房屋权属。

（9）以预购方式或者预付集资建房款方式承受土地、房屋权属。

（10）买房拆料或翻建新房。

土地、房屋的典当、继承、分拆（分割）、抵押以及出租等行为，不属于契税的征税范围。

【例题10-1·单选题】根据契税法律制度的规定，下列各项中，不属于契税纳税人的是（　　）。

A. 出售房屋的个人　　　　　　　　　B. 受赠土地使用权的企业

C. 购买房屋的个人　　　　　　　　　D. 受让土地使用权的企业

正确答案：A

答案解析：本题考核契税纳税人范围。在我国境内"承受"土地、房屋权属转移的单位和个人，为契税的纳税人。

【例题 10-2·多选题】下列各项中，应当征收契税的有（　　）。

A. 以房产抵债　　　　B.将房产赠予他人　　　C.以房产作投资　　　D.子女继承父母房产

正确答案：ABC

答案解析：选项 D，子女继承父母房产属于法定继承，不需要征收契税。

三、契税税率

契税采用比例税率，实行 3%～5% 的幅度税率，具体执行税率由各省（自治区、直辖市）政府在幅度内确定。

对个人购买家庭唯一住房（家庭成员范围包括购房人、配偶以及未成年子女，下同），面积为 90 平方米及以下的，减按 1% 的税率征收契税；面积为 90 平方米以上的，减按 1.5% 的税率征收契税。

对个人购买家庭第二套改善性住房，面积为 90 平方米及以下的，减按 1% 的税率征收契税；面积为 90 平方米以上的，减按 2% 的税率征收契税。

四、契税应纳税额的计算

（一）计税依据

按照土地、房屋权属转移的形式、定价方式的不同，契税的计税依据确定如卜。

（1）国有土地使用权出让、土地使用权出售、房屋买卖，以成交价格作为计税依据。

成交价格，指土地、房屋权属转移合同确定的价格，包括承受者应交付的货币、实物、无形资产或者其他经济利益，不含增值税。

（2）土地使用权赠予、房屋赠予，由征收机关参照土地使用权出售、房屋买卖的市场价格核定。

（3）土地使用权交换、房屋交换，为所交换的土地使用权、房屋的价格的差额。

计税依据只考虑价格的差额。交换价格不相等的，由多交付货币、实物、无形资产或其他经济利益的一方缴纳契税；交换价格相等的，免征契税。

（4）以划拨方式取得土地使用权，经批准转让时，由房地产转让者补缴契税，计税依据为补缴的土地使用权出让费或者土地收益。

（5）房屋附属设施征收契税的依据：

① 采取分期付款方式购买房屋附属设施土地使用权、房屋所有权的，按合同规定的总价款计征；

② 承受的房屋附属设施权属如为单独计价的，按照当地确定的适用税率征收契税；如与房屋统一计价的，适用与房屋相同的契税税率。

为了防止纳税人隐瞒、虚报成交价格以偷、逃税款，对成交价格明显低于市场价格且无正当理由的，或所交换的土地使用权、房屋价格的差额明显不合理且无正当理由的，征收机关参照市场价格核定计税依据。

【例题 10-3·多选题】下列关于契税计税依据的表述中，正确的有（　　）。

A. 购买的房屋以成交价格作为计税依据

B. 接受赠予的房屋参照市场价格核定计税依据

C. 采取分期付款方式购买的房屋参照市场价格核定计税依据

D. 转让以划拨方式取得的土地使用权以补交的土地使用权出让金作为计税依据

正确答案：ABD

答案解析：选项 C，采取分期付款方式购买房屋附属设施土地使用权、房屋所有权的，应按合同规定的总价款计征契税。

（二）应纳税额的计算

契税应纳税额的计算公式为：

$$应纳税额＝计税依据 × 适用税率$$

【例题 10-4·单选题】甲企业 2019 年 9 月因无力偿还乙企业已到期的债务 3 000 万元，经双方协商甲企业同意以自有房产偿还债务，该房产的原值为 5 000 万元，净值为 2 000 万元，评估现值为 9 000 万元，乙企业支付差价款 6 000 万元，双方办理了产权过户手续，则乙企业计缴契税的计税依据是（　　）万元。

A. 5 000 　　　　　B. 6 000 　　　　　C. 9 000 　　　　　D. 2 000

正确答案：C

答案解析：以房产抵偿债务，按照房屋折价款作为计税依据缴纳契税，本题中的折价款为 9 000 万元。

【例题 10-5·单选题】居民甲某共有三套房产，2019 年将第一套市价为 80 万元的房产与乙某交换，并支付给乙某 15 万元；将第二套市价为 60 万元的房产折价给丙某抵偿了 50 万元的债务；将第三套市价为 30 万元的房产作股投入本人独资经营的企业。若当地确定的契税税率为 3%，甲某应缴纳契税（　　）万元。

A. 0.45 　　　　　B. 1.95 　　　　　C. 2.25 　　　　　D. 2.85

正确答案：A

答案解析：以自有房产作股投入本人独资经营企业，免纳契税。土地使用权交换、房屋交换，支付补价的一方纳税。契税＝15×3%＝0.45（万元）

五、契税的会计核算

（一）会计账户的设置

纳税人取得土地、房屋权属按规定缴纳的契税，由于是一次性计税，不存在与税务机关结算或清算的问题，以不通过"应交税费"账户核算。企业因取得土地使用权权属而缴纳的契税，应计入"无形资产"账户，因取得房屋产权权属而缴纳的契税，应计入"固定资产"账户。

（二）会计核算

纳税人按规定计算并缴纳契税时，借记"无形资产""固定资产""管理费用"等账户，贷记"银行存款"账户。

【例题10-6·核算题】某企业2019年6月1日以协议方式取得一地块的土地使用权，支付土地出让金5 000万元，拆迁补偿费1 300万元，当地契税税率为3%。款项均以银行存款支付。计算该企业应缴纳的契税税额，并做出会计处理。

答案解析： 应缴纳的契税税额＝（5 000＋1 300）×3%＝189（万元）

该企业应做如下会计处理：

借：无形资产 189

　　贷：银行存款 189

【例题10-7·核算题】甲企业将其拥有的仓库8间与乙企业拥有的一幢厂房相交换，另外，甲企业补付现金600 000元，契税税率为3%。计算甲企业应缴纳的契税税额，并做出会计处理。

答案解析： 应缴纳的契税税额＝600 000×3%＝18 000（元）

该企业应做如下会计处理：

借：固定资产 18 000

　　贷：银行存款 18 000

六、契税的纳税申报

（一）征收管理

1. 纳税义务发生时间

根据《中华人民共和国契税暂行条例》第八条规定，契税的纳税义务发生时间为纳税人签订土地、房屋权属转移合同的当天，或者纳税人取得其他具有土地、房屋权属转移合同性质凭证的当天。

2. 纳税期限

纳税人应当自纳税义务发生之日起10日内，向土地、房屋所在地的契税征收机关办理纳税申报，并在契税征收机关核定的期限内缴纳税款。

3. 纳税地点

契税实行属地征收管理，纳税人发生契税纳税义务时，应在土地、房屋所在地的征收机关缴纳。

4. 税收优惠

（1）国家机关、事业单位、社会团体、军事单位承受土地、房屋用于办公、教学、医疗、科研和军事设施的，免征契税。

（2）城镇职工按规定第一次购买公有住房，免征契税。

（3）因不可抗力灭失住房而重新购买住房的，酌情减免。

（4）土地、房屋被县级以上人民政府征用、占用后，重新承受土地、房屋权属的，由省级人民政府确定是否减免。

（5）承受荒山、荒沟、荒丘、荒滩土地使用权，并用于农、林、牧、渔业生产的，免征契税。

（6）经外交部确认，依照我国有关法律规定以及我国缔结或参加的双边和多边条约或协定，应当予以免税的外国驻华使馆、领事馆、联合国驻华机构及其外交代表、领事官员和其他外交人员承受土地、房屋权属，免征契税。

（7）公租房经营单位购买住房作为公租房的，免征契税。

【例题 10-8·单选题】下列行为中，应当缴纳契税的是（　　）。

A. 个人以自有房产投入本人独资经营的企业

B. 企业将自有房产与另一企业的房产等价交换

C. 公租房经营企业购买住房作为公租房

D. 企业以自有房产投资于另一企业并取得相应的股权

正确答案：D

答案解析：选项 A，以自有房产作股投入本人独资经营的企业，免纳契税；选项 B，等价交换房屋、土地权属的，免征契税；选项 C，公租房经营单位购买住房作为公租房的，免征契税。

【例题 10-9·多选题】以下选项中获取的房屋权属中，可以免征契税的有（　　）。

A. 农村集体土地承包经营权的转移　　　　B. 以实物交换取得的房屋

C. 全资公司的母公司划转的房屋　　　　　D. 债权人承受破产企业抵偿债务的房屋

正确答案：CD

答案解析：选项 CD，同一投资主体内部所属企业之间土地、房屋权属的划转，债权人承受破产企业抵偿债务的房屋均属于契税优惠的特殊规定，免征契税。

（二）申报纳税

在中华人民共和国境内转移土地、房屋权属，承受的单位和个人填报《契税纳税申报表》及相关资料，向土地、房屋所在地税务机关办理契税申报。

1. 报送资料

纳税人申报纳税时应报送资料如表 10-1 所示。

表 10-1　报送资料

序号	材料名称	数量	备注
1	《契税纳税申报表》（见表 10-2）	2 份	
2	不动产权属转移合同原件及复印件	1 份	原件查验后退回
3	发票原件及复印件	1 份	原件查验后退回
4	经办人身份证件原件	1 份	原件查验后退回
有以下情形的，还应提供相应材料			
享受契税优惠	减免契税证明材料原件及复印件	1 份	原件查验后退回
根据人民法院、仲裁委员会的生效法律文书发生土地、房屋权属转移，纳税人不能取得销售不动产发票	人民法院、仲裁委员会的生效法律文书及人民法院执行裁定书等资料原件及复印件	1 份	原件查验后退回

2. 申报纳税实例

联盛房地产有限公司（纳税人识别号 32046588124908××××，公司法定代表人方××，身份证号 33021119670513××××）主要从事房地产开发等业务。经当地政府部门批准，2019 年 6 月 5 日，联盛房地产开发公司与当地自然资源和规划局办妥相关手续，于 6 月 17 日取得了高新区 04 号商业用地使用权并取得土地使用证。此处土地面积为 6 000 平方米，支付土地出让金 7 320 万元，当地契税税率为 3%。款项均以银行存款支付。

要求计算该公司应纳的契税，并填写《契税纳税申报表》。

答案解析：应缴纳的契税税额 ＝ 73 200 000×3% ＝ 2 196 000（元）

填写《契税纳税申报表》（见表 10-2）。

任务二　土地增值税纳税实务

一、土地增值税的概念

土地增值税是以纳税人转让国有土地使用权、地上建筑物及其附着物所取得的增值额为征税对象，依照规定税率征收的一种税。

二、土地增值税纳税人与征税范围

（一）纳税人

土地增值税的纳税人是指转让国有土地使用权、地上的建筑及其附着物（以下简称转让房地产）并取得收入的单位和个人。单位包括各类企业单位、事业单位、国家机关和社会团体及

表 10-2　契税纳税申报表

填表日期：2019 年 6 月 25 日
纳税人识别号：3204658124908××××

金额单位：人民币元；　面积单位：平方米

		名　称	联盛房地产有限公司	所属行业	☑单位　□个人 房地产
承受方信息		登记注册类型	有限责任公司	身份证件号码	33021119670513××××
		身份证件类型	身份证☑ 护照□ 其他□		
		联系人	×××	联系方式	×××
转让方信息		名　称	自然资源和规划管理局		☑单位　□个人
		纳税人识别号		登记注册类型	所属行业
		身份证件类型		身份证件号码	联系方式
土地房屋权属转移信息		合同签订日期	2019 年 6 月 5 日	土地房屋坐落地址	高新区 04 号	权属转移对象
		权属转移方式	出让	用途	建房	家庭唯一普通住房	□90 平方米以上 □90 平方米及以下
		权属转移面积	6 000	成交价格	73 200 000	成交单价	12 200
		评估价格		计税价格	73 200 000	税率	3%
税款征收信息		计征税额	2 196 000	减免性质代码	0	减免税额	应纳税额 2 196 000

以下由纳税人填写：

纳税人声明	此纳税申报表是根据《中华人民共和国契税暂行条例》和国家有关税收规定填报的，是真实的、可靠的、完整的。	
纳税人签章	代理人签章	代理人身份证号

以下由税务机关填写：

受理人	受理日期	受理税务机关签章
	年 月 日	

其他组织，个人包括个体经营者。此外，还包括外商投资企业、外国企业、外国驻华机构及海外华侨、港澳台同胞和外国公民。

（二）征税范围

土地增值税的征税范围可以分为基本征税范围与特殊征税范围。

1. 基本征税范围

土地增值税的基本征税范围具体规定如表 10-3 所示。

表 10-3　土地增值税基本征税范围

行为	是否征税
转让国有土地使用权	征收土地增值税
出让国有土地使用权	不征收土地增值税
转让非国有土地使用权	不征收土地增值税
转让地上建筑物和其他附着物的产权	征收土地增值税
以继承、赠予等方式无偿转让房地产	不征收土地增值税
出租房地产	不征收土地增值税
房地产的抵押（房地产的产权所有人、依法取得土地使用权的土地使用人作为债务人或第三人向债权人提供不动产作为清偿债务的担保而不转移权属的法律行为）	（1）抵押期间，不征收土地增值税 （2）抵押期满，债务人不能偿还债务，以房地产抵偿抵债的，征收土地增值税
房地产的交换	（1）除个人之间互换自有居住用房地产，征收土地增值税 （2）个人之间互换自有居住用房地产，经核实，可以免征土地增值税
合作建房（一方出地，另一方出资金合作建房）	（1）建成后按比例分房自用的，暂免征收土地增值税 （2）建成后转让的，征收土地增值税
房地产的代建行为（房地产开发公司代客户进行房地产的开发，开发完成后向客户收取代建收入的行为）	不征收土地增值税
房地产的重新评估	不征收土地增值税

注：

①所谓地上建筑物，是指建于土地上的一切建筑物，包括地上地下的各种附属设施，如厂房、仓库、地下室、围墙、烟囱、电梯、中央空调、管道等。所谓附着物是指附着于土地上、不能移动，一经移动即遭损坏的种植物、养植物及其他物品。

②不征收土地增值税的房地产赠予行为包括两种情况：一是房产所有人、土地使用权所有人将房屋产权、土地使用权赠予直系亲属或承担直接赡养义务人的行为；二是房产所有人、土地使用权所有人通过中国境内非营利的社会团体、国家机关将房屋产权、土地使用权赠予教育、民政和其他社会福利、公益事业的行为。

2. 特殊征税范围

（1）企业改制重组。

① 非公司制企业整体改建为有限责任公司或者股份有限公司，有限责任公司（股份有限公司）整体改建为股份有限公司（有限责任公司）。对改建前的企业将国有土地、房屋权属转移、变更到改建后的企业，暂不征收土地增值税。

② 两个或两个以上企业合并为一个企业，且原企业投资主体存续的，对原企业将国有土地、房屋权属转移、变更到合并后的企业，暂不征收土地增值税。

③ 企业分设为两个或两个以上与原企业投资主体相同的企业，对原企业将国有土地、房屋权属转移、变更到分立后的企业，暂不征收土地增值税。

④ 单位、个人在改制重组时以国有土地、房屋进行投资，对其将国有土地、房屋权属转移、变更到被投资的企业，暂不征收土地增值税。

上述改制重组有关土地增值税政策不适用于房地产开发企业。

（2）房地产开发企业将开发的部分房地产转为企业自用或出租等商业用途时，如果产权未发生转移，不征收土地增值税。

（3）土地使用者转让、抵押或置换土地，无论其是否取得了该土地的使用权属证书，无论其在转让、抵押或置换土地过程中是否与对方当事人办理了土地使用权属证书变更登记手续，只要土地使用者享有占有、使用、收益或处分该土地的权利，且有合同等证据表明其实质转让、抵押或置换了土地并取得了相应的经济利益，土地使用者及其对方当事人应当依照税法规定缴纳土地增值税。

【例题 10-10·单选题】下列情形中，应当计算缴纳土地增值税的是（　　）。

A. 工业企业向房地产开发企业转让国有土地使用权

B. 房产所有人通过希望工程基金会将房屋产权赠予西部教育事业

C. 甲企业出资金、乙企业出土地，双方合作建房，建成后按比例分房自用

D. 房地产开发企业代客户进行房地产开发，开发完成后向客户收取代建收入

正确答案：A

答案解析：选项 B，属于不征收土地增值税的房地产赠予行为；选项 C，对于一方出地、一方出资金，双方合作建房，建成后按比例分房自用的，暂免征收土地增值税；选项 D，房地产开发公司的代建房行为，不属于土地增值税的征税范围。

【例题 10-11·单选题】根据土地增值税法律制度的规定，下列行为中，应缴纳土地增值税的是（　　）。

A. 甲企业将自有厂房出租给乙企业

B. 丙企业转让国有土地使用权给戊企业

C. 某市政府出让国有土地使用权给丁房地产开发商

D. 戊软件开发公司将闲置房屋通过民政局捐赠给养老院

正确答案：B

答案解析：选项 A，甲企业将自有厂房出租给乙企业，厂房的所有权没有发生转移，不属于土地增值税的征税范围；选项 C，出让国有土地的行为不征收土地增值税；选项 D，将房屋通过民政局捐赠给养老院，不属于土地增值税的征税范围。

三、土地增值税税率

土地增值税实行四级超率累进税率：

（1）增值额未超过扣除项目金额 50% 的部分，税率为 30%。

（2）增值额超过扣除项目金额 50%、未超过扣除项目金额 100% 的部分，税率为 40%。

（3）增值额超过扣除项目金额 100%、未超过扣除项目金额 200% 的部分，税率为 50%。

（4）增值额超过扣除项目金额 200% 的部分，税率为 60%。

四级超率累进税率及速算扣除系数见表 10-4。

表 10-4　土地增值税四级超率累进税率及速算扣除系数

级数	增值额与扣除项目金额的比率	税率（%）	速算扣除系数（%）
1	不超过 50% 的部分	30	0
2	超过 50% 至 100% 的部分	40	5
3	超过 100% 至 200% 的部分	50	15
4	超过 200% 的部分	60	35

四、土地增值税应纳税额的计算

（一）计税依据的确定

土地增值税的计税依据是纳税人转让房地产所取得的增值额。土地增值额的计算公式为：

$$土地增值额＝转让房地产取得的收入－扣除项目金额$$

1. 应税收入

（1）纳税人转让房地产取得的收入，包括转让房地产取得的全部价款及有关的经济收益。从形式上看，包括货币收入、实物收入和其他收入。货币收入是指纳税人转让房地产取得的现金、银行存款、金融债券、股票等有价证券。实物收入是指纳税人转让房地产取得的各种实物形态的收入，如钢材、水泥、房屋、土地等。实物收入一般按公允价值确认应税收入。其他收入是指纳税人转让房地产取得的无形资产收入或具有财产价值的权利，如专利权、商标权、著作权等。无形资产一般按评估价确认应税收入。

（2）纳税人取得的收入为外国货币的，应当以取得收入当天或当月 1 日国家公布的市场汇价折合成人民币，据以计算土地增值税税额。当月以分期收款方式取得的外币收入，也应按实际收款日或收款当月 1 日国家公布的市场汇价折合成人民币。

（3）对于纳税人不报或有意低报转让土地使用权、地上建筑物及其附着物价款的，应由评估机构参照同类房地产的市场交易价格进行评估，税务机关根据评估价确认转让房地产的收入。转让房地产的成交价格低于评估价格又无正当理由的，应按评估的市场交易价格确定其实际成交价，作为转让房地产的收入。

（4）房地产开发企业将开发产品用于职工福利、奖励、对外投资、分配给股东或投资人、抵偿债务、换取其他单位和个人的非货币性资产等，发生所有权转移时应视同销售房地产，其收入按下列方法和顺序确认：一是按本企业在同一地区、同一年度销售的同类房地产的平均价格确定；二是由主管税务机关参照当地当年同类房地产的市场价格或评估价值确定。

2. 扣除项目及其金额

（1）新建房地产的扣除项目及其金额。新建房地产的扣除项目金额包括取得土地使用权所支付的金额，房地产开发成本，房地产开发费用，与转让房地产有关的税金以及财政部规定的其他扣除项目。

① 取得土地使用权所支付的金额。取得土地使用权所支付的金额包括取得土地使用权支付的地价款和缴纳的有关税费。

地价款的确定有三种方式：如果是以出让方式取得土地使用权的，地价款为纳税人支付的土地出让金；如果是以行政划拨方式取得土地使用权的，地价款为纳税人补交的土地出让金；如果以转让方式取得土地使用权的，地价款为原土地使用权人实际支付的地价款。

有关税费是指纳税人在取得土地使用权过程中缴纳的契税、登记、过户手续费等。

② 房地产开发成本。房地产开发成本是指纳税人开发房地产项目实际发生的成本，包括土地征用及拆迁补偿费、前期工程费、建筑安装工程费、基础设施费、公共配套设施费、开发间接费用等。

土地征用及拆迁补偿费，包括土地征用费、耕地占用税、劳动力安置费及有关地上、地下附着物拆迁补偿的净支出、安置动迁用房支出等。

前期工程费，包括规划、设计、项目可行性研究和"三通一平"等支出。

建筑安装工程费，是指以出包方式支付给承包单位的建筑安装工程费，以自营方式发生的建筑安装工程费。

基础设施费，包括开发小区内道路、供水、供电、供气、排污、排洪、通讯、照明、环卫、绿化等工程发生的支出。

公共配套设施费，包括不能有偿转让的开发小区内公共配套设施发生的支出。

开发间接费用，是指直接组织、管理开发项目发生的费用，包括工资、职工福利费、折旧费、修理费、办公费、水电费、劳动保护费、周转房摊销等。

③ 房地产开发费用。房地产开发费用是指与房地产开发项目有关的销售费用、管理费用、

财务费用。

开发费用在从转让收入中减除时，不是按实际发生额，而是按标准扣除，标准的选择取决于财务费用中的利息支出：

财务费用中的利息支出，能够按转让房地产项目计算分摊并提供金融机构证明的，允许据实扣除；其他房地产开发费用，按取得土地使用权支付的金额和房地产开发成本之和的 5% 以内计算扣除，即房地产开发费用 = 利息 +（取得土地使用权所支付的金额 + 开发成本）× 5% 以内。

财务费用中的利息支出，不能按转让房地产项目计算分摊利息支出或不能提供金融机构证明的，房地产开发费用按取得土地使用权支付的金额和房地产开发成本之和的 10% 以内计算扣除，即房地产开发费用 =（取得土地使用权所支付的金额 + 开发成本）× 10% 以内。

④ 与转让房地产有关的税金。与转让房地产有关的税金，是指在转让房地产时缴纳的城市维护建设税、印花税。因转让房地产缴纳的教育费附加，也视同税金予以扣除。

房地产开发企业按照《施工、房地产开发企业财务制度》的有关规定，其在转让房地产时缴纳的印花税列入管理费用，已相应予以扣除，故不允许单独再扣除。其他的纳税人允许扣除在转让时缴纳的印花税。

⑤ 财政部规定的其他扣除项目。对从事房地产开发的纳税人，可按规定加计扣除。加计扣除费用 =（取得土地使用权支付的金额 + 房地产开发成本）× 20%。

此项规定只适用于从事房地产开发的纳税人，其他纳税人不适用加计 20% 的扣除。

【例题 10-12·多选题】 根据土地增值税法律制度的规定，下列各项中，属于房地产开发企业在计算土地增值税时可以扣除的项目有（　　）。

A. 取得土地使用权所支付的金额　　　　B. 房地产开发成本

C. 与转让房地产有关的税金　　　　　　D. 财政部确定的其他扣除项目

正确答案： ABCD

答案解析： 本题考核新建项目的具体扣除项目。本题 ABCD 四项均可以扣除。

（2）旧房及建筑物的扣除项目及其金额。旧房及建筑物的扣除项目金额包括房屋及建筑物的评估价格，取得土地使用权所支付的地价款或出让金，国家统一规定缴纳的有关费用和转让环节缴纳的税金。

① 房屋及建筑物的评估价格。旧房及建筑物评估价格是指在转让已使用房屋及建筑物时，由政府批准设立的房地产评估机构评定的重置成本价乘以成新度折扣率后的价格，即评估价格 = 重置成本价 × 成新度折扣率。

重置成本价是指按转让时的建材价格及人工费用计算，建造同样面积、同样层次、同样结构、同样建设标准的新房及建筑物所需花费的成本费用。成新度折扣率是指按旧房的新旧程度作一定比例的折扣。

纳税人转让旧房及建筑物，凡不能取得评估价格，但能提供购房发票的，按发票金额并从购买年度起至转让年度止每年加计 5% 计算扣除。按购房发票所载日期起至售房发票开具之日止，每满 12 个月计一年；超过一年，未满 12 个月但超过 6 个月的，可以视为一年。

② 取得土地使用权所支付的地价款或出让金。取得土地使用权时未支付地价款或不能提供已支付的地价款凭据的，在计征土地增值税时不允许扣除。

③ 国家统一规定缴纳的有关费用和转让环节缴纳的税金。对纳税人购房时缴纳的契税，凡能提供契税完税凭证的，准予作为"与转让房地产有关的税金"予以扣除，但不作为前述每年加计 5% 的基数。

（二）应纳税额的计算

1. 应纳税额的计算公式

土地增值税按纳税人转让房地产所取得的增值额和规定的税率计算征收，一般采用速算扣除法，即土地增值税应纳税额＝增值额 × 税率－扣除项目金额 × 速算扣除系数。具体公式为：

（1）增值额未超过扣除项目金额 50%。

$$土地增值税应纳税额＝增值额 ×30\%$$

（2）增值额超过扣除项目金额 50%，未超过 100% 的。

$$土地增值税应纳税额＝增值额 ×40\%－扣除项目金额 ×5\%$$

（3）增值额超过扣除项目金额 100%，未超过 200% 的。

$$土地增值税应纳税额＝增值额 ×50\%－扣除项目金额 ×15\%$$

（4）增值额超过扣除项目金额 200%。

$$土地增值税应纳税额＝增值额 ×60\%－扣除项目金额 ×35\%$$

2. 应纳税额的计算步骤

土地增值税应纳税额的计算可以分为以下四步。

（1）计算增值额。

$$增值额＝房地产转让收入－扣除项目金额$$

（2）计算增值率。

$$增值率＝增值额 ÷ 扣除项目金额$$

（3）确定适用税率。

（4）计算应纳税额。

$$应纳税额＝增值额 × 税率－扣除项目金额 × 速算扣除系数$$

【例题 10-13·计算题】 2020 年某制造企业进行住宅商品房开发，按照国家有关规定补交土地出让金 3 124 万元，缴纳相关税费 176 万元；住宅开发成本 3 080 万元，房地产开发费用中的利息支出为 330 万元（不能提供金融机构证明）；当年住宅全部销售完毕，取得不含增值税销售收入共计 17 100 万元；缴纳城市维护建设税和教育费附加 445.5 万元；缴纳印花税 4.05

万元。已知：该公司所在省人民政府规定的房地产开发费用的计算扣除比例为 10%。计算该企业销售住宅的土地增值额。

答案解析：

（1）住宅销售收入为 17 100 万元。

（2）确定转让房地产的扣除项目金额：

① 取得土地使用权所支付的金额为：3 124+176 = 3 300（万元）

② 住宅开发成本为 3 080 万元。

③ 房地产开发费用为：（3 300+3 080）×10% = 638（万元）。

④ 与转让房地产有关的税金为：445.5+4.05 = 449.55（万元）。

⑤ 转让房地产的扣除项目金额为：3 300+3 080+638+449.55 = 7 467.55（万元）。

（3）计算转让房地产的增值额：17 100 − 7 467.55 = 9 632.45（万元）。

（4）计算增值额与扣除项目金额的比率：9 632.45÷7 467.55 ≈ 129%。

（5）计算应缴纳的土地增值税税额：9 632.45×50% − 7 467.55×15% = 3 696.0925（万元）。

【例题 10-14·计算题】 某公司 2020 年 3 月 1 日转让其位于市区的一栋办公楼，取得不含增值税销售收入 14 400 万元。2012 年建造该办公楼时，为取得土地使用权支付金额 3 600 万元，发生建造成本 4 800 万元。转让时经政府批准的房地产评估机构评估后，确定该办公楼的重置成本价为 9 600 万元，成新度折扣率为 60%，允许扣除相关税金及附加 813.6 万元。计算转让办公楼的土地增值额。

答案解析：

（1）该办公楼的评估价格 = 9 600×60% = 5 760（万元）。

（2）扣除项目金额合计数 = 5 760+3 600+813.6 = 10 173.6（万元）。

（3）增值额 = 14 400 − 10 173.6 = 4 226.4（万元）。

（4）增值额与扣除项目金额的比率 = 4 226.4÷10 173.6×100% = 41.54%。

（5）应缴纳的土地增值税 = 4 226.4×30% = 1 267.92（万元）。

五、土地增值税的会计核算

（一）会计账户的设置

企业在进行土地增值税的会计核算时，应当在"应交税费"账户下设"应交土地增值税"明细账户。此账户的贷方反映企业应缴纳的土地增值税，借方反映企业实际向税务机关缴纳的土地增值税，贷方余额，反映企业应缴而未缴的土地增值税。预缴土地增值税的企业，"应交税费——应交土地增值税"账户的借方余额包括预缴纳的土地增值税。

（二）会计核算

1. 房地产开发企业土地增值税的会计核算

企业取得房地产转让收入时，应借记"银行存款"账户，贷记"主营业务收入"账户；计提应交的土地增值税时，应借记"税金及附加"账户，贷记"应交税费——应交土地增值税"账户；实际缴纳税款时，应借记"应交税费——应交土地增值税"账户，贷记"银行存款"账户。

【例题 10-15·核算题】某房地产企业出售房产，取得转让房地产收入 7 200 万元，计算应缴纳的土地增值税为 865.8 万元，当期缴清税款。要求完成该房地产企业土地增值税的会计核算。

答案解析：

（1）计提应缴纳的土地增值税时：

借：税金及附加   8 658 000

    贷：应交税费——应交土地增值税   8 658 000

（2）缴纳土地增值税时：

借：应交税费——应交土地增值税   8 658 000

    贷：银行存款   8 658 000

2. 兼营房地产企业土地增值税的会计核算

非房地产企业将自建房产转让，属于其他业务。取得转让收入时，应借记"银行存款"账户，贷记"其他业务收入"账户；计提应交的土地增值税时，应借记"税金及附加"账户，贷记"应交税费——应交土地增值税"账户；实际缴纳税款时，应借记"应交税费——应交土地增值税"账户，贷记"银行存款"账户。

【例题 10-16·核算题】某非房地产企业，自建并出售办公楼，取得转让收入 7 200 万元，计算应缴纳的土地增值税为 864 万元，当期缴清税款。要求完成该非房地产企业土地增值税的会计核算。

答案解析：

（1）计提应缴纳的土地增值税时：

借：税金及附加   8 640 000

    贷：应交税费——应交土地增值税   8 640 000

（2）缴纳土地增值税时：

借：应交税费——应交土地增值税   8 640 000

    贷：银行存款   8 640 000

3. 企业转让旧房及建筑物土地增值税的会计核算

企业转让旧房及建筑物，在会计上属于固定资产清理。清理过程中发生的业务在"固定资产清理"账户核算。计提的土地增值税，借记"固定资产清理"账户，贷记"应交税费——应交土地增值税"账户；实际缴纳税款时，应借记"应交税费——应交土地增值税"账户，贷记"银行存款"账户。

【例题 10-17·核算题】某企业转让一幢旧房，该房产原值 1 000 万元，已提折旧 100 万元，售价 1 200 万元。计算并缴纳的土地增值税为 120.06 万元。要求完成该企业土地增值税的会计核算。

答案解析：

（1）计提应缴纳的土地增值税时：

借：固定资产清理　　　　　　　　　　　1 260 600

　　贷：应交税费——应交土地增值税　　　　　1 260 600

（2）缴纳土地增值税时：

借：应交税费——应交土地增值税　　　　1 260 600

　　贷：银行存款　　　　　　　　　　　　　1 260 600

六、土地增值税的税收优惠

（1）纳税人建造普通标准住宅出售，其增值率未超过 20% 的，予以免税；增值率超过 20% 的，应就其全部增值额按规定计税。

所谓普通标准住宅，是指按所在地一般民用住宅标准建造的居住用住宅。高级公寓、别墅、度假村等不属于普通标准住宅。

纳税人既建造普通标准住宅，又建造其他房地产开发的，应分别核算增值额。不分别核算增值额或不能准确核算增值额的，其建造的普通标准住宅不能适用这一免税规定。

（2）因国家建设需要而被政府征用、收回的房地产，免税。

（3）因城市实施规划、国家建设的需要而搬迁，由纳税人自行转让原房地产的，免征土地增值税。

（4）单位转让旧房作为公租房房源且增值率未超过 20% 的，予以免税。

（5）自 2008 年 11 月 1 日起，对个人转让住房暂免征收土地增值税。

七、土地增值税的纳税申报

（一）征收管理

1. 纳税义务发生时间

纳税人应自转让房地产合同签订之日起 7 日内向房地产所在地主管税务机关办理纳税申报，并在税务机关核定的期限内缴纳土地增值税。

2. 纳税地点

土地增值税的纳税人应向房地产所在地主管税务机关办理纳税申报。这里所说的"房地产所在地"，是指房地产的坐落地。纳税人转让的房地产坐落在两个或两个以上的地区的，应按房地产所在地分别申报纳税。

在实际工作中，纳税地点的确定又可分为以下两种情况。

（1）纳税人是法人的，当转让的房地产坐落地与机构所在地或经营所在地一致时，则向办理税务登记的原管辖税务机关申报纳税即可；如果转让的房地产坐落地与其机构所在地或经营所在地不一致时，则应向房地产坐落地所管辖的税务机关申报纳税。

（2）纳税人是自然人的，当转让的房地产坐落地与其居住地一致时，则向其居住地税务机关申报纳税；当转让的房地产坐落地与其居住地不一致时，则向办理过户手续所在地税务机关申报纳税。

3. 缴纳方式

纳税人在项目全部竣工结算前转让房地产取得的收入，由于涉及成本确定或其他原因，而无法据以计算土地增值税的，可以预征土地增值税，待该项目全部竣工、办理结算后再进行清算，多退少补。

（1）预缴。预缴是指在房地产项目销售或预售的过程中按照核定税率征收，各地税率略有不同。

（2）清算。

① 清算单位。土地增值税以国家有关部门审批的房地产开发项目为单位进行清算，对于分期开发的项目，以分期项目为单位清算。开发项目中同时包含普通住宅和非普通住宅的，应分别计算增值额。

② 清算条件。符合下列情形之一的，纳税人应进行土地增值税的清算。

情形一：开发项目全部竣工、完成销售的。

情形二：整体转让未竣工决算房地产开发项目的。

情形三：直接转让土地使用权的。

符合下列情形之一的，主管税务机关可要求纳税人进行土地增值税的清算。

情形一：已竣工验收的项目，已转让建筑面积占整个项目可售建筑面积的比例在85%以上，或该比例虽未超过85%，但剩余的可售建筑面积已经出租或自用的。

情形二：取得销售（预售）许可证满三年仍未销售完毕的。

情形三：纳税人申请注销税务登记但未办理土地增值税清算手续的。

情形四：省级税务机关规定的其他情况。

③ 清算后再转让房地产的处理。在土地增值税清算时未转让的房地产，清算后销售或有偿转让的，纳税人应按规定进行土地增值税的纳税申报，扣除项目金额按清算时的单位建筑面积成本费用乘以销售或转让面积计算。

单位建筑面积成本费用＝清算时的扣除项目总金额 ÷ 清算的总建筑面积

（二）申报纳税

1. 土地增值税预征申报

纳税人在项目全部竣工结算前转让房地产取得的收入，由于涉及成本确定或其他原因，而无法据以计算土地增值税的，按照各省税务机关规定的纳税期限，填报《土地增值税纳税申报表（一）（从事房地产开发的纳税人预征适用）》，向税务机关进行纳税申报缴纳土地增值税。

（1）报送资料。纳税人申报纳税时应报送资料如表10-5所示。

表 10-5　报送资料

材料名称	数量	备注
《土地增值税纳税申报表（一）（从事房地产开发的纳税人预征适用）》（见表10-6）	2 份	

（2）填写纳税申报表。某房地产企业开发了 A 花园一期项目和 A 花园二期项目。2019年 3 月，A 花园一期项目销售保障性住房 500 万元，销售普通标准住房 1 200 万元，销售非普通标准住房 2 000 万元，销售商铺 4 800 万元。已知该地区保障性住房预征率为 0；普通标准住房预征率为 2%；非普通标准住房及其他类型房地产预征率为 3%。假设以上预收款均为不含增值税的收入，该房地产企业按月预缴土地增值税。计算该企业应预缴的土地增值税，并填写《土地增值税纳税申报表（一）》（见表10-6）。

答案解析：

$$A 花园一期项目应预缴土地增值税 = 500 \times 0 + 1200 \times 2\% + 2000 \times 3\% + 4800 \times 3\%$$
$$= 228（万元）$$

表 10-6　土地增值税纳税申报表（一）

（从事房地产开发的纳税人预征适用）

税款所属时间：2019 年 3 月 1 日 至 2019 年 3 月 31 日　　　　　　填表日期：2019 年 4 月 10 日
项目名称：A 花园一期项目　　　　　项目编号：×××　金额单位：人民币元；面积单位：平方米
纳税人识别号：××××××××××××××××

房产类型	房产类型子目	收入				预征率（%）	应纳税额	税款缴纳	
		应税收入	货币收入	实物收入及其他收入	视同销售收入			本期已缴税额	本期应缴税额计算
	1	2=3+4+5	3	4	5	6	7=2×6	8	9=7-8
普通住宅		5 000 000	5 000 000			0	0	0	0
		12 000 000	12 000 000			2%	240 000	0	240 000
非普通住宅		20 000 000	20 000 000			3%	600 000	0	600 000
其他类型房地产		48 000 000	48 000 000			3%	1 440 000	0	1 440 000
合计	—	85 000 000	85 000 000			—	2 280 000		2 280 000
以下由纳税人填写：									
纳税人声明	此纳税申报表是根据《中华人民共和国土地增值税暂行条例》及其实施细则和国家有关税收规定填报的，是真实的、可靠的、完整的。								

纳税人签章		代理人签章		代理人身份证号	
以下由税务机关填写：					
受理人		受理日期	年 月 日	受理税务机关签章	

2. 土地增值税清算申报

纳税人在符合土地增值税清算条件后，依照土地增值税有关法律、法规、政策规定，计算应缴纳的土地增值税税额，并填写《土地增值税清算申报表》，向主管税务机关提供有关资料，办理土地增值税清算手续，结清应缴纳的土地增值税税款。

（1）报送资料。纳税人申报纳税时应报送资料如表10-7所示。

表 10-7　报送资料

序号	材料名称	数量	备注
1	《土地增值税纳税申报表（二）（从事房地产开发的纳税人清算适用）》	2份	进行土地增值税清算申报的查账征收的纳税人
2	《土地增值税纳税申报表（五）（从事房地产开发的纳税人清算方式为核定征收适用》	2份	进行土地增值税清算申报的核定征收的纳税人
3	《土地增值税纳税申报表（六）（纳税人整体转让在建工程适用）》	2份	整体转让在建工程的纳税人
4	土地增值税纳税申报表附表	2份	由各地根据本地实际情况制定
5	预售许可证等与转让房地产的收入、成本和费用有关资料原件及复印件	1份	原件查验后退回

（2）填写纳税申报表。进行土地增值税清算申报的查账征收的纳税人应填写《土地增值税纳税申报表（二）》（见表10-8）。

表 10-8　土地增值税纳税申报表（二）

（从事房地产开发的纳税人清算适用）

税款所属时间：　年 月 日至 年 月 日　填表日期：年 月 日　　金额单位：元至角分；面积单位：平方米

纳税人识别号：□□□□□□□□□□□□□□□□□□□□

纳税人名称		项目名称		项目编号		项目地址	
所属行业		登记注册类型		纳税人地址		邮政编码	
开户银行		银行账号		主管部门		电话	
总可售面积				自用和出租面积			
已售面积		其中：普通住宅已售面积		其中：非普通住宅已售面积		其中：其他类型房地产已售面积	

项 目	行次	金 额			合计
		普通住宅	非普通住宅	其他类型房地产	
一、转让房地产收入总额 1 = 2+3+4	1				
其中 货币收入	2				
实物收入及其他收入	3				
视同销售收入	4				
二、扣除项目金额合计 5 = 6+7+14+17+21	5				
1. 取得土地使用权所支付的金额	6				
2. 房地产开发成本 7 = 8+9+10+11+12+13	7				
其中 土地征用及拆迁补偿费	8				
前期工程费	9				
建筑安装工程费	10				
基础设施费	11				
公共配套设施费	12				
开发间接费用	13				
3. 房地产开发费用 14 = 15+16	14				
其中 利息支出	15				
其他房地产开发费用	16				
4. 与转让房地产有关的税金等 17 = 18+19+20	17				
其中 营业税	18				
城市维护建设税	19				
教育费附加	20				
5. 财政部规定的其他扣除项目	21				
6. 代收费用	22				
三、增值额 23 = 1 - 5	23				
四、增值额与扣除项目金额之比（％）24 = 23÷5	24				
五、适用税率（％）	25				
六、速算扣除系数（％）	26				
七、应缴土地增值税税额 27 = 23×25 - 5×26	27				
八、减免税额 28 = 30+32+34	28				
其中 减免税（1） 减免性质代码	29				
减免税额	30				
减免税（2） 减免性质代码	31				
减免税额	32				
减免税（3） 减免性质代码	33				
减免税额	34				
九、已缴土地增值税税额	35				
十、应补（退）土地增值税税额 36 = 27 - 28 - 35	36				

续　表

授权代理人	（如果你已委托代理申报人，请填写下列资料）为代理一切税务事宜，现授权 ____（地址）____ 为本纳税人的代理申报人，任何与本报表有关的来往文件都可寄与此人。 授权人签字：_____	纳税人声明	此纳税申报表是根据《中华人民共和国土地增值税暂行条例》及其实施细则的规定填报的，是真实的、可靠的、完整的。 声明人签字：_____	
纳税人公　章		法人代表签　章	经办人员（代理申报人）签章	备注
（以下部分由主管税务机关负责填写）				
主管税务机关收到日期		接收人	审核日期	税务审核人员签章
审核记录				主管税务机关盖章

课后习题

一、单项选择题

1. 根据税收法律制度的规定，下列各项中属于契税纳税人的是（　　）。
   A. 向养老院捐赠房产的李某
   B. 承租住房的刘某
   C. 购买商品房的张某
   D. 出售商铺的林某

2. 根据契税法律制度的规定，下列各项中，应征收契税的是（　　）。
   A. 法定继承人承受房屋权属
   B. 企业以行政划拨方式取得土地使用权
   C. 承包者获得农村集体土地承包经营权
   D. 运动员因成绩突出获得国家奖励的住房

3. 纳税人应当自契税纳税义务发生之日起一定期限内，向土地、房屋所在地的税收征收机关办理纳税申报，该期限是（　　）日。
   A. 5　　　B. 10　　　C. 7　　　D. 15

4. 根据土地增值税法律制度的规定，下列各项费用中，不属于纳税人取得土地使用权所支付的金额的是（　　）。

   A. 登记、过户手续费　B. 契税
   C. 地价款　　　　　D. 土地征用及拆迁补偿费

5. 根据税收法律制度的规定，下列各项中，属于超率累进税率的是（　　）。
   A. 资源税　　　　　B. 城镇土地使用税
   C. 印花税　　　　　D. 土地增值税

6. 根据我国《土地增值税暂行条例》的规定，我国现行的土地增值税适用的税率属于（　　）。
   A. 比例税率　　　　B. 超额累进税率
   C. 定额税率　　　　D. 超率累进税率

7. 2020 年某房地产开发企业进行普通标准住宅开发，已知支付的土地出让金及相关税费为 3 000 万元，住宅开发成本 2 800 万元，房地产开发费用中的利息支出为 300 万元（不能提供金融机构证明），销售过程中缴纳城市维护建设税和教育费附加 495 万元。已知：该企业所在省人民政府规定的房地产开发费用的计算扣除比例为 10%，房地产开发加计扣除比例为 20%。则该企业在计算应缴纳的土地增值税税额是，准予扣除的项目金额合计为（　　）万元。

A. 6 595　　B. 7 914　　C. 8 035　　D. 8 335

8. 下列关于土地增值税税收优惠的表述，不正确的是（　　）。

  A. 自 2008 年 11 月 1 日起，对居民个人转让住房一律免征土地增值税

  B. 企事业单位、社会团体及其他组织转让旧房作为廉租住房、经济适用住房房源的，免征土地增值税

  C. 因国家建设需要依法征用、收回的房地产，免征土地增值税

  D. 纳税人建造普通标准住宅出售，增值额未超过扣除项目金额 20% 的，予以免税，超过 20% 的，应按全部增值额缴纳土地增值税

9. 下列各项中，免征土地增值税的是（　　）。

  A. 纳税人建造普通标准住宅出售

  B. 国家因建设某省市之间高速公路而征用的土地

  C. 某合伙企业转让旧房作为廉租住房

  D. 居民转让自有的营业房产

10. 根据土地增值税法律制度的规定，下列各项中，需要缴纳土地增值税的是（　　）。

  A. 外国驻华机构购买土地使用权

  B. 某事业单位转让国有土地使用权

  C. 土地使用权的出让

  D. 土地使用权所有人将房屋产权赠与直系亲属

二、多项选择题

1. 根据契税法律制度的规定，下列关于契税征收管理的表述中，正确的有（　　）。

  A. 契税的纳税纳税义务发生时间是纳税人签订土地、房屋权属转移合同的当天

  B. 契税实行属地征收管理

  C. 纳税人发生契税纳税义务时，应向土地、房屋所在地的税务征收机关申报纳税

  D. 纳税人应当自纳税义务发生之日起 15 日内向税务机关办理纳税申报

2. 关于契税计税依据的下列表述中，符合法律制度规定的有（　　）。

  A. 受让国有土地使用权的，以成交价格为计税依据

  B. 受赠房屋的，由征收机关参照房屋买卖的市场价格规定计税依据

  C. 购入土地使用权的，以评估价格为计税依据

  D. 交换土地使用权的，以交换土地使用权的价格差额为计税依据

3. 根据契税法律制度的规定，下列各项中，属于契税征税范围的有（　　）。

  A. 房屋赠与　　　　B. 土地使用权转让

  C. 国有土地使用权出让　　D. 房屋继承

4. 根据契税法律制度的规定，下列各项中免征契税的有（　　）。

  A. 国家机关承受房屋用于办公

  B. 纳税人承受荒山土地使用权用于农业生产

  C. 军事单位承受土地用于军事设施

  D. 城镇居民购买商品房用于居住

5. 下列各项中，免征或不征契税的有（　　）。

  A. 承受出让的国有土地使用权

  B. 受赠人接受他人赠与的房屋

  C. 法定继承人继承土地、房屋权属

  D. 承受荒山土地使用权用于林业生产

6. 根据土地增值税法律制度的规定，房地产开发企业有下列情形之一的，税务机关可以核定征收土地增值税的有（　　）。

  A. 依照法律、行政法规的规定应当设置但未设置账簿的

  B. 擅自销毁账簿或者拒不提供纳税资料的

  C. 符合土地增值税清算条件，未按照规定的期限办理清算手续，经税务机关责令限期清算，逾期仍不清算的

  D. 申报的计税依据明显偏低，又无正当理由的

7. 下列情形中，纳税人应进行土地增值税清算的有（　　）。

  A. 直接转让土地使用权的

  B. 房地产开发项目全部竣工、完成销售的

  C. 整体转让未竣工决算房地产开发项目的

D. 纳税人申请注销税务登记但未办理土地增值税清算手续的

8. 下列各项中，属于税务机关应按照房地产评估价格对纳税人计算征收土地增值税的情形有（ ）。

A. 纳税人隐瞒、虚报房地产成交价格的

B. 纳税人提供扣除项目金额不实的

C. 纳税人多次偷逃税款的

D. 纳税人转让房地产的成交价格低于房地产评估价格，又无正当理由的

9. 根据土地增值税法律制度的规定，下列单位中，属于土地增值税纳税人的有（ ）。

A. 建造房屋的施工单位

B. 出售房产的中外合资房地产公司

C. 转让国有土地使用权的事业单位

D. 房地产管理的物业公司

10. 根据土地增值税法律制度的规定，土地增值税的计税依据是纳税人转让房地产所取得的增值额，则决定土地增值额大小的因素有（ ）。

A. 转让房地产的收入额　　B. 房产原值

C. 扣除项目金额　　　　　D. 房产市值

三、判断题

1. 契税纳税人应当自纳税义务发生之日起 7 日内，向土地、房屋所在地的税收征收机关办理纳税申报，并在税收征收机关核定的期限内缴纳税款。（ ）

2. 以划拨方式取得的土地使用权，经批准转让房地产时，免征契税。（ ）

3. 根据土地增值税法律制度的规定，对从事房地产开发的纳税人可按规定计算的金额之和，加计 20% 扣除。此条优惠只适用于从事房地产开发的纳税人，除此之外的其他纳税人不适用。（ ）

4. 房地产开发费用中的开发间接费用，是指直接组织、管理开发项目发生的费用，包括工资、

职工福利费、折旧费、修理费、办公费、水电费、劳动保护费、周转房摊销等。（ ）

5. 房地产开发企业按照《房地产开发企业财务制度》有关规定，其在房地产销售环节中缴纳的印花税，已列入管理费用，故在计算土地增值税时不允许单独再扣除。（ ）

四、计算题

1. 2020 年 5 月，张某获得县人民政府奖励住房一套，经税务机关核定该住房价值 80 万元。张某对该住房进行装修，支付装修费用 5 万元。已知契税适用税率为 3%。要求计算张某应缴纳契税。

2. 林某有面积为 140 平方米的住宅一套，价值 480 万元。黄某有面积为 120 平方米的住宅一套，价值 360 万元。两人进行房屋交换，差价部分黄某以现金补偿林某。已知契税适用税率为 3%，要求计算黄某应缴纳契税。

3. 某生产企业自行进行职工小区的开发，房屋于 8 月建成并于 11 月全部销售，取得售房款 3 000 万元，已知企业取得该小区的土地使用权支付的地价款及相关费用为 900 万元，房屋的开发成本 800 万元，房屋销售时缴纳的与销售房屋有关的税金为 165 万元，房地产开发费用中的利息支出为 200 万元（能够按转让房地产项目计算分摊利息支出，并能提供金融机构证明），其他房地产开发费用共计 100 万元。该地政府规定允许扣除的房地产开发费用为 5%。要求计算该企业应缴纳土地增值税。

4. 某生产企业 2020 年转让一栋二十世纪末建造的办公楼，取得转让收入 400 万元，缴纳相关税费共计 25 万元。该办公楼原造价 300 万元，经房地产评估机构评定其重置成本为 800 万元，成新度折扣率为四成。要求计算该企业转让办公楼应缴纳土地增值税。

项目十一
车辆购置税和车船税纳税实务

学习目标

知识目标：

- 了解车辆购置税、车船税的税制要素。
- 熟练掌握车辆购置税、车船税的计算方法。
- 掌握车辆购置税、车船税的会计核算方法。
- 熟练掌握车辆购置税、车船税纳税申报表的填写方法。

能力目标：

- 准确计算车辆购置税、车船税。
- 准确填写车辆购置税、车船税纳税申报表。

项目关键词

- 一次性计税　代扣代缴

任务一　车辆购置税纳税实务

一、车辆购置税的概念

车辆购置税是以在中国境内购置规定车辆为征税对象，在特定的环节向车辆购置者征收的一种税。

2018 年 12 月 29 日，第十三届全国人民代表大会常务委员会第七次会议通过了《中华人民共和国车辆购置税法》，自 2019 年 7 月 1 日起施行。

二、车辆购置税的纳税人与征税范围

（一）纳税人

在中华人民共和国境内购置汽车、有轨电车、汽车挂车、排气量超过 150 毫升的摩托车（以下统称应税车辆）的单位和个人，为车辆购置税的纳税人。其中，购置是指以购买、进口、受赠、自产、获奖或者其他方式取得并使用应税车辆的行为。

【例题 11-1·多选题】下列各项中，属于车辆购置税应税行为的有（　　）。

A. 购买使用行为　　　　　　　　　　B. 进口使用行为

C. 受赠使用行为　　　　　　　　　　D. 获奖使用行为

正确答案：ABCD

答案解析：ABCD 四项均属于购置行为。

【例题 11-2·多选题】下列各项中，属于车辆购置税应税行为的有（　　）。

A. 受赠使用应税车辆　　　　　　　　B. 进口使用应税车辆

C. 经销商经销应税车辆　　　　　　　D. 债务人以应税车辆抵债

正确答案：AB

答案解析：AB 属于购置行为，CD 不属于购置行为。

（二）征税范围

车辆购置税以列举的车辆作为征税对象，未列举的车辆不纳税。其征税范围包括汽车、摩托车、电车、挂车、农用运输车。

三、车辆购置税的税率

车辆购置税采用比例税率，税率为 10%。

四、车辆购置税应纳税额的计算

（一）计税依据

车辆购置税的计税依据为应税车辆的计税价格。计税价格如表 11-1 所示。

表 11-1　车辆购置税的计税价格

情形	计税价格
纳税人购买自用应税车辆	购买应税车辆而支付给销售者的全部价款和价外费用
纳税人进口自用应税车辆	组成计税价格＝关税完税价格＋关税＋消费税
纳税人自产自用应税车辆	按照纳税人生产的同类应税车辆的销售价格确定，不包括增值税税款
纳税人受赠、获奖和以其他方式取得并自用车辆	（1）以国家税务总局核定的最低计税价格为依据 （2）未核定最低计税价格的，以纳税人提供的有效价格证明注明的价格为依据 （3）有效价格证明注明的价格明显偏低，税务机关有权核定

纳税人购买自用或进口自用应税车辆，申报计税价格偏低且无正当理由的，计税价格为国家税务总局核定的最低计税价格。

（二）应纳税额的计算

车辆购置税实行从价定率的方法计算应纳税额，计算公式为：

$$应纳税额＝计税依据 \times 适用税率$$

【例题 11-3·单选题】甲某于 2019 年 9 月参加幸运抽奖活动，中奖所得一辆小轿车，相关凭证上注明的小轿车不含增值税购置价格为 190 000 元。甲某应纳车辆购置税（　　）元。

A. 6 000　　　　　B. 6 500　　　　　C. 19 000　　　　　D. 22 000

正确答案：C

答案解析：纳税人受赠使用、获奖使用和以其他方式取得并自用应税车辆的，按照购置应税车辆时相关凭证载明的价格确定，不包括增值税税款。甲某应纳车辆购置税＝190 000×10%＝19 000（元）。

【例题 11-4·单选题】某汽车制造厂将自产的小汽车 6 辆自用，同类型应税车辆的最低计税价格为 180 000 元/辆，该厂账面上小汽车的成本为 100 000 元/辆，成本利润率为 10%。该汽车制造厂应纳车辆购置税（　　）元。（以上价格均不含增值税）

A. 15 000　　　　　B. 76 000　　　　　C. 92 000　　　　　D. 108 000

正确答案：D

答案解析：纳税人自产自用应税车辆的计税价格，按照纳税人生产的同类应税车辆的销售价格确定，不包括增值税税款。该厂应纳车辆购置税＝180 000×6×10%＝108 000（元）。

五、车辆购置税的会计核算

（一）会计账户的设置

企业按规定缴纳的车辆购置税，应计入所购车辆成本。由于是一次性计税，不存在与税务机关结算或清算的问题，可不通过"应交税费"账户核算。取得车辆而缴纳的车辆购置税，应计入"固定资产"账户。

（二）会计核算

纳税人按规定计算并缴纳车辆购置税时，借记"固定资产"账户，贷记"银行存款"账户。

【例题 11-5·核算题】某企业 2019 年 10 月从汽车 4S 店（一般纳税人）购入一辆排气量为 2.0 升的轿车自用，支付含税价款 226 000 元；另支付零配件含税价款 3 955 元、车辆装饰费含税价款 678 元；4S 店代收临时牌照费 150 元、保险费 5 200 元。计算该企业应缴纳的车辆购置税税额，并做出会计处理。

答案解析：

应缴纳的车辆购置税税额＝（226 000+3 955+678）÷1.13×10%＝20 410（元）

该企业应做如下会计处理：

借：固定资产   20 410

    贷：银行存款   20 410

【例题 11-6·核算题】某企业受赠一辆小汽车，捐赠方提供的机动车销售统一发票上注明的价税合计金额为 135 600 元。国家税务总局核定该型车辆的车辆购置税最低计税价格为 110 000 元。计算该企业应缴纳的车辆购置税税额，并做出会计处理。

答案解析：应缴纳的车辆购置税税额＝110 000×10%＝11 000（元）

该企业应做如下会计处理：

借：固定资产   11 000

    贷：银行存款   11 000

六、车辆购置税的税收优惠

1. 车辆购置税的免征

车辆购置税的免征，按照下列规定执行。

（1）外国驻华使馆、领事馆和国际组织驻华机构及其有关人员自用的车辆免税。

（2）中国人民解放军和中国人民武装警察部队列入军队武器装备订货计划的车辆免税。

（3）城市公交企业购置的公共汽电车辆免税。

（4）中国妇女发展基金会"母亲健康快车"项目的流动医疗车免税。

（5）回国服务的在外留学人员用现汇购买 1 辆个人自用国产小汽车和长期来华定居专家进口 1 辆自用小汽车免税。

（6）自 2018 年 1 月 1 日至 2020 年 12 月 31 日，对购置新能源汽车免税。

（7）北京 2022 年冬奥会和冬残奥会组织委员会新购置车辆免征车辆购置税。

2. 车辆购置税的减征

自 2018 年 7 月 1 日至 2021 年 6 月 30 日，对购置挂车减半征收车辆购置税。

【例题 11-7·多选题】下列购置的车辆，属于车辆购置税免税项目的有（　　）。

A. 排气量超过 150 毫升的摩托车

B. 城市公交企业购置的公共电汽车辆

C. 悬挂应急救援专用号牌的国家综合性消防救援车辆

D. 有轨电车

正确答案：BC

答案解析：AD 不属于税收优惠范围。

七、车辆购置税的纳税申报

（一）征收管理

1. 纳税期限

纳税人购买自用的应税车辆，自购买之日起 60 日内申报纳税；进口自用的应税车辆，应当自进口之日起 60 日内申报纳税；自产、受赠、获奖和以其他方式取得并自用应税车辆的，应当自取得之日起 60 日内申报纳税。

2. 纳税环节

纳税人应当在向公安机关交通管理部门办理车辆注册登记前，缴纳车辆购置税。车辆购置税选择单一环节，实行一次课征制度，购置已征车辆购置税的车辆，不再征收车辆购置税。

3. 纳税地点

纳税人购置需要办理车辆注册登记手续的应税车辆，纳税地点是车辆上牌落籍地。纳税人购置不需要办理注册登记手续的应税车辆，应当向纳税人所在地的主管税务机关申报纳税。

【例题 11-8·多选题】关于车辆购置税的纳税地点，下列说法中不正确的有（　　）。

A. 购置需要办理车辆注册登记手续的应税车辆，纳税地点是纳税人所在地

B. 购置需要办理车辆注册登记手续的应税车辆，应当向购买地主管税务机关申报纳税

C. 购置需要办理车辆注册登记手续的应税车辆，纳税地点是车辆上牌落籍地或落户地

D. 购置不需要办理车辆注册登记手续的应税车辆，应当向购买地主管税务机关申报纳税

正确答案：ABD

答案解析：纳税人购置应税车辆，应当向车辆登记地的主管税务机关申报纳税；购置不需要办理车辆登记的应税车辆，应当向纳税人所在地的主管税务机关申报纳税。车辆登记地是指车辆的上牌落籍地或落户地。

（二）申报纳税

在中华人民共和国境内购置汽车、有轨电车、汽车挂车、排气量超过 150 毫升的摩托车（以下统称应税车辆）的单位和个人，为车辆购置税的纳税人，自纳税义务发生之日起六十日内办理申报车辆购置税。

1. 报送资料

纳税人申报纳税时应报送资料如表 11-2 所示。

表 11-2　报送资料

序号	材料名称	数量	备注
1	《车辆购置税纳税申报表》（见表 11-3）	2 份	
2	整车出厂合格证或者《车辆电子信息单》	1 份	
3	车辆相关价格凭证	1 份	境内购置车辆为机动车销售统一发票或者其他有效凭证，进口自用车辆为《海关进口关税专用缴款书》或者海关进出口货物征免税证明，属于应征消费税车辆的还包括《海关进口消费税专用缴款书》
有以下情形的，还应提供相应材料			
免税、减税车辆因转让、改变用途等原因不再属于免税、减税范围（发生二手车交易行为）	二手车销售统一发票	1 份	
免税、减税车辆因转让、改变用途等原因不再属于免税、减税范围（其他情形）	按照相关规定提供申报材料	1 份	

2. 申报纳税实例

海阳机械有限公司（纳税人识别号 32047888124908××××；公司法定代表人刘××，身份证号 33021119810923××××；电话 0574-8123××××；地址：宁波市文阳路××号）通过银行转账方式购入大众汽车，取得的机动车销售统一发票上注明：购买日期为 2019 年 7 月 1 日，汽车不含税价为 220 000 元。车辆基本信息如下：生产企业名称为上海大众汽车有限公司，厂牌型号为 DASD32×××，发动机号为 A233×××，车辆识别代码为 LKMMHH125M0013×××，车辆合格证编号 LKMMHH211K0023×××。要求计算该公司应纳的车辆购置税，并填写《车辆购置税纳税申报表》。

答案解析：应缴纳的车辆购置税税额 ＝ 220 000×10% ＝ 22 000（元）

填写《车辆购置税纳税申报表》（见表 11-3）。

表 11-3　车辆购置税纳税申报表

填表日期：2019 年 7 月 10 日　　　　　　　　　　　　　　　　金额单位：人民币元

纳税人名称	海阳机械有限公司	申报类型	☑征税☐免税☐减税
证件名称	营业执照	证件号码	32047888124908××××
联系电话	0574-8123××××	地　址	宁波市文阳路××号
合格证编号（货物进口证明书号）	LKMMHH211K0023×××	车辆识别代号／车架号	LKMMHH125M0013×××
厂牌型号	DASD32×××		

续　表

排量（cc）	2 000		机动车销售统一发票代码	033021800×××
机动车销售统一发票号码	02153×××		不含税价	220 000
海关进口关税专用缴款书（进出口货物征免税证明）号码				
关税完税价格		关　税		消费税	
其他有效凭证名称		其他有效凭证号码		其他有效凭证价格	
购置日期	2019 年 7 月 1 日	申报计税价格	220 000	申报免（减）税条件或者代码	无
是否办理车辆登记	是	车辆拟登记地点	宁波市鄞州区		

纳税人声明：
本纳税申报表是根据国家税收法律法规及相关规定填报的，我确定它是真实的、可靠的、完整的。
纳税人（签名或盖章）：

委托声明：
现委托（姓名）＿＿＿＿＿（证件号码）＿＿＿＿＿＿＿＿＿＿＿＿办理车辆购置税涉税事宜，提供的凭证、资料是真实、可靠、完整的。任何与本申报表有关的往来文件，都可交予此人。
委托人（签名或盖章）：　　　　被委托人（签名或盖章）：

以下由税务机关填写					
免（减）税条件代码					
计税价格	税率	应纳税额	免（减）税额	实纳税额	滞纳金金额
受理人： 　年　月　日		复核人（适用于免、减税申报）： 　年　月　日		主管税务机关（章）	

任务二　车船税纳税实务

一、车船税的概念

　　车船税是对中华人民共和国境内应税的车辆、船舶（以下简称车船）的所有人或者管理人征收的一种税。

二、车船税的纳税人与征税范围

（一）纳税人

　　车船税的纳税人，是指在中华人民共和国境内属于车船税法所附《车船税税目税额表》（见表 11-4）规定的车辆、船舶的所有人或者管理人。

表 11-4 车船税税目税额表

税目		计税单位	年基准税额	备注
乘用车〔按发动机汽缸容量（排气量）分档〕	1.0 升（含）以下	每辆	60 元至 360 元	核定载客人数 9 人（含）以下
	1.0 升以上至 1.6 升（含）		300 元至 540 元	
	1.6 升以上至 2.0 升（含）		360 元至 660 元	
	2.0 升以上至 2.5 升（含）		660 元至 1 200 元	
	2.5 升以上至 3.0 升（含）		1 200 元至 2 400 元	
	3.0 升以上至 4.0 升（含）		2 400 元至 3 600 元	核定载客人数 9 人（含）以下
	4.0 升以上		3 600 元至 5 400 元	
商用车	客车	每辆	480 元至 1 440 元	核定载客人数 9 人以上，包括电车
	货车	整备质量每吨	16 元至 120 元	1. 包括半挂牵引车、挂车、客货两用车、三轮汽车和低速载货汽车等 2. 挂车按货车税额的 50% 计算
其他车辆	专用作业车	整备质量每吨	16 元至 120 元	不包括拖拉机
	轮式专用机械车		16 元至 120 元	
摩托车		每辆	36 元至 180 元	
船舶	机动船舶	净吨位每吨	3 元至 6 元	拖船、非机动驳船分别按照机动船舶税额的 50% 计算
	游艇	艇身长度每米	600 元至 2 000 元	

从事机动车第三者责任强制保险业务的保险机构为车船税的扣缴义务人。

（二）征税范围

车船税的征税范围是指在中华人民共和国境内属于车船税法所附《车船税税目税额表》规定的车辆、船舶，包括依法应当在车船管理部门登记的机动车辆、船舶和依法不需要在车船管理部门登记、在单位内部场所行驶或者作业的机动车辆和船舶。

三、车船税税率

车船税采用幅度定额税率，即对各类车船分别规定一个最低到最高限度的年税额。车船的适用税率依照车船税法所附的《车船税税目税额表》。

排气量、整备质量、核定载客人数、净吨位、千瓦、艇身长度，以车船登记管理部门核发的车船登记证书或者行驶证所载数据为准。

依法不需要办理登记的车船和依法应当登记而未办理登记或者不能提供车船登记证书、行驶证的车船，以车船出厂合格证明或者进口凭证标注的技术参数、数据为准；不能提供车船出厂合格证明或者进口凭证的，由主管税务机关参照国家相关标准核定，没有国家相关标准的参照同类车船核定。

【例题 11-9·单选题】下列车船中不属于车船税征税范围的是（　）。

A. 拖船　　　　　B. 火车　　　　　C. 港口内部作业的船舶　　　　　D. 小汽车

参考答案：B

答案解析：依法应当在车船登记管理部门登记的车辆和船舶，在机场、港口以及其他企业内部场所行驶或作业且依法不需要在车船登记管理部门登记的车船属于征收范围，但是火车不属于车船税的征税范围。

【例题 11-10·单选题】下列关于车船税计税单位确认的表述中，正确的是（　）。

A. 摩托车以"排气量"作为计税单位　　　　B. 游艇以"净吨位每吨"作为计税单位

C. 专用作业车以"整备质量每吨"作为计税单位　D. 商用货车以"每辆"作为计税单位

参考答案： C

答案解析： 选项 A，摩托车以"每辆"作为计税单位；选项 B，游艇以"艇身长度每米"作为计税单位；选项 D，商用货车以"整备质量每吨"作为计税单位。

四、车船税应纳税额的计算

（一）计税依据的确定

车船税计税依据为按车船的种类和性能，分别确定为每辆、整备质量每吨、净吨位每吨和艇身长度每米。

（1）乘用车、商用客车和摩托车，以每辆为计税依据。

（2）商用货车、挂车、专用作业车和轮式专用机械车，按整备质量每吨为计税依据。

（3）机动船舶、非机动驳船、拖船，按净吨位每吨为计税依据。

（4）游艇按艇身长度每米为计税依据。

（二）应纳税额的计算

（1）应纳税额的基本计算公式为：

①乘用车、客车和摩托车的应纳税额＝辆数 × 适用年基准税额。

②货车、专用作业车和轮式专用机械车的应纳税额＝整备质量吨位数 × 适用年基准税额。

③货车挂车的应纳税额＝整备质量吨位数 × 适用年基准税额 ×50%。

④机动船舶的应纳税额＝净吨位数 × 适用年基准税额。

⑤非机动驳船、拖船的应纳税额＝净吨位数 × 适用年基准税额 ×50%。

⑥游艇的应纳税额＝艇身长度 × 适用年基准税额。

（2）购置的新车船，购置当年的应纳税额自纳税义务发生的当月起按月计算，计算公式为：

$$应纳税额＝年应纳税额 ÷12× 应纳税月份数$$

$$应纳税月份数＝ 12 - 纳税义务发生时间（取得月份）+1$$

（3）在一个纳税年度内，已完税的车船被盗抢、报废、灭失的，纳税人可以凭有关管理机关出具的证明和完税凭证，向纳税所在地的主管税务机关申请退还自被盗抢、报废、灭失月份起至该纳税年度终了期间的税款。计算公式为：

$$应退税额＝年应纳税额 ÷12× 应退税月份数$$

$$应退税月份数＝ 12 - 灭失月份 +1$$

（4）已办理退税的被盗抢车船失而复得的，纳税人应当从公安机关出具相关证明的当月起计算缴纳车船税。

（5）已缴纳车船税的车船在同一纳税年度内办理转让过户的，不另纳税，也不退税。

（6）保险机构代收代缴车船税和滞纳金的计算如下。

①购买短期交强险的车辆。

对于境外机动车临时入境、机动车临时上道路行驶、机动车距规定的报废期限不足 1 年而购买短期"交强险"的车辆，保单中"当年应缴"项目的计算公式为：

$$当年应缴＝计税单位 \times 年单位税额 \times 应纳税月份数 \div 12$$

其中，应纳税月份数为"交强险"有效期起始日期的当月至截止日期当月的月份数。

②已向税务机关缴税的车辆或税务机关已批准减免税的车辆。对于已向税务机关缴税或税务机关已经批准免税的车辆，保单中"当年应缴"项目应为 0；对于税务机关已批准减税的机动车，保单中"当年应缴"项目应根据减税前的应纳税额扣除依据减税证明中注明的减税幅度计算的减税额确定，计算公式为：

$$减税车辆应纳税额＝减税前应纳税额 \times （1 － 减税幅度）$$

③滞纳金计算。对于纳税人在应购买"交强险"截止日期以后购买"交强险"的，或以前年度没有缴纳车船税的，保险机构在代收代缴税款的同时，还应代收代缴欠缴税款的滞纳金。保单中"滞纳金"项目为各年度欠税应加收滞纳金之和。

$$每一年度欠税应加收的滞纳金＝欠税金额 \times 滞纳天数 \times 0.5‰$$

滞纳天数的计算自应购买"交强险"截止日期的次日起到纳税人购买"交强险"当日止。纳税人连续两年以上欠缴车船税的，应分别计算每一年度欠税应加收的滞纳金。

【例题 11-11·单选题】某船舶公司拥有机动船 2 艘，每艘净吨位 2 000 吨；拖船 2 艘，发动机功率均为 1 500 千瓦。其船舶税额为净吨位 201 吨至 2 000 吨的，每吨 4 元。该船舶公司当年应缴纳车船税（　　）元。

A. 26 680　　　　　B. 27 000　　　　　C. 28 020　　　　　D. 20 020

参考答案：D

答案解析：车船税＝$2 \times 2\,000 \times 4 + 2 \times 1\,500 \times 0.67 \times 4 \times 50\% = 20\,020$（元）。

【例题 11-12·单选题】某企业在 2019 年 4 月购入整备质量 3 吨的挂车 6 辆；11 月，年初购进的 1 辆小轿车被盗，取得了公安机关证明，当地载货汽车车船税年税额为每吨 60 元，小轿车适用的车船税年税额为每辆 300 元，该企业 2019 年实际应缴纳车船税（　　）元。

A. 600　　　　　B. 655　　　　　C. 612　　　　　D. 648

参考答案：B

答案解析：挂车年税额按照货车税额的 50% 计算缴纳车船税。

$$车船税＝6 \times 3 \times 60 \times 50\% \div 12 \times 9 + 300 － 300 \times 2 \div 12 = 655（元）。$$

五、车船税的会计核算

（一）会计账户的设置

企业在进行车船税的会计核算时，应当在"应交税费"账户下设"应交车船税"明细账户。此账户的贷方反映企业应缴纳的车船税，借方反映企业实际向税务机关缴纳的车船税，贷方余额反映企业应缴而未缴的车船税。

（二）会计核算

企业在计算应缴纳的车船税时，借记"税金及附加"账户，贷记"应交税费——应交车船税"账户；实际缴纳税款时，借记"应交税费——应交车船税"账户，贷记"银行存款"账户。上缴滞纳金和税务罚款时，借记"营业外支出"账户，贷记"银行存款"账户。

【例题 11-13·核算题】某公司 2019 年度应缴纳的车船税税额为 18 760 元，当期缴清税款。要求完成车船税的会计核算。

（1）计提应缴纳的车船税时：

借：税金及附加　　　　　　　　　　　　　18 760
　　贷：应交税费——应交车船税　　　　　　　　　18 760

（2）缴纳车船税时：

借：应交税费——应交车船税　　　　　　　18 760
　　贷：银行存款　　　　　　　　　　　　　　　　18 760

六、车船税税收优惠

（一）法定减免

（1）捕捞、养殖渔船。

（2）军队、武装警察部队专用的车船。

（3）警用车船。

（4）依法应予以免税的外国驻华使领馆、国际组织驻华代表机构及其有关人员的车船。

（5）对节约能源车船，减半征收车船税。

（6）对使用新能源车船，免征车船税。

免征车船税的使用新能源汽车是指纯电动商用车、插电式（含增程式）混合动力汽车、燃料电池商用车。

纯电动乘用车和燃料电池乘用车不属于车船税征税范围，对其不征车船税。

（7）省一级人民政府根据当地实际情况，可对公共交通车船、农村居民拥有并主要在农村地区使用的摩托车、三轮汽车和低速载货汽车定期减征或者免征车船税。

（8）国家综合性消防救援车辆由部队号牌改挂应急救援专用号牌的，一次性免征改挂当年车船税。

（二）特定减免

（1）经批准临时入境的外国车船和香港特别行政区、澳门特别行政区、台湾地区的车船，不征税。

（2）按照规定缴纳船舶吨税的机动船舶，自车船税法实施之日起 5 年内免征。

（3）依法不需要在车船登记管理部门登记的机场、港口、铁路站场内部行驶或者作业的车船，5年内免征。

【例题 11-14·单选题】根据车船税法的规定，下列车船中需要缴纳车船税的是（　）。

A. 领事馆大使专用车辆　　　　　　　　B. 武装警察部队专用的车船

C. 拥有小汽车的某公司负责人　　　　　D. 报废的车辆

参考答案： C

答案解析： 选项A，依照我国有关法律和我国缔结或者参加的国际条约的规定应当予以免税的外国驻华使馆、领事馆和国际组织驻华机构及其有关人员免车船税；选项B，警用车辆免征增值税；选项D，已完税车辆发生报废的可以按规定申请退还自报废月份起至该纳税年度终了期间的税款。选项C，拥有小汽车的某公司负责人，依法缴纳车船税。故选择C选项。

七、车船税的纳税申报

（一）征收管理

1. 纳税义务发生时间

车船税纳税义务发生时间为取得车船所有权或管理权的当月。以购买车船的发票或其他证明文件所载日期的当月为准。

2. 纳税期限

车船税按年申报，分月计算，一次性缴纳。具体的纳税期限由省、自治区、直辖市人民政府确定。

3. 纳税地点

车船税的纳税地点为车船的登记地或者车船税扣缴义务人所在地。

依法不需要办理登记的车船，车船税的纳税地点为车船的所有人或者管理人所在地。

（二）申报纳税

应税车辆、船舶未被代收代缴车船税的，其所有人或者管理人填报《车船税纳税申报表》及相关资料，向主管税务机关办理车船税申报。

1. 报送资料

纳税人申报纳税时应报送资料如表 11-5 所示。

表 11-5　报送资料

材料名称		数量	备注
《车船税纳税申报表》（见表 11-6）		2 份	
有以下情形的，还应提供相应材料			
对车辆进行申报的纳税人	车船税税源明细表（车辆）	2 份	
对船舶进行申报的纳税人	车船税税源明细表（船舶）	2 份	

表 11-6　车船税纳税申报表

税款所属期限：自 2019 年 1 月 1 日至 2019 年 12 月 31 日　　填表日期：2020 年 1 月 10 日　　　　金额单位：人民币元

纳税人识别号：⑴⑵⑶⑸⑹⑺⑻⑼⓪⑵⑶⑷⑷×|×|×|×

纳税人名称	鸿天股份有限公司	纳税人身份证照号码	123356789023444×××	纳税人身份证照类型	营业执照
联系人	李××	居住（单位）地址	宁波市北仑区黄河路××号	联系方式	0574-882065××

序号	（车辆）号牌号码/（船舶）登记号码	车船识别代码（车架号/船舶识别号）	征收品目	计税单位	计税单位的数量	单位税额	年应缴税额	本年减免税额	减免性质代码	减免税证明号	当年应缴税额	本年已缴税额	本期年应补（退）税额
		2	3	4	5	6	7=5×6	8	9	10	11=7-8	12	13=11-12
1			商用客车	每辆	3	1 250	3 750	0			3 750	0	3 750
			商用货车	整备质量每吨	80	100	8 000	0			8 000	0	8 000
			乘用车	每辆	10	1 100	11 000	0			11 000	0	11 000
			乘用车	每辆	5	3 000	15 000	0			15 000	0	15 000
合计	—	—		—	—	—	37 750	37 750	—	—	37 750	0	37 750

申报车辆总数（辆）　　28　　　　申报船舶总数（艘）　　—

以下由申报人填写：

纳税人声明　此纳税申报表是根据《中华人民共和国车船税法》和国家有关税收规定填报的，是真实的、可靠的、完整的。

纳税人签章		代理人签章		代理人身份证号	

以下由税务机关填写：

受理人		受理日期		受理税务机关（签章）	

本表一式两份，一份纳税人留存，一份税务机关留存。

2. 填写纳税申报表。

某公司 2019 年度有载客人数 30 人的商用客车 3 辆（当地规定，商用客车每辆每年车船税税额为 1 250 元），8 吨的商用货车 10 辆（当地规定，商用货车整备质量每吨每年车船税税额为 100 元）；有乘用车 15 辆，其中排气量为 2.5 升的 10 辆（当地规定，每年每辆车船税税额为 1 100 元），排气量为 3.5 升的 5 辆（当地规定，每年每辆车船税税额为 3 000 元）。计算该公司 2019 年度应缴纳的车船税并填写《车船税纳税申报表》（见表 11-6）。纳税人的基本信息如下：纳税人名称为鸿天股份有限公司；纳税人识别号为 123356789023444×××；地址为宁波市北仑区黄河路××号；法定代表人为李××；身份证号为 33021119760523××××；电话为 0574-882065××。

分析：

$$商用客车应纳税额 = 3 \times 1\,250 = 3\,750（元）$$
$$商用货车应纳税额 = 8 \times 10 \times 100 = 8\,000（元）$$
$$乘用车应纳税额 = 10 \times 1\,100 + 5 \times 3\,000 = 26\,000（元）$$
$$该公司 2019 年度应缴纳的车船税 = 3\,750 + 8\,000 + 26\,000 = 37\,750（元）$$

填写《车船税纳税申报表》见表 11-6。

课后习题

一、单项选择题

1. 车辆购置税的税率为（　　　）。

   A. 5%　　　B. 0.1　　　C. 0.15　　　D. 0.2

2. 张某 2017 年 10 月购置一辆小汽车自用，当月办理纳税申报并缴纳车辆购置税 5 万元，2020 年 10 月该小汽车因安全气囊问题被生产企业召回，根据车辆购置税法律制度的规定，下列有关小汽车召回后车辆购置税的申请退税情况，说法正确的是（　　　）。

   A. 张某不得申请退税

   B. 张某应申请退还的车辆购置税为 5 万元

   C. 张某应申请退还的车辆购置税为 3.5 万元

   D. 张某应申请退还的车辆购置税为 1.5 万元

3. 某汽车企业 2020 年 6 月进口 2 辆小轿车自用，海关审定的关税完税价格为 25 万元 / 辆，已知：小轿车关税税率 28%，消费税税率为 9%，车辆购置税税率为 10%。该公司应纳车辆购置税（　　　）万元。

   A. 7.03　　　B. 5.00　　　C. 7.50　　　D. 10.55

4. 老赵 2019 年 4 月 1 日购入一辆小汽车自用，5 月 30 日申报并缴纳车辆购置税 10 万元。由于车辆制动系统存在严重问题，2020 年 4 月 30 日老赵将该车退回，则老赵可以申请退还的车辆购置税为（　　　）万元。

   A. 10　　　B. 9　　　C. 8　　　D. 0

5. 根据车辆购置税法律制度的规定，下列各项中，不属于车辆购置税征税范围的是（　　　）。

   A. 电动自行车　　　B. 三轮农用运输车

   C. 挂车　　　D. 无轨电车

二、多项选择题

1. 下列各项中，属于车辆购置税纳税人的有（　　　）。

   A. 购进农用运输车自用的个体工商户

B. 进口高档小汽车自用的外贸企业

C. 获奖取得汽车自用的运动员

D. 购买汽车自用的外商投资企业

2. 根据车辆购置税法律制度的规定，下列各项中，属于车辆购置税纳税人的有（　　）。

A. 购进排气量为 2 000 毫升摩托车自用的个体工商户

B. 进口高档小汽车自用的外贸企业

C. 获奖取得汽车自用的运动员

D. 购买汽车自用的外商投资企业

3. 根据车船税法律制度的规定，下列纳税主体中，属于车船税纳税人的有。（　　）

A. 在中国境内拥有并使用船舶的国有企业

B. 在中国境内拥有并使用车辆的外籍个人

C. 在中国境内拥有并使用船舶的内地居民

D. 在中国境内拥有并使用车辆的外国企业

4. 下列属于车船税免税项目的有（　　）。

A. 非机动驳船　　　B. 武警消防车

C. 监狱专用的船舶　　D. 捕捞渔船

5. 根据车船税法律制度的规定，下列车船中，无须缴纳车船税的是（　　）。

A. 商用客车　　　B. 捕捞渔船

C. 警用车船　　　D. 养殖渔船

三、判断题

1. 购置的新车船，购置当年车船税的应纳税额自纳税义务发生的次月起按月计算。（　　）

2. 免税、减税车辆因转让、改变用途等原因不再属于免税、减税范围的，纳税人应当在办理车辆转移登记或者变更登记前缴纳车辆购置税。（　　）

3. 纳税人购买自用的应税车辆的车辆购置税计税价格，为纳税人购买应税车辆而支付给销售者的全部价款和价外费用，不包括增值税税款。（　　）

4. 根据车辆购置税法律制度的规定，客货两用汽车不属于车辆购置税征税范围。（　　）

5. 非机动驳船属于车船税免税项目。（　　）

四、计算题

1. 某船运公司 2020 年拥有旧机动船 20 艘，每艘净吨位 750 吨，非机动驳船 2 艘，每艘净吨位 150 吨；当年 8 月新购置机动船 6 艘，每艘净吨位 1 500 吨，当月取得购买机动船的发票。已知机动船舶净吨位不超过 200 吨的，每吨 3 元；净吨位超过 200 吨但不超过 2 000 吨的，每吨 4 元。要求计算该公司 2020 年应缴纳的车船税。

2. 某汽车企业系增值税一般纳税人，2019 年 11 月从境外进口一批小汽车，共计 20 辆，每辆货价 18 万元，另外支付境外起运地至输入地起卸前每辆运费 2 万元。该企业将其中 2 辆自用（当月取得发票并办理车辆登记），剩余对外销售。

已知：小轿车关税税率为 20%，消费税税率为 9%，车辆购置税税率为 10%，车船税税额为 700 元／年。（假设该企业此前无自用车辆）

要求：

（1）计算该企业应缴纳的车辆购置税。

（2）计算该企业当年应缴纳的车船税。

参考文献

1. 财政部会计资格评价中心 . 经济法基础 [M]. 北京：经济科学出版社，2019.

2. 财政部会计资格评价中心 . 经济法 [M]. 经济科学出版社，2018.

3. 中国注册会计师协会 . 税法 [M]. 北京：中国财政经济出版社，2018.

4. 梁文涛，苏杉 . 企业纳税实务（第 3 版）[M]. 北京：高等教育出版社，2019.

5. 耿聪慧 . 纳税会计实务 [M]. 成都：电子科技大学出版社，2018.

6. 邱正山，郑宝凤，陈光圆 . 纳税核算与申报实务 [M]. 西安：西北工业大学出版社，2020.